제주
걷기
여행
코스북

제주 걷기 여행 코스북

지은이 강석균
펴낸이 안용백
펴낸곳 (주)넥서스

초판 1쇄 발행 2011년 3월 30일
2판 1쇄 발행 2016년 6월 15일
2판 2쇄 발행 2016년 6월 20일

출판신고 1992년 4월 3일 제311-2002-2호
04044 서울시 마포구 양화로8길 24
Tel (02)330-5500 Fax (02)330-5555

ISBN 979-11-5752-856-1 13980

저자와 출판사의 허락 없이 내용의 일부를
인용하거나 발췌하는 것을 금합니다.
저자와의 협의에 따라서 인지는 붙이지 않습니다.

가격은 뒤표지에 있습니다.
잘못 만들어진 책은 구입처에서 바꾸어 드립니다.

본 책은 『제주를 걷다』의 개정판입니다.

www.nexusbook.com
넥서스BOOKS는 (주)넥서스의 실용 브랜드입니다.

숲과 바다
하늘을 만나는
놀멍 쉬멍 제주

제주
걷기
여행
코스북

강석균 지음

넥서스BOOKS

내게 평온을 주는 제주도 길

따사로운 햇살 아래 불어오는 봄바람을 품고 일렁이는 파도 소리를 들으며 제주의 길을 걷는다. 바람이 많은 제주도여서일까. 제주도의 바닷길에는 날아다니는 갈매기조차 없다. '휘리릭' 바다에서 물질을 하는 해녀의 숨소리를 제외하면 제주도의 길은 심연의 세계로 빠져든다. 도시에서의 고요함은 때때로 이유 없는 불안감을 유발하기도 하지만 제주도 길에서의 적막함은 오히려 마음을 편안하게 만든다. 사방이 조용한 가운데 들리는 것이라고는 오직 내가 내딛는 발자국 소리뿐이다.

제주도 사람들은 어디에서 걸을까

제주도의 길이라고 하면 주로 중산간과 해안선을 따라 걷는 제주 올레를 떠올리기 마련이다. 제주 올레에서는 외지에서 온 사람들을 쉽게 볼 수 있다. 제주 올레길에서 만나는 제주 사람들은 밭일이나 바닷일 등 생업을 하기 위해 오가는 것일 뿐 걷기 위해 제주 올레를 찾지는 않는다. 대체 제주 사람들은 어디에서 걷는 걸까. 제주 올레를 걸으며 이런 생각을 할 무렵, 한라산 숲길이 떠올랐다. 급히 발걸음을 옮겨 한라산 숲길로 가 보니 과연 그곳에서 제주도 사람들이 부지런히 걷고 있었다. 중산간과 해안선을 따라 걷는 제주 올레와 달리, 한라산 숲길 걷기는 오롯이 한라산 자락에 난 숲길만 걷는다. 도처에 산새가 지저귀는 소리가 들리고 커다란 나무들이 따가운 한낮의 햇볕을 가려준다. 울창한 산림에서 뿜어져 나오는 피톤치드는 절로 발걸음을 가볍게 한다. 제주도에서 제주 사람들과 함께 걸으려면 한라산 숲길로 가 보라.

제주도 길의 숨은 보석, 섬 속의 섬길과 오름길

제주 올레에서 일부 섬길과 오름길을 소개하고 있으나 이것만으로는 제주도 속 섬길과 오름길의 진면목을 보았다고 할 수 없을 것이다. 제주도 길 중 초급이 중산간과 해안길이고, 중급이 한라산 숲길이라면 고급은 섬 속의 섬길과 오름길이라고 할 수 있다. 섬길과 오름길의 공통점은 접근하기 어렵다는 것이다. 한때 제주도 사람들이 자신들만 즐기려고 일부러 접근하기 불편하게 한 것이 아닐까 하는 생각을 하기도 했다. 물론 오해 아닌 오해이지만 접근하기 불편한 점 때문에 외지인들은 찾기 어렵고 제주도 사람들만 찾는 숨은 제주도의 길이 된 것도 사실이다. 제주도가 이색적이라고 생각되는가. 섬 속의 섬길을 걸어 보라. 제주도 속의 섬이 더욱 독특함을 느낄 수 있을 것이다. 중산간과 해안길, 한라산 숲길로 만족하지 못하는가. 오름길을 걸어 보라. 뻥 뚫린 파란 하늘과 맞닿은 신비로운 길을 만날 수 있을 것이다.

    제주도 길은 혼자면 혼자인 채로, 여럿이면 여럿인 채로 평온하고 즐거운 길이다. 제주도 길에서 만나는 돌하르방을 닮은 제주 사람들은 순박한 인심을 보여 주고 다채로운 제주의 자연은 보는 이를 매료시키기 충분하다. 내가 오직 세상의 한 발짝만 걸어야 한다면 제주도 길을 걷고 싶다. 끝으로 이 책을 기획하고 편집해 주신 넥서스 편집부, 제주도에서 알게 모르게 도움을 주신 제주도 주민들께 깊은 감사의 인사를 전한다.

강석균

차례

4　여는글
12　제주를 걷기 전에 꼭 알아야 할 것

첫 번째 길

+

제주의 숲길에서
걸음을 멈추다

20　**01 1112번 삼나무 숲길(비자림로)**
　　삼나무향에 취해 걷고 또 걷는다

28　**02 장생의 숲길**
　　몸과 마음의 안식을 찾아 떠나다

34　**03 사려니 숲길**
　　길의 끝에서 행복을 만끽하다

44　**04 비자림 숲길**
　　바스락거리는 송이를 밟다

52　**05 천왕사 & 석굴암 숲길**
　　굽이굽이 느긋한 걸음을 옮기다

60　**06 존자암 숲길**
　　자연과 벗이 되어 시름을 잊다

68　**07 금산공원**
　　숨은 비경을 걷는 쾌감에 빠지다

76　**08 화순 곶자왈 자연생태탐방로 & 1100고지 습지 자연학습탐방로**
　　조용히 걸으며 숲과 친구가 되다

84　**09 한라 생태숲**
　　태초의 자연 속으로 돌아가다

92　**10 한라 수목원**
　　수목원의 끝에서 길을 잃다

100　**11 절물 자연휴양림**
　　제주 사람이 되어 길에 매혹되다

108　**12 서귀포 자연휴양림**
　　같이 걸어 더 행복한 길에 서다

116　**13 14-1코스 저지-무릉 올레**
　　폐부 깊숙이 숲의 기운을 불어넣다

두 번째 길

+

올레는 곱씹으며 걸어야 더욱 맛있다

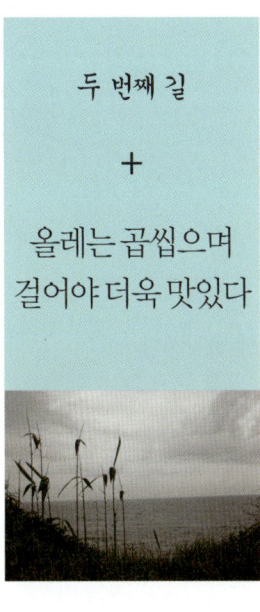

- 126 01 1코스 시흥–광치기 올레
  산티아고 순례자가 되어 제주를 걷는다
- 136 02 2코스 광치기–온평 올레
  식산봉에 올라 성산일출봉을 보다
- 146 03 3코스 온평–표선 올레
  걷다 보니 제주에서 살고 싶어지다
- 154 04 4코스 표선–남원 올레
  해녀들의 숨비소리에 걸음을 멈추다
- 162 05 5코스 남원–쇠소깍 올레
  알싸한 동백에 취해 걷는다
- 170 06 6코스 쇠소깍–외돌개 올레
  쇠소깍의 맑은 물과 함께 흐르다
- 180 07 7코스 외돌개–월평 올레
  가장 아름다운 올레의 풍경에 취하다
- 190 08 7-1코스 제주 월드컵 경기장–외돌개 올레
  아스라이 안개 낀 숲길을 서성이다
- 200 09 8코스 월평–대평 올레
  쉬리 언덕에서 잠시 여유를 누리다
- 212 10 9코스 대평–화순 올레
  길과 산, 바다 따라 걷는다
- 222 11 10코스 화순–모슬포 올레
  숨 막히는 송악산 절경 속으로 걸어가다
- 230 12 11코스 모슬포–무릉 올레
  잊힌 과거의 역사 위를 걷다
- 238 13 12코스 무릉–용수 올레
  중산간 찍고 바다로 눈을 돌리다
- 248 14 13코스 용수–저지 올레
  제주 마을에는 특별한 무언가가 있다
- 256 15 14코스 저지–한림 올레
  숲과 바다의 경계를 넘나들다
- 264 16 15코스 한림–고내 올레
  숲의 향기에 취해 길을 서성이다
- 272 17 16코스 고내–광령 올레
  한적한 어촌 마을의 흔적을 좇다
- 282 18 17코스 광령–산지천 올레
  올레의 묘미를 곱씹는 재미에 빠지다

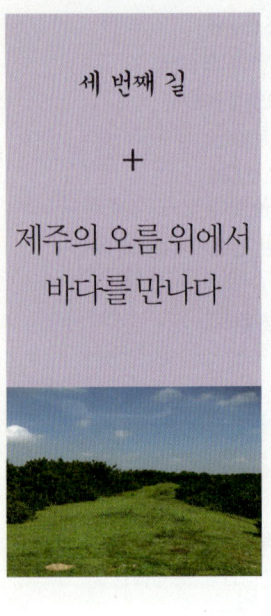

세 번째 길

十

제주의 오름 위에서 바다를 만나다

294 **01 거문오름**
세계자연유산 위에 올라서다

302 **02 아부오름**
하늘과 맞닿은 오름 위에 서다

310 **03 다랑쉬오름**
제주의 슬픔 위를 걸으며 생각하다

316 **04 용눈이오름**
김영갑 선생이 사랑한 길을 걷다

324 **05 물찻오름**
신비로운 연못을 품은 오름에 오르다

332 **06 붉은오름**
아무것도 보이지 않는 산을 오르다

340 **07 물영아리**
노루가 놀다 간 습지에서 쉬다

348 **08 새별오름**
불타는 새별오름을 바라보다

356 **09 저지오름**
새와 숲, 하늘을 만나는 오름에 오르다

364 **10 솔오름(미악산)**
서귀포 앞바다 풍경을 내려다보다

372 **11 새미오름(삼의악)**
숲길 사이를 유유자적 거닐다

380 **12 어승생악**
한라산에 한 걸음 더 가까워지다

네 번째 길
섬 속의 섬이 품은 길을 찾아 떠나다

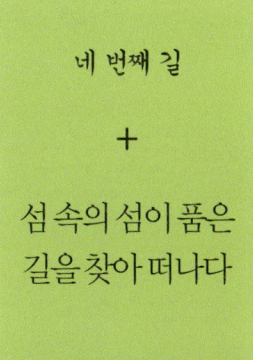

390 01 **1-1코스 우도 올레**
제주도 안의 파라다이스에 머물다

400 02 **마라도**
바람에 흔들리는 섬을 거닐다

408 03 **10-1코스 가파도 올레**
청보리 들판에 서서 바람을 마주하다

418 04 **비양도**
비양봉 능선에서 제주를 내려다보다

428 05 **18-1코스 추자도 올레**
온전히 섬에 몸을 맡기고 걷다

다섯 번째 길
한라산의 속살 속으로 걸어가다

440 01 **어리목 코스**
숨이 턱까지 차오를 때 길이 보인다

448 02 **영실 코스**
안개 속의 영실기암을 찾아 떠나다

456 03 **성판악 코스**
걷고 또 걷다가 하늘을 만나다

464 04 **관음사 코스**
낯선 길로 가야 신천지가 보인다

472 05 **돈내코 코스**
잃어버린 기억을 찾아 떠나다

제주를
걷기 전에
꼭
알아야 할 것

스핑크스의 수수께끼

이집트 피라미드 앞에 있는 반인반수(半人半獸)의 괴물 스핑크스. 그리스 신화에서는 여성의 머리에 날개가 있는 사자로 그려지고 있다. 스핑크스는 헤라 여신에 의해 테베로 보내져 그곳 사람들을 괴롭혔는데 재미있는 것은 수수께끼를 내서 틀리면 잡아먹었다는 것이다. 스핑크스의 수수께끼는 "하나의 목소리를 갖고 아침에 네 발, 낮에 두 발, 밤에 세 발이 되는 것이 뭘까?" 하는 것이었다.

수많은 사람이 스핑크스의 수수께끼를 알아맞히지 못해 공포에 떨었는데 마침내 오이디푸스가 스핑크스의 수수께끼를 풀었다고 한다. "사람은 어려서 네 발로 기고 커서 두 발로 걸으며 늙어서 지팡이를 짚으니 세 발이다." 오이디푸스가 정답을 맞히자 스핑크스는 부끄러워 스스로 죽어 버렸다고 한다.

스핑크스의 수수께끼 정답처럼 사람의 일생 중 대부분은 두 발로 걸어 다니며 산다. 네 발로 기는 아기가 두 발로 걸을 때 비로소 인간이 되고, 두 발로 걷다가 지팡이를 짚고 세 발로 걷게 되면 더 이상 혼자 살아갈 수 없다는 징표가 된다. 사람은 스스로 두 발로 걸을 때 완전한 인간으로 볼 수 있는 것이다. 걷기는 그만큼 중요한 의미를 가진다.

다리는 제2의 심장

사람은 몸속에서 피가 잘 돌아야 건강하게 산다. 피 속에서 양분은 몸 전체로 골고루 보내지고 노폐물은 몸 밖으로 내보내진다. 이런 피의 움직임을 혈액순환이라고 하고 혈액순환을 담당하는 장기가 몸의 위쪽에 있는 심장이다.

인간은 동물처럼 네 발로 기지 않고 두 발로 직립하여 다니기 때문에 중력에 의해 신체 하반부로 간 혈액이 신체 상반부로 잘 순환되지 않는 경우가 있다. 이것이 흔히 다리 쪽으로 피가 몰려 있다고 말하는 것이다. 여기에 오랫동안 앉아 있다면 피가 정체되어 더 혈액순환이 되지 않을 것이다. 더구나 심장은 동맥으로 피를 내보내기만 할 뿐 정맥으로 빨아들이지는 못한다. 심장은 피를 신체로 밀어내는 것만으로 순환시키는 것이다. 이런 이유로 오랫동안 서 있거나 앉아 있는 것은 혈액순환에 치명적인 위해 요인이 된다.

혈액순환 장애는 스트레스나 비만, 담배, 술 같은 요인에 의해 일어나기도 한다. 이러한 이유로 혈관이 좁아지거나 혈류의 흐름이 약해지고 혈액 속에 노폐물이 쌓이면 혈액순환에 장애가 생긴다. 심장만으로 신체에 피를 잘 순환시키기 어려워진다. 건강의 적신호가 켜지는 것이다.

이럴 때 혈액 순환을 시키는 심장의 역할을 도울 수 있는 것이 다리이다. 다리에는 신체 근육의

30%가 몰려 있고 더 중요한 것은 동맥혈이 지나는 길이라는 것이다. 걸어 다니면 다리에 있는 동맥혈을 접었다 폈다 하는 펌프 효과가 생겨 신체 하반부에 정체된 피를 원활히 순환시킬 수 있다. 다리의 동맥혈을 잘 접고 펼 수 있으려면 다리 근육을 이용해 잘 걸어야 한다.

올바로 걷기

먼저 상체를 펴고 뒤로 빠진 엉덩이를 넣고 턱은 안으로 당기며 시선은 전방을 주시한다. 편안한 마음으로 온몸에 힘을 빼고 걷기 시작한다. 걸음 방향은 직선으로 하고, 양 발은 바깥쪽으로 5도 정도 벌어지는 것이 좋으며, 보폭은 어깨 넓이가 적당하다. 양 팔은 45도 각도로 흔들며 양 다리와 교차되게 하고, 발바닥은 뒤꿈치부터 중간, 앞꿈치 순으로 밟는다.

성인이 운동으로서의 걷기를 하려면 일주일에 3일 정도, 1일 3km를 35분 정도에 걷는다. 수주 후 걷기에 익숙해지면 일주일에 4~5일 정도, 1일 5km를 1시간 정도에 걷는다. 운동으로서의 걷기는 평상시의 걷기 속도에 비해 조금 빠르니 각자 나이와 체력에 맞게 조절하자. 걷기에 앞서 걷기에 편한 신발과 복장을 하고 있는지 확인하고, 발목이나 손목을 푸는 등 충분한 준비운동을 하는 것이 바람직하다.

걷기의 종류

걷는 속도에 따라 천천히 걷기(완보), 산책(산보), 빠르게 걷기(속보), 아주 빠른 걷기(급보), 힘차게 팔을 휘저으며 걷기(파워워킹) 등이 있다.

걷는 특징에 따라서는 동네 공원에서 흔히 볼 수 있는 운동으로서의 걷기인 파워워킹, 마사이족이 걷는 방법이라는 마사이워킹, 핀란드 노르딕스키 선수들이 훈련하는 것에서 탄생한 노르

걷기 종류	열량(kcal)/1시간	*심장 박동수(%)
천천히 걷기(완보, 50~60m/분)	120kcal	1시간, 30~40%
산책(산보, 60~70m/분)	180kcal	1시간, 40~50%
빠르게 걷기(속보, 80~90m/분)	210kcal	1시간, 50~60%
아주 빠른 걷기(급보, 120~130m/분)	270kcal	1시간, 60% 이상
힘차게 걷기(파워워킹, 120~130m/분)	300kcal	1시간, 70% 이상

* 최대 심장 박동수를 기준으로 운동 시 필요한 심장 박동수의 퍼센트이다.

딕워킹 등으로 나눌 수 있다.

파워워킹은 좁은 보폭으로 빠르게 걸으며 양팔을 크게 휘젓는 것으로 심폐지구력 향상과 열량 소모를 주 목적으로 한다.

마사이워킹은 마사이족이 주로 육식을 하는 것에 비해 혈액 속에 콜레스테롤이 적고 허리나 관절질환을 앓지 않는 것에서 착안한 걷기로 몸통을 내밀며 앞발을 내딛는다. 발의 뒤꿈치부터 땅에 닿고 발의 가장자리를 거쳐 엄지발가락으로 마무리된다. 마사이워킹은 걷는 방법을 정확히 배워서 하는 걷는 것이 좋다. 자세가 잘못되거나 무리하면 관절이 상할 수 있으니 주의한다.

노르딕워킹은 파워워킹에 노르딕 폴을 들고 하는 것으로 생각하면 된다. 하체운동뿐만 아니라 상체운동까지 되고 파워워킹에 비해 열량 소모가 많다. 파워워킹이 1시간에 300kcal를 소모한다면 노르딕워킹은 400kcal가 소모된다. 운동량과 열량 소모가 많으므로 나이와 체력에 맞게 실시한다.

걷는 목적에 따라서는 몸을 위한 걷기와 마음을 위한 걷기로 나눌 수 있다. 몸을 위한 걷기는 일반적으로 공원이나 둔치 등에서 (몸)건강을 위해 걷는 것이고, 마음을 위한 걷기는 숲길이나 올레 등에서 마음을 위해 걷는 것이다.

걷기의 효과

걷기는 신체적으로나 정신적으로 좋은 효과가 있다.

먼저 신체적으로는 성인이 보통 1분에 70m 정도 걸으면 3kcal가 소비되므로 만보(길이로는 7km 내외) 걷기로 소모되는 300kcal의 열량이 되려면 1시간 40분 정도 걸으면 된다. 빠른 걸음으로 걸어 1분에 90m 정도 걸으면 3.5kcal가 소비되므로 만보 소모 열량인 300kcal를 맞추려면 1시간 10분을 걸으면 된다. 만보 또는 1시간 반 정도의 걷기만으로 300kcal의 열량을 소모할 수 있게 되는 것이다.

걷기로 열량을 소모할 수 있으므로 다이어트에 도움이 되고, 다리 근육을 움직여 혈액순환이 강화되고, 신진대사가 원활해져 건강 유지에도 좋다. 아울러 걷기는 유산소운동이므로 날숨에 독소를 배출하고 걷기 중 땀을 흘리거나 소변으로 독소를 배출하니 건강에 도움이 된다. 걷기로 장 운동까지 활발해져 배변이 원활해지면 배변으로도 제때 독소 배출이 된다. 병명으로 말하자면 운동부족으로 인한 비만, 당뇨, 고혈압 등 성인병에 특효라고 할 수 있고 심폐지구력 향상, 심장병에도 좋은 것으로 알려져 있다.

걷기는 정신적으로도 좋다. 시간을 내서 걷기를 하고 나면 일정 거리를 걸었다는 성취감이 들고 몸이 가뿐해지는 것을 느낄 수 있다. 걷는 동안 생각에 잠길 수도 있고 반대로 걷기에만 집중해 생각 없는(무념) 상태가 될 수도 있다. 이런 이유로 선가에서는 앉아서 하는 명상뿐만 아니라 걸으며 하는 걷기 명상을 하기도 한다.

걷기 전 준비 사항

1. 운동화나 트래킹화 등 걷기 편한 신발을 신는다.
화산섬 제주도의 길은 울퉁불퉁한 화산돌이 많아 구두나 샌들을 신으면 걷기 힘들다. 길가에서 간혹 바닥이 터져 버려진 신발을 볼 수 있다.

2. 계절에 따른 복장을 잘 갖추자.
계절별 제주도의 날씨는 그리 만만하지 않다. 한여름엔 따가운 태양이 내리쬐고 한겨울엔 매서운 바람과 함께 수시로 눈, 비가 내린다. 봄, 가을 환절기에는 대부분 날씨가 냉온탕을 오락가락하고 잠깐 동안만 날씨가 좋을 뿐이다. 여름엔 자외선을 막을 얇은 긴 팔, 긴 바지가 유용하고 겨울에는 방한복이 필수이다. 봄과 가을에는 보온이 되고 방풍이 되는 윈드재킷을 준비한다.

3. 챙 넓은 모자와 장갑, 토시, 선탠 크림까지 챙긴다.
제주도를 여행하거나 올레길을 걷는 사람 중에 단 며칠인데 어떠냐 싶어 모자나 선탠 크림을 챙기지 않는 경우가 있다. 피부는 하루만 땡볕에 노출되어도 뻘겋게 변하고 쓰라린다. 피부가 타면 밤에 잘 때에도 열기가 남아 잠을 이루기 힘들다. 피부 건강과 다음날 쾌적한 걷기를 생각하는 사람이라면 꼭 태양을 막는 챙 넓은 모자와 장갑, 토시, 선탠 크림 등 3종 세트를 준비하기 바란다.

제주도 슈퍼마켓에 가면 시골 할머니들이 쓰는 꽃무늬 챙 넓은 모자나 팔에 끼는 토시가 있으니 이용해 보라. 촌스러워 보여도 효과가 좋다. 반팔 셔츠를 입었을 때는 토시 하나만 껴도 자외선을 막는 데 더할 나위 없이 좋다. 여름이라도 땡볕에 걷다 보면 손등이 금방 타므로 꼭 장갑을 끼도록 한다.

4. 음료수와 간식거리를 준비한다.
걷기는 체력을 소모하는 일이어서 조금 걷고 나면 땀이 나고 허기가 지기 일쑤다. 작은 배낭에 음료수와 간식거리를 준비해 수시로 꺼내 먹자. 올레길에서는 중간에 시골 구멍가게에서 사 먹을 수도 있으나 걷는 이들에겐 비상용으로 준비하는 것이 상식이다. 가는 동안 식수가 있으면 보충하고 간식거리도 넉넉하게 사 놓자. 걷는 동안 쓰레기는 버리지 말고 챙겨 오자.

5. 식사는 제때에 하고 걷자.

'금강산도 식후경'이라는 누구나 아는 속담이 있다. 아무리 좋은 풍경을 가진 걷기 코스도 배고프면 걷기 싫어진다. 아침을 꼭 챙겨 먹고 걸으며 점심식사는 걷기 코스 전후를 살펴 적당한 식당에서 하자. 걷기 코스에 따라 점심을 늦게 하기보다는 조금 이른 시간에 하는 것이 낫다. 배고프면 걷기에 더 지치고 힘들어진다.

6. 동행이 없다면 MP3 준비한다.

걷기를 하는 동안 바람 소리, 파도 소리, 새소리 같은 자연의 소리를 듣는 것이 우선이지만 계속 걷다 보면 자연의 소리에도 무감각해질 수 있다. 그럴 때 MP3로 좋아하는 음악을 들으면 좋다. 단, 걷기를 시작하면서부터 끝날 때까지 줄곧 듣는 것은 하지 말라. 중간에 지루하고 힘들 때 잠깐 듣고 대부분은 자연의 소리에 귀를 기울여 보자.

7. 메모장이나 엽서를 준비한다.

좋은 풍경 속을 걸으면 누구나 시인이 되고 같이 오지 못한 가까운 사람이 떠오른다. 그럴 때 메모장에 풍경을 보고 느낀 감상을 적거나 친구에게 엽서를 써 보자.

참고 자료

〈걷기박사 이홍렬의 건강걷기〉(이홍렬 저 | 파라북스)
〈걷기운동 30분〉(남상남 | 넥서스북스)
〈건강을 위한 웰빙걷기〉(이강옥 | 가림출판사)
스포츠 동지 - '걷기가 달리기보다 좋은 이유', 이병진(국민생활체육회 정보미디어부장)
중앙일보 - '다리는 제2의 심장', 고종관 기자
워크홀릭(중앙일보 걷기운동사이트 www.walkholic.com)
한국워킹협회(www.walkingkorea.com)
노르딕워킹센터(http://cafe.naver.com/nwcenter)

첫 번째 길

✝

제주의 숲길에서
걸음을 멈추다

01 삼나무향에 취해 걷고 또 걷는다
1112번 삼나무 숲길(비자림로)

걷기 난이도 ● ○ ○ ○ ○
걷기 포인트 이른 아침 안개로 휩싸인
삼나무 숲길 거닐기

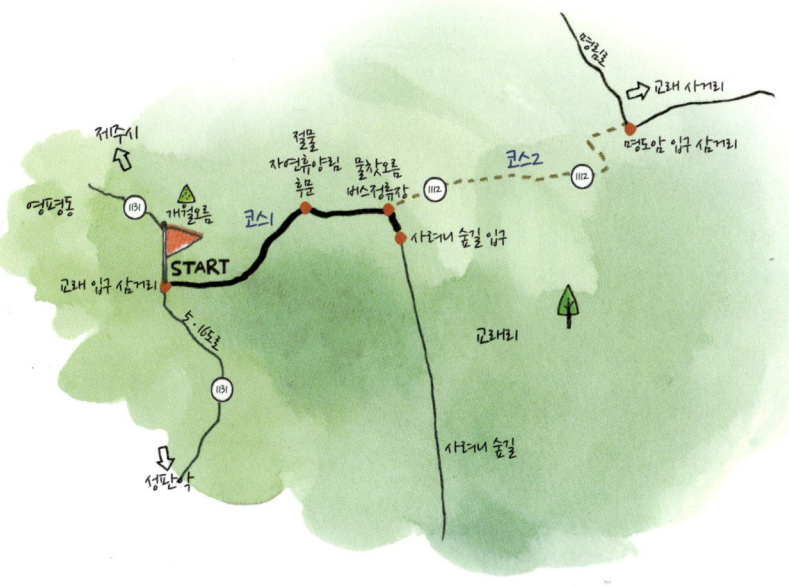

코스&시간

1. 교래 입구 삼거리-사려니 숲길 입구 코스: 약 3.4km, 1시간
교래 입구 삼거리 → 절물 자연휴양림 후문 → 물찻오름 버스정류장 → 사려니 숲길 입구(1.7km) → 물찻오름 버스정류장 → 절물 자연휴양림 후문→ 교래 입구 삼거리

2. 교래 입구 삼거리-명도암 입구 삼거리 코스: 약 6.6km, 2시간
교래 입구 삼거리 → 절물 자연휴양림 후문 → 물찻오름 버스정류장 → 사려니 숲길 입구(1.7km) → 명도암 입구 삼거리(3.3km) → 사려니 숲길 입구(4.9km) → 물찻오름 버스정류장 → 절물 자연휴양림 후문 → 교래 입구 삼거리 (6.6km)

교통

시외버스
5·16노선 이용, 교래 입구 삼거리 하차
번영로선 이용, 물찻오름 버스정류장 하차(교래 경유, 약 1시간 간격)

승용차
제주시 → 1131번 5·16도로 → 제주산업정보대학 → 교래 입구 삼거리

서귀포시 → 1131번 5·16도로 → 성판악 → 교래 입구 삼거리

몸과 마음을 위해 걷는 길

제주의 숲길을 걷다 보니 언젠가 경남 통도사 뒤 영취산을 오르면서 만난 아주머니가 떠올랐다. 고급 승용차를 타고 온 아주머니는 차가 더 이상 들어갈 수 없자, 차에서 내려 암자를 향해 힘든 걸음을 옮기고 있었다.
"힘들어 보이는데 암자에는 뭣 때문에 가세요?"
나야말로 무엇 때문에 낯선 아주머니에게 말을 걸었던 걸까. 가던 산길이나 잘 갈 것이지.
"몸이 안 좋아서 암자에서 기도를 좀 올리려고요."
아주머니의 얼굴을 자세히 보니 기력이 없어 보이기는 했지만 큰 병이 있는 것처럼 보이지는 않았다.
"저를 따라서 숲길을 조금 걸어 보시죠. 걸으면 건강이 좋아집니다."
"차에서 내려 암자까지 가는 길도 힘든데, 숲길을 어떻게……."
아주머니는 말도 안 된다는 듯 손을 휘휘 저으며 암자로 들어갔다. 부디 부처님이 그녀의 건강을 되찾아주었으면 좋겠다는 바람을 가져보았다.
영취산에서 본 아주머니처럼 주위에서 건강을 우려하는 사람 중에 건강 보조제를 과도하게 먹거나 종교에 의탁해 기도로 치유하려는 사람이 종종 있다. 건강 보조제나 종교가 건강을 좋게 해 준다면 더 바랄 것이 없으나 이것들은 어디까지나 몸과 마음에 약간의 도움만 줄 뿐이다. 실제적으로 건강을 좋게 하려면 움직이는 것밖에 없다. 건강이 걱정된다면 오늘 당장 밖에 나가 걸어 보자. 특히 제주의 1112번 삼나무 숲길에는 삼나무향이 가득해 폐부 깊은 곳까지 맑아지고 건강해지는 느낌을 받을 수 있다.

삼나무 숲길의 시작, 교래 입구 삼거리

1112번 삼나무 숲길의 정식 명칭은 비자림로이다. 비자림로라는 이름은 1112번 도로를 타고 동쪽으로 가면 송당의 비자림이 나온다고 해서 붙여졌다. 하지만 여기서 말하는 삼나무 숲길은 한라산 기슭의 1131번 5·16 도로와 1112번 비자림로가 만나는 교래 입구 삼거리에서 교래 사거리 정도까지이다. 물론 교래 사거리에서 송당으로 가는 동안에도 길가에서 삼나무를 볼 수 있다. 그러나 교래 입구 삼거리에서 교래 사거리까지의 구간처럼 길가뿐만 아니라 길 안쪽까지 삼나무가 있어 삼나무 숲을 이루고 있지는 않으니 삼나무 숲길이라고 하기에는 부족한 감이 있다.

    교래 사거리에서 산굼부리, 대천동 사거리를 지나 송당까지도 길가에 삼나무가 늘어서 있으니 삼나무 숲길보다는 그냥 삼나무 길이라고는 하는 것이 낫겠다.

몸이 절로 건강해지는 삼나무 숲

삼나무는 낙우송과의 상록교목으로 원산지는 일본이지만 한국 남부에서도 잘 자란다. 특히 제주도에 삼나무가 많은데 이는 생육 조건이 연평균 기온 12~14℃, 강우량 3,000mm 이상 되는 곳에서 잘 자라기 때문이다. 제주 기후에 딱 맞는 품종이다. 이 때문에 삼나무는 1112번 삼나무 숲길뿐만 아니라 한라산 일대, 제주도 중산간의 방풍림, 가로수로 많이 볼 수 있다. 제주도에서 볼 수 있는 울창한 삼나무 숲은 박정희 대통령 때 국토개발 5개년계획이 실시되면서부터 생겨났다. 삼나무는 구부러짐 없이 곧게 뻗어 굳센 기상을 보여 주며, 다 자라면 높이 40m, 지름 1~2m까지 된다.

대개 1112번 삼나무 숲길(비자림로)은 승용차를 타고 드라이브를 많이 하나 삼나무 숲길을 제대로 느끼려면 1131번 5·16도로의 교래 입구 삼거리에서부터 교래 사거리 방향으로 스스로 갈 수 있을 만큼 걸어 보는 것이 좋다. 하지만 1112번 삼나무 숲길은 인도가 없어 걷고 싶어도 걷기에는 참 힘든 길이어서 아쉽다. 다행히 차도와 연이은 삼나무 숲이 있어 그런대로 걸을 만한 공간이 있지만 언제 차가 나타날지 모르니 항상 주의한다.

끝도 없이 삼나무가 보이는 절물 자연휴양림 후문

교래 입구 삼거리에서 교래 사거리 방향으로 걷는다. 길 양쪽으로 빽빽하게 들어찬 삼나무에서 풍기는 특유의 향도 맡고 운이 좋으면 숲 속을 뛰노는 다람쥐도 볼 수 있다. 1112번 삼나무 숲길은 걷는 사람보다 렌트카를 타고 휙 지나는 사람이 더 많아 삼나무 숲가에서 노루를 보는 것까지 기대하기는 힘들다. 얼마 걷지 않아 길 왼쪽(북쪽 방향)으로 절물 자연휴

양림 후문이 보인다. 전에는 절물 자연휴양림 후문을 통해 절물 자연휴양림을 구경할 수 있었으나 최근에 후문이 폐쇄되고 후문을 지키는 관리인까지 상주하고 있다. 이곳에서는 렌트카를 세워두고 1112번 삼나무 숲길을 배경으로 사진을 찍는 사람들을 흔히 볼 수 있다. 이들은 1112번 삼나무 숲길의 진가를 모른 채 기념사진만 찍고 그대로 가버리기 일쑤다. 삼나무 숲으로 조금만 더 들어가면 멋진 숲의 풍경을 마주하게 되는데 말이다.

터닝 포인트, 물찻오름 버스정류장과 사려니 숲길 입구

절물 자연휴양림 후문 부근의 삼나무 숲길에서 더 걷고 싶으면 물찻오름 버스정류장으로 가서 삼나무 숲 남쪽의 사려니 숲길로 걸어간다. 사려니

시원하게 뻗은 도로 좌우로 삼나무가 보기 좋게 도열해 있는 삼나무 숲길.
차를 타고 지나도 좋지만 직접 걸으면서 삼나무향에 취해 보는 것도 좋다.

숲길은 제주도를 대표하는 한라산 숲길로 물찻오름이나 붉은오름, 사려니오름까지 다양하게 걸을 수 있다.

새로운 여행지로의 출발점, 교래 사거리

1112번 삼나무 숲길은 인도가 없어 걷기에는 불편하다. 1112번 도로를 따라 교래 입구 삼거리에서 교래 사거리까지 삼나무 숲길 산책로를 만든다면 더 없이 좋은 숲길이 될 수 있을 텐데…….

교래 입구 삼거리에서 교래 사거리까지 가서 제주 미니미니랜드를 구경하고 교래의 명물인 닭 요리까지 맛보는 환상적인 '걷기+관광+미식 코스'를 만끽해 보아도 좋다. 교래 사거리에서 가까운 돌문화 공원이나 산굼부리로 가는 것은 보너스이다. 아니면 교래 입구 삼거리에서 절물 자연휴양림 후문과 물찻오름 버스정류장을 지나 절물 자연휴양림으로 가는 명도암 입구 삼거리까지의 산책로를 이용해도 좋다.

여름에 삼나무 숲길을 걸은 후, 절물 자연휴양림에서 시원하게 샤워를 하고 숲 속 해먹에 누워 낮잠까지 잔다면 무엇이 더 부럽겠는가. 절물 자연휴양림 내에서는 더 많은 삼나무를 만나볼 수 있다.

렌트카로만 휙 지나던 길로 잠시 내려 기념사진만 찍던 1112번 삼나무 숲길. 이젠 차에서 내려 삼나무 숲길로 들어가 보자. 피톤치드(phytoncide)가 풍부하게 뿜어져 나와 제대로 된 삼림욕을 할 수 있고 늘 푸른 삼나무 숲을 보고 있으면 마음까지 푸르러질 것이다.

02 몸과 마음의 안식을 찾아 떠나다
장생의 숲길

걷기 난이도 ●●●○○

걷기 포인트 절물 자연휴양림 속 구불구불하게 이어지는
삼나무 숲길 산책하기

코스&시간

1. 반환점 코스: 4.2km, 1시간
장생의 숲길 출발점(절물 자연휴양림 내) → 교차로(2.4km) → 반환점(4.2km)

2. 전체 코스: 11.1km, 3시간 30분
장생의 숲길 출발점 → 교차로(2.4km) → 반환점 입구 → 노루길(4km) → 연리길(6.2km) → 오름길(7.8km) → 내창길(8.8km) → 출구(11.1km)

교통

시내버스
제주 시청, 중앙로 사거리에서 43번 버스, 절물 자연휴양림 하차

승용차
제주시 → 97번 번영로 → 명도암 입구 사거리 → 명림로 → 절물 자연휴양림

몸의 장생(長生)을 찾아 떠난 길

인간은 유한한 존재이나 유한이라는 타고난 숙명을 거슬러 육신의 장생을 추구하려는 사람이 종종 있다. 육신이야 죽어서 흙으로 돌아가지만 마음은 남아 영원이 될 수 있다는 것을 모르는 것이다. 사는 동안 육신의 장생(長生)이 아니라 마음의 장생을 찾는 것이 더 중요하다.

서귀포 정방 폭포에 전해지는 이야기가 있다. 옛날 진시황의 명으로 영주산(한라산)의 신선을 만나러 온 서복(서불)이 정방 폭포를 보고 반해 폭포 절벽에 '서불과지(徐市過之: 나 지나감)'라고 적어 놓았다는 것이다. 참 실없는 놈이다. 그런데 서귀포라는 지명이 여기서 유래되었다는 설이 있다. 진시황은 무엇 때문에 머나먼 제주까지 사람을 보냈으며 보내진 자는 왜 위험하다고 말리는 절벽까지 올라가 다녀간 자취를 남겼을까. 보낸 사람이나 보내진 사람이나 황당하기 이를 데가 없다.

진시황은 잘 알려진 대로 장생(長生)을 뛰어넘어 영생(永生)의 명약을 찾기 위해 사방팔방으로 사람들을 보냈으나 결국 찾지 못하고 중국 지방을 순례하는 중에 죽고 말았다. 서복의 이야기가 사기(史記)의 《진시황본기(秦始皇本紀)》에 나오니 진시황이 제주도로 사람을 보낸 게 헛말은 아닐 듯싶다. 진시황은 기원전 259~210년에 살았던 사람으로 최초로 중국을 통일하고 중앙집권정책으로 막강한 권력을 휘둘렀다. 이전까지 중구난방이었던 문자, 도량형, 화폐까지 통일하였으니 현대의 공업표준화를 선도한 미국이나 일본에 비해 2천 년이나 앞선 선구자였던 셈이다. 그런 그도 육신의 죽음 앞에서는 엄청난 공포에 사로잡힌 일개 인간에 불과했다. 그는 육신의 장생만 알았지, 마음의 장생은 진정 몰랐던 것이다. 절물 자연휴양림 안에 있는 장생의 숲길을 걸으며 몸은 물론 마음의 장생을 빌어 보자.

몸과 마음이 다시 살아나는 장생의 숲길의 시작

장생(長生)의 숲길은 절물 자연휴양림 안에 있다. 장생의 숲길이라는 이름은 정신적, 육체적 치유를 바라는 의미에서 지은 것으로 보인다. 실제 이 숲길에는 40~45년생 삼나무가 수림의 90% 이상을 차지해 사방에서 피톤치드가 뿜어져 나오는 최상의 삼림욕장으로 알려져 있다.

장생의 숲길은 절물 자연휴양림에서 시작해 절물오름(697.7m)과 개월오름 사이를 걷는 코스이다. 입구는 절물 자연휴양림 입구로 들어가면 오른쪽에 위치하고 있다. 장생의 숲길의 반환점은 거의 1112번 삼나무 숲길에 닿으나 도로와 만나지는 않는다. 반환점까지 갔다가 더 걷고 싶으면 연장된 숲길을 걸으면 되고 돌아올 사람은 출발점인 절물 자연휴양림으로 가면 된다.

장생의 숲길은 구불구불한 삼나무 숲을 걸어 지루하지 않고 길의 높낮이 폭이 작아 남녀노소 누구나 걸을 수 있다. 숲길 바닥에는 오랫동안 쌓인 삼나무 부스러기로 된 부엽토와 화산암이 잘게 깨진 송이가 깔려 있어 천연 쿠션 역할을 한다. 어떤 사람은 장생의 숲길을 걷는 것에서 한 걸음 더 나아가 맨발로 걷기도 하는데 길바닥의 두터운 부엽토와 송이가 완충 역할을 해 주어 걸을 만하다.

숲길과 숲길이 만나는 교차로와 반환점

장생의 숲길 출발점에서 걷기 시작하면 중간에 장생의 숲길과 1112번 삼나무 숲길에서 절물 자연휴양림을 연결하는 콘크리트 임도가 교차하는 교차로가 나온다. 여기에서 임도를 따라 남쪽으로 가면 절물 자연휴양림

후문이 나오고 후문을 나서면 1112번 삼나무 숲길과 만난다. 아쉽게도 현재는 후문으로 통행할 수 없다. 교차로에서 임도를 따라 북쪽으로 가면 절물 자연휴양림 내의 약수암에 닿는다.

  장생의 숲길 중간 교차로에서 임도를 따라 남쪽으로 가는 길에는 산수국이 많아 산수국 길이라고도 하고 때죽나무의 흰 꽃이 질 때면 길바닥에 온통 흰색의 점이 찍히기도 한다. 임도는 장생의 숲길처럼 황톳길은 아니지만 삼나무 숲 속에 있어서 자연의 황톳길을 걷는 기분을 느낄 수 있다. 비나 눈이 온 다음 날처럼 황톳길이 질척일 때는 콘크리트 임도가 오히려 장생의 숲길보다 걷기에 더 편하다. 실제 비가 오거나 눈이 많이 오는 등 기상 상태가 나쁠 때에는 수시로 장생의 숲길 보호를 위해 길이 폐쇄되기도 하니 이럴 때에는 삼나무 숲의 임도를 걷는 것도 나쁘지 않다.

새로운 길을 잇는 장생의 숲길

근래에 반환점까지만 있던 장생의 숲길이 대폭 연장되어 장생의 숲길을 다 걸으려면 약 11km에 3시간 30분 정도가 소요되니 각자 체력에 맞게 걷는 것이 좋다.

  장생의 숲길은 육신의 장생보다는 마음의 장생을 위해 걷는 길이다. 육신의 장생에는 한계가 있지만 마음의 장생에는 한계가 없다. 장생의 숲길을 걸으면서 마음의 장생에 욕심을 내도 좋으리라. 차분히 걸으면서 마음이 편안해지면 절로 몸까지 건강해지고 여유로워지는 것을 느낄 수 있을 것이다.

숲 속 나무데크 옆으로 도열해 있는 장승들이 걷는 느낌을 새롭게 만든다.

03 길의 끝에서 행복을 만끽하다
사려니 숲길

걷기 난이도 ●●●○○ (숲길 종주 ●●●●●)
걷기 포인트 한라산 숲길의 대표주자인 사려니 숲길
느긋하게 만끽하기

코스&시간

1. 완주 코스: 15.4km, 5~6시간
사려니 숲길 입구 → 참꽃나무 숲(1.4km) → 물찻오름 입구 (4.7km) → 치유와 명상의 숲(6.6km) → 서어나무 숲(7.7km) → 서중천(9km) → 더불어 숲(12.4km) → 삼나무 숲(14.4km) → 사려니오름(난대산림연구소 시험림, 15.4km)
※이후 1119번 서성로까지 약 2~3km, 시험림 통과시 사전에 전화 신청 필요(064-732-8222)

2. 사려니 숲길 입구-붉은오름 코스: 10.1km, 3~4시간
사려니 숲길 입구 → 참꽃나무 숲(1.4km) → 물찻오름 입구(4.7km) → 치유와 명상의 숲(6.6km) → 붉은오름(10.1km)

3. 사려니 숲길 입구-성판악 코스: 8.2km, 3~4시간
사려니 숲길 입구 → 참꽃나무 숲(1.4km) → 물찻오름 입구(4.7km) → 성판악 갈림길(5.2km) → 성판악(8.2km)

4. 사려니 숲길 입구-치유와 명상의 숲 코스: 6.6km, 2~3시간
사려니 숲길 입구 → 참꽃나무 숲(1.4km) → 물찻오름 입구(4.7km) → 치유와 명상의 숲(6.6km)

교통

시외버스
5·16노선 이용, 교래 입구 삼거리 하차. 사려니 숲길(물찻오름 버스정류장) 입구까지 도보 15분
번영로선 이용, 물찻오름 버스정류장 하차(교래 경유, 약 1시간 간격)
남조로선 이용, 붉은오름 하차(20분 간격)

승용차
제주시 → 1131번 5·16도로 → 교래 입구 삼거리 → 물찻오름 입구
서귀포시 → 1131번 5·16도로 → 교래 입구 삼거리 → 물찻오름 입구

콜택시
남원 064-764-9191(사려니오름 아래 한남 쓰레기매립장이나 서성로의 한남 감귤 가공 단지를 약속 장소로 정한다.)

걷기 ― 지쳐 쓰러질 때까지

조깅과 산악자전거, 수영을 하는 사람이 "이거 좀 할 만한데."라고 생각되면 마라톤 대회나 자전거 축제, 수영 대회에 나갈 마음이 들지도 모른다. 이들 스포츠 대회나 축제에서 좋은 성적을 거둔다면 그 다음 목표는 어쩌면 수영과 사이클, 마라톤이 합쳐진 철인 3종 경기를 꿈꿀 수도 있다. 제주 올레길이나 지리산 둘레길을 좀 걸어본 사람이라면 철인 걷기 대회 같은 것을 상상하지 않을까.

이쯤 되면 운동 중독, 걷기 중독이라고 말할 수 있을 것이다. 그렇다. 운동이나 걷기도 중독이 된다. 담배나 마약, 도박 같은 나쁜 중독이 아니라 몸에 좋은 중독이다. 나쁜 중독이나 좋은 중독이나 중독의 공통점은 점차 중독의 강도가 강해진다는 것이다. 운동에 중독되면 무리한 운동으로 팔다리가 성할 날이 없어지고 걷기에 중독되면 우리나라 길 중 좋은 곳을 찾아 주말마다 걸으려고 떠나게 된다. 무리하게 걷다가 발목이나 무릎 관절이 상할 수도 있다. 운동 중독이나 걷기 중독 모두 너무 심해지면 결국 몸이 상하게 된다.

운동 중독이나 걷기 중독이 되면 부상을 입고도 운동이나 걷기를 하고 싶어진다. 심지어 목발을 짚거나 한 팔에 깁스를 하고서라도 움직이고 걷는다. 어서 부상이 완쾌되기만을 기다린다. 이렇듯 부상을 입을 정도로 운동이나 걷기에 몰입하게 되는 까닭은 그만큼 운동이나 걷기가 사람에게 쾌감을 주기 때문이다.

하지만 '과유불급(過猶不及)'이라는 말처럼 지나치면 하지 않는 것만 못할 수도 있다. 그러므로 적절히 자신의 몸에 맞게 걸어 운동(걷기)의 재미와 건강을 한꺼번에 챙겨야 한다.

제주 숲길을 대표하는 사려니 숲길

사려니 숲길은 한라산 남동쪽 기슭에 있는 사려니오름 때문에 붙여진 이름이나 정작 사려니오름까지 가본 사람은 그리 많지 않다. 한라산 숲길 중 존자암으로 가는 숲길이 단거리 코스라면 사려니 숲길은 15.4km의 장거리 코스이기 때문이다.

올레 코스를 좀 걸었다는 사람은 올레 중 20km 코스가 있으니 그 정도면 약과라고 할 수도 있다. 하지만 막상 사려니 숲길을 다 걸었다고 해도 1119번 서성로까지 가는 숨은 2~3km 거리와 서성로에 도착하더라도 대중교통이 없는 까닭에 절로 푸념이 나온다. 이 때문에 미리 사려니 숲길의 끝에 교통편을 준비해 놓지 않으면 사려니오름에서 서성로로 나오기 전 남원 지역의 콜택시를 불러야 한다. 사려니 숲길은 길이도 길고 끝 지점에 대중교통도 없지만 해발 500~600m의 제주 중산간을 오롯이 즐길 수 있어서 많이 찾는다.

삼나무 숲길과 맞닿은 사려니 숲길 입구

사려니 숲길의 걷기 코스는 1112번 삼나무 숲길에서 시작한다. 1112번의 원래 이름이 비자림로여서 어떤 곳에서는 사려니 숲길 출발지를 비자림로 입구라고도 하는데 정작 번영로선 교래 경유편 버스정류장 이름은 물찻오름이어서 헷갈리기 쉽다. 버스정류장이 물찻오름인 것은 사려니 숲길 중간에 물찻오름이 있기 때문이다. 정리하자면 1112번 삼나무 숲길의 물찻오름 버스정류장 인근에 사려니 숲길 입구가 있고 사려니 숲길로 들어가면 물찻오름이 있다.

　1112번 삼나무 숲길의 물찻오름 버스정류장에 내리면 남쪽으로 숲 속에 주차장이 있고 더 들어가면 사려니 숲길 입구가 보인다. 사려니 숲길은 원래 콘크리트 임도여서 거의 직선으로 남쪽 방향으로 걸으면 물찻오름과 사려니오름을 지나 1119번 서성로와 만난다. 곳곳에 콘크리트가 깨져 있고 송이를 깔고 나무데크로 길을 만든 곳도 있어서 다양한 촉감을 느끼며 걷는 재미가 있다.

자연 속에서 쉬고 있는 물찻오름

사려니 숲길에는 곳곳에 '참꽃나무 숲', '치유와 명상의 숲', '서어나무 숲'과 같은 테마 포인트가 있어 쉬어 갈 수 있고 게시판을 통해 자생하는 동

숲길을 걷다 보면 사이사이에 재미있는 표지판들이 있어서 이것저것 살펴보면서 가면 심심할 틈이 없다.

식물에 대한 정보도 알 수 있다. 사려니 숲길에서 처음 만나는 포인트는 참꽃나무 숲이다. 참꽃나무는 진달래목 진달래과의 낙엽활엽관목으로 5월에 잎과 함께 붉은 꽃이 핀다.

참꽃나무 숲을 지나면 물찻오름 입구에 다다른다. 물찻오름은 말 그대로 오름 정상의 분화구에 물이 차 있어 붙여진 이름이지만 아쉽게도 2011년 12월 말까지 자연휴식년으로 입산이 통제되고 있다. 남조로변의 물영아리를 떠올리며 물찻오름에 오르지 못하는 심정을 다독여야 할 듯하다. 물찻오름 입구를 지나면 성판악으로 가는 갈림길이 나온다. 이곳 갈림길에서 성판악으로 향하면 성판악 휴게소에 닿는다.

숲 곳곳에 있는 다양한 식물은 그 이름을 자세히 알 수는 없지만 다양한 자연을 몸소 느끼는 데는 부족함이 없다.

월든과 함께 걷는 치유와 명상의 숲

갈림길을 지나면 치유와 명상의 숲이 나오고 이곳에서 동쪽으로 향하면 남조로변에 붉은오름이 있다. 치유와 명상의 숲이라는 표지 밑에 월든 (Walden)이라고 적어놓은 것을 볼 수 있다.

《월든》은 미국의 사상가인 헨리 데이비드 소로우(Henry David Thoreau)가 1845년 여름에서 1847년 초가을까지 월든 호숫가에서 홀로 지냈던 체험을 엮은 산문집이다. 이 책에서는 길에 대해서도 얘기하고 있는데 무성한 수풀이라도 사람이 몇 번 지나면 새로운 길이 생긴다고 했다. 월든 호숫가를 연상시키는 호젓한 숲 속을 걷는 맛이 제법 좋다. 숲의 참맛을 마음껏 누릴 수 있는 길이다.

난대산림연구소는 통제되어 있어 미리 신청해야 걸을 수 있다. 그러나 그만큼 잘 보존되어 있어 걷는 맛이 쏠쏠하다.

자연의 본 모습을 그대로 간직한 난대산림연구소 시험림

치유와 명상의 숲에서 남쪽으로 더 내려가면 서어나무 숲이 나오고 여기서부터는 국립산림과학원 난대산림연구소 시험림이 있어 출입이 통제된다. 이 구간을 통행하려면 미리 난대산림연구소(064-732-8222)에 전화로 신청하면 된다. 이쯤 되면 벌써 이 구간의 숲길을 걷는 사람의 발길이 뜸해진 것을 알 수 있다.

사려니 숲길을 걷는 사람들은 대부분 치유와 명상의 숲 정도에서 멈춰 되돌아가거나 동쪽의 붉은오름 방향으로 가기 마련이다. 계속 남쪽으로 가서 서어나무 숲을 둘러보는 사람은 많지 않다. 서어나무는 참나무목 자작나무과의 낙엽교목으로 회색 나무껍질이 울퉁불퉁한 것이 특징이다.

사려니오름을 끼고 걷는 사려니 숲길은 혼자 걸어도 좋지만 친구나 가족이 담소를 나누며 걸어도 좋다.

사려니 숲길의 묘미, 사려니오름

서어나무 숲을 지나 서중천의 바위에서 잠시 쉬고 나서 걸으면 더불어 숲을 만난다. 더불어 숲이라고 이름 붙여진 삼나무 숲을 지나면 사려니 숲길의 종착지인 사려니오름에 다다른다. 이제까지 꽤 긴 거리를 걸어온 탓인지 막상 사려니오름에 오르려면 다리가 후들거릴 것이다. 그래도 오름 정상의 아름다운 풍경을 기대하며 좀 더 힘을 내자.

  사려니오름으로 오르내리는 길은 나무데크로 계단을 만들어 놓아 걷기에 편하지만 정작 사려니오름 정상은 짙은 안개가 뒤덮여 사방을 구분하기가 쉽지 않다. 아름다운 풍경을 상상하고 와서 그런지 실망감이 크겠지만 빽빽한 삼나무로 가득 찬 사려니오름을 올랐다는 것에 만족하고 하산하자.

사려니 숲길의 종착점, 서성로

사려니오름을 보고 나서 돌아가기 위해 이제까지 온 길로 되돌아가기에는 거리가 너무 멀다. 거리상 남쪽의 1119번 서성로까지 가는 게 낫다. 이미 서어나무 숲에 도달했을 때부터 힘이 많이 빠져 있을 텐데 삼나무 숲을 지나 사려니오름까지 당도했으니 힘이 다 빠질 만도 하다. 조금만 더 힘을 내자.

지친 몸을 이끌고 사려니오름에서 한남 쓰레기매립장을 지나 서성로까지 가는 것은 거의 마지막 힘을 쥐어짜야 할 정도이다. 사려니 숲길은 전체적으로 평탄한 길이지만 남에게 피해를 주지 않으려면 자신의 체력에 맞게 걸어야 한다. 기진맥진해서 서성로까지 나오더라도 정작 이곳에는 버스나 택시 같은 대중교통이 없다. 절로 한숨이 터져나오는 시점이다. 할 수 없이 114에 물어 가까운 콜택시(남원 콜택시 064-764-9191)를 불러야 하는데 이것도 미리 예약하지 않으면 30~40분을 기다려야 하는 경우도 있다. 이쯤 되면 하늘이 노래진다. 이런 이유로 제주 사람들도 사려니 숲길을 완주할 때에는 사려니 숲길 입구와 사려니오름 출구에 각각 차를 대놓는다.

하지만 사려니 숲길에서 피톤치드를 꽉꽉 내뿜는 나무에 둘러싸여 삼림욕을 하는 기분은 하늘을 날아갈 듯하다. 실컷 걷고 싶은 사람에게는 무한정(?) 걸을 수 있는 길을 제공한다. 사려니 숲길은 길이가 길지만 천천히 숲을 즐기며 걷고 싶은 사람에게 행복한 하루를 선사한다.

04 바스락거리는 송이를 밟다
비자림 숲길

걷기 난이도 ● ○ ○ ○ ○
걷기 포인트 아는 사람만 찾는 제주의 비경. 울창한 비자림 숲 속에서 자연에 빠져들기

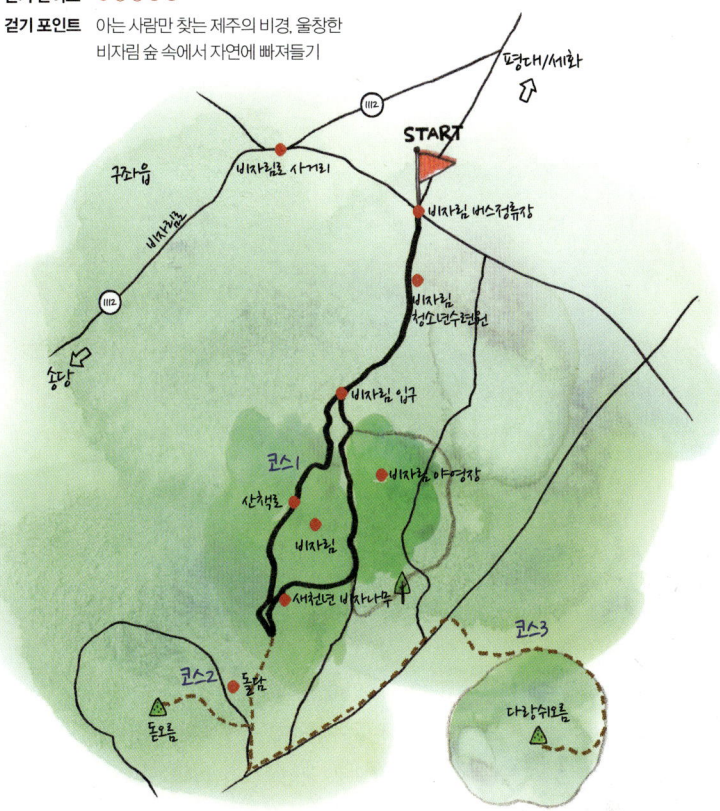

코스&시간

1. 비자림 숲길 코스: 약 4.1km, 1시간 30분
비자림 버스정류장 → 비자림 입구 → 산책로 → 새천년 비자나무 → 산책로 → 비자림 입구 → 비자림 버스정류장

2. 비자림 숲길-돌오름 코스: 약 5km, 2시간
비자림 버스정류장 → 비자림 입구 → 산책로 → 새천년 비자나무 → 돌오름 → 새천년 비자나무 → 산책로 → 비자림 입구 → 비자림 버스정류장
※새천년 비자나무 부근 샛길 → 비자림 돌담 → 돌담 너머 좌측→ 돌오름

3. 비자림 숲길-다랑쉬오름 코스: 약 7km, 3~4시간
비자림 버스정류장 → 비자림 입구 → 산책로 → 새천년 비자나무 → 돌오름 → 다랑쉬오름 → 새천년 비자나무 → 산책로 → 비자림 입구 → 비자림 버스정류장
※돌오름 → 콘크리트길 남쪽 → 오른쪽 방향 → 다랑쉬오름
※비자림에서 도보로 다랑쉬오름에 갈 경우, 경험자와 함께 가는 것이 좋다.

교통

시외버스
동일주 시외버스 이용, 평대 또는 세화(07:45, 09:10, 11:00, 12:20, 13:30, 15:20, 16:40, 17:30, 19:10, 20:30) 하차. 김녕-덕천-송당-세화 읍면 순환선 이용, 비자림 하차

승용차
제주시 → 1132번 일주도로 → 평대초등학교 앞 → 1112번 삼나무 숲길 → 비자림

제주시/서귀포시 → 97번 번영로 → 대천동 사거리 → 1112번 삼나무 숲길 → 비자림

화산섬의 흔적을 밟으며
산책하기

제주도는 한라산이라는 커다란 화산을 중심으로 이루어진 섬이다. 지금으로부터 약 180만 년 전, 한라산에서 비롯한 용암의 분출로 인해 제주도가 만들어졌다. 제주 각지에서 볼 수 있는 368개의 오름 역시 한라산에 딸린 기생화산이다. 제주도는 타원형으로 가로 길이 73㎞, 세로 길이 31㎞이다. 제주도처럼 한라산을 중심으로 용암이 넓게 퍼져 완만한 경사를 가지며 형성된 화산을 순상화산이라고 하는데 송이 또는 스코리아(scoria)라고 불리는 화산 쇄설물이 적은 것이 특징이다.

현재 한라산은 화산 활동을 중지한 휴화산이기 때문에 흰 연기나 용암을 분출하는 활화산에 비해 화산임을 실감하기 어렵다. 《동국여지승람》을 보면 1002년 난데없이 한림 앞바다에서 용암이 분출해 비양도를 만든 기록이 있다. 불과 1천 년 전에 제주도에서 일어난 일이다. 1007년에는 안덕면 군산에서도 용암이 분출한 기록이 있다. 안덕면 군산은 대평리 뒷산이자 안덕 계곡 남쪽에 있는 오름으로 군산오름이라고도 한다. 그러고 보면 용암이 흐르면서 생긴 안덕 계곡 역시 군산에서 용암이 분출할 때 생긴 것이 아닐까 싶어진다.

한라산에서 비롯한 용암이 해안 쪽으로 가다가 멈춰선 것이 오름인데, 대표적으로 성산일출봉, 산굼부리, 다랑쉬오름, 새별오름 등이 있다. 오름 외에 화산섬 제주도에서 빼놓을 수 없는 것이 용암 동굴로, 대표적으로 만장굴, 쌍룡굴, 협재굴, 김녕사굴 등이 있다. 역시 화산섬의 잔재인 적갈색의 송이 또는 스코리아는 화산 분출에 의한 현무암 쇄설물이다. 송이는 지름이 4mm 정도로 기공이 많으나 부석처럼 물에 뜨지는 않는다. 부석은 구멍이 송송 뚫린 화산돌로 가볍고 물에 뜨는 특징을 가지고 있다. 제주의 숲길을 걷다 보면 발 아래로 느껴지는 송이에 도시에서와는 다른 걷기의 묘미가 있다.

제주 송당의 비경, 비자림 숲

비자림은 제주 동쪽 구좌읍 평대리 일대의 448,165m² 면적에 500~800년생 비자나무 2,870여 그루가 군락을 이룬 곳을 일컫는다. 통상 송당마을 옆에 있어 송당의 비자림이라고 하기도 한다.

비자림의 비자나무는 단순림으로는 세계 최대이고 천연기념물 제374호로 지정, 보호되고 있다. 비자나무는 구과목 주목과의 상록교목으로 다 자라면 높이 25m, 지름 2m까지 된다. 비자림에 있는 비자나무는 나무의 높이가 7~14m, 지름이 0.5~1.1m 정도이다. 비자나무는 가지가 사방으로 뻗치고 나무껍질은 회색을 띠는 갈색이다. 열매는 지름 20mm 정도의 타원형으로 구충제, 변비약, 위장약 등으로 쓰이며 비자유(油)는 기관지 천식이나 장 기능 향상에 좋다고 알려져 있다. 비자나무는 목재로 쓰기에도 질이 좋아 고급 가구나 바둑판으로 이용하기도 한다.

아는 사람만 찾아 온다는 비자림 숲길 입구

비자림으로 가는 길은 시간이 좀 걸린다. 우선 제주시에서 동일주 시외버스를 타고 세화에서 내린다. 세화에서 다시 1시간에 1대 오는 읍면순환선 버스를 타고 비자림에서 내리면 입구 왼쪽에 청소년수련원이 있고 앞

비자림 입구 버스정류장에서 출발해 비자림 숲을 걷다 보면 820년이나 된 새천년 비자나무를 만난다.

으로 가면 비자림 입구가 나온다. 주차장에는 여느 제주의 관광지에서 볼 수 있는 관광버스 대신 제주 번호판의 제주 차만 볼 수 있다. 아마도 비자림은 제주 사람 중에서도 비자림의 숨은 매력을 아는 사람만 찾아오는 곳이기 때문이 아닐까 싶다.

820년의 역사를 품은 새천년 비자나무

비자림의 산책로는 원형으로 되어 있어 어느 방향으로 가나 한 바퀴를 도는 것은 마찬가지이다. 산책로의 제일 끝에는 820년이나 된 비자나무가 있는데 '새천년 비자나무'라는 거창한 이름이 붙어 있다. 산책로에는 화산암이 잘게 부서진 송이가 깔려 있어 걸을 때마다 사각사각 소리가 나서 도시의 아스팔트와는 전혀 다른 느낌을 준다. 발에 닿는 느낌이 제각각이어서 걷는 재미가 쏠쏠하다. 한가한 산책로와 곳곳에 있는 쉼터는 걸으면서 쉬고 생각하기에 좋다. 산책로에는 울창한 비자나무가 하늘빛을 가릴 정도여서 한여름에도 시원하다.

사랑하는 연인과 함께 걷는 숲길은 더욱 즐겁다.
힘들 때에는 손도 잡아주고 서로 이야기도 나누며 걷는 것이야말로
가장 행복한 여행길이 아니겠는가.

시시각각 색다른 매력을 뽐내는 제주의 자연.
맑고 푸른 하늘 아래에서나 해 질 녘 노을을 배경으로 하거나 언제나 그 자리에서 여행자를 반긴다.

제주 해안 절경을 볼 수 있는 돋오름과 다랑쉬오름

비자림 내 산책로가 짧다고 느낀다면 비자림 뒤 돋오름(284.2m)이나 다랑쉬오름(382.4m)을 연결해 더 걸어도 좋다. 돋오름이나 다랑쉬오름에 오르면 비자림은 물론 제주 동쪽 해안의 장관이 한눈에 들어온다. 다랑쉬오름 남쪽에 있는 낮은 쌍봉 모양의 오름은 용눈이오름이다. 돋오름이나 다랑쉬오름에서의 감동도 잠시, 대중교통을 이용하려면 눈물을 머금고 다시 비자림까지 되돌아와야 한다. 사려니오름 끝에서처럼 절로 한숨이 나오지만 참자! 이곳에는 원래 대중교통이 없다.

비자림에 도착해서 읍면순환선을 기다리는 것은 고역이다. 1시간에 1대 운행하는 읍면순환선은 오히려 비자림을 찾는 사람의 발길을 멀리하게 만드는 요인이 된다. 한적한 가운데 비자림 숲길을 걸을 수 있게 하지만 돌아갈 땐 여간 불편한 것이 아니다. 그렇다고 렌트카를 타고 이곳에 오면 쌩 하고 한 바퀴 돌고 난 다음 쌩 하고 비자림을 벗어나게 된다. 거참, 묘하다. 비자림에 빨리, 쉽게 올수록 그만큼 빨리 돌아간다.

제주시에서 동일주 시외버스를 타고 세화에서 읍면순환선을 타서 어렵게, 오랜 시간을 들여 이곳에 오면 그만큼 비자림에 오래 머물다가 돌아간다. 어떻게 오든 비자림 숲길을 걷고, 비자림 숲에 머물며 비자림 숲에 빠져 보고 느끼다가 돌아가길 바란다. 비자림은 충분히 느리게 보고 즐기는 자의 것이니까.

05 굽이굽이 느긋한 걸음을 옮기다
천왕사 & 석굴암 숲길

걷기 난이도 ●●●○○
걷기 포인트 제주 사람들만 찾는 비밀의 숲인 아흔아홉골 구석구석 둘러보기

코스&시간
약 8.5km, 2시간 30분
충혼묘지 버스정류장 → 충혼묘지 → 숲길 → 석굴암 → 숲길 → 충혼묘지 → 천왕사 → 충혼묘지 버스정류장

교통
시외버스
1100노선 이용, 충혼묘지 하차
승용차
제주시/서귀포시 → 1139번 1100도로 → 충혼묘지 → 천왕사

가지 않은 길을 간다는 것

노란 숲 속에 길이 두 갈래로 났습니다.
나는 두 길을 다 가지 못하는 것을 안타깝게 생각하면서,
오랫동안 서서 한 길이 굽어 꺾여 내려간 데까지,
바라다볼 수 있는 데까지 멀리 바라다보았습니다.

로버트 프로스트(Robert Lee Frost)의 시 〈가지 않은 길〉의 첫머리이다. 누구나 인생을 살다 보면 두 갈래의 길을 만나게 되는 때가 있다. 진로 선택이나 좋아하는 사람을 만나는 일 등이 대표적인 두 갈래 길이 될 것이다. 가지 않은 길은 알 수 없다. 그래서 불안하다. 하지만 우리는 더 나은 미래를 위해서라면 가지 않은 길을 가야만 한다. 두 갈래 길의 들머리에 서서 프로스트처럼 목을 길게 빼고 보이는 곳까지 살펴보지만 그것뿐이다. 그 이상은 보이지 않는다. 보이는 것 역시 어느 정도 짐작을 할 수 있을 뿐 막상 걸으면 어떤 일이 벌어질지 모른다. 가지 않은 길은 한마디로 알 수 없는 길이다.
프로스트는 사람이 걸은 자취가 적은 길을 선택한다. 우리도 인생을 살다 보면 잘 아는 쉬운 길보다 잘 모르는 어려운 길을 선택해야 하는 경우가 있다. 잘 아는 길은 그 끝을 짐작할 수 있기에 위험이 덜하지만 그만큼 그 길의 한계가 분명하다. 잘 아는 길은 이미 만들어진 길, 가지 않은 길은 지금부터 만들어 가는 내 마음의 길이라 할 수 있다.
제주의 숲길은 올레에 비해 여행자의 발길이 많지 않다. 사람이 적을수록 알려진 것도 적어 새로운 숲길에 서면 긴장과 설렘이 교차하곤 한다. 끝이 있음을 알지만 어떤 모습인지는 알지 못하기에 숲길에서 만나는 길의 모습 면면이 흥미롭고 즐겁다.

천왕사로 향하는 삼나무 숲길

아흔아홉골은 구구동(九九洞), 구구곡(九九谷)이라고도 하는데 능선이 복잡하게 얽힌 어승생악 북동쪽의 골짜기를 말한다. 어승생악에서 아흔아홉골로 내려가는 길은 없지만 골짜기를 헤치고 가면 석굴암과 천왕사를 만날 수 있다.

천왕사와 석굴암에 가려면 제주시 시외버스터미널에서 중문 사거리로 가는 1100노선 시외버스를 타고 충혼묘지 앞에서 내린다. 충혼묘지 앞 버스정류장에서 충혼묘지와 천왕사 표지를 따라 삼나무 숲길을 걷다 보면 천왕사로 가는 삼나무 숲길이 1112번 삼나무 숲길의 아름다움에 못지않음을 알 수 있다. 인적이 드문 삼나무 숲길은 걷기에 좋고 울창한 산림은 따가운 한낮의 햇볕을 막아 준다.

높고 푸르게 자란 삼나무 숲길을 지나면 충혼묘지에 다다른다.

제주 곳곳에서 볼 수 있는 충혼묘지

천왕사로 가는 삼나무 숲길은 충혼묘지 앞 베트남 참전비 부근에서 끝난다. 참전비 뒤로 많은 묘지가 보인다. 이곳에 충혼묘지가 있어 저녁 무렵에는 으스스할 수 있으나 저녁에 다닐 일이 없으니 걱정하지 않아도 된다. 묘지 역시 우리 삶의 일부이니 편안하게 생각하면 될 것이다. 더구나 제주도에서는 묘를 쓰는 제일 명당이 오름의 분화구라고 생각하고 있어 어느 오름을 오르든지 오름 분화구나 산등성이에서 낮은 돌담으로 둘러싼 묘를 보게 된다. 이런 묘지 옆길을 걸을 때면 묘지 안에 있는 사람이나

비룡 스님이 창건한 것으로 알려진 천왕사는 아흔아홉골에 싸여 신비로운 분위기를 자아낸다.

묘지 밖에 있는 사람이나 한 걸음 차이임을 깨닫게 된다. 어쨌든 묘지 옆이니 경건하게 지나가자.

아흔아홉골의 정기를 품은 천왕사

충혼묘지 앞 베트남 참전비에서 곧바로 올라가면 석굴암에 닿고 오른쪽으로 가면 천왕사에 이른다. 천왕사는 비룡 스님이 아흔아홉골 중 금봉곡 아래에서 창건한 것으로 알려져 있다. 신식으로 지은 커다란 대웅전이 인상적이며 대웅전 뒤로 용바위가 장엄하게 자리 잡고 있다.

계곡을 따라 오르면 한라산 유일의 폭포라는 선녀 폭포가 나온다. 서귀포 돈내코의 원앙 폭포, 중문의 천제연 폭포에도 선녀가 내려와 목욕을 한다는 전설이 있으니 제주도에는 선녀가 목욕하는 폭포가 한둘이 아닌가 보다. 선녀 폭포는 유일하게 한라산 자락에서 직접 떨어져 폭포를 이루고 있어 시원한 볼거리를 제공한다. 선녀 폭포를 눈으로만 보지 말고

아흔아홉골 깊은 곳에 자리 잡은 석굴암은 그 영험함이 유명하다고 하니 걷다가 들러 소원을 빌어 보아도 좋을 것이다.

맑은 물에 발이라도 담가 보라. 시원한 계곡물에 지친 발을 담가 보는 것이야말로 자연에 동화되는 가장 좋은 방법이 아니겠는가.

깊은 계곡에 숨은 불심의 정점, 석굴암

이제 천왕사에서 나와 베트남 참전비 옆 산길을 올라 능선을 따라간다. 비탈길이 급한 것이 심상치 않은데 천천히 올라간다면 그리 어려운 길은 아니다. 능선까지만 올라가면 그 뒤로는 능선을 조금 오르내리며 아흔아홉골 속으로 들어가게 된다. 몇 개의 능선을 넘었을까. 길은 점점 계곡 속으로 들어간다. 계곡 안에는 커다란 바위 아래 석굴암이 다소곳하게 자리 잡고 있다.

석굴암은 정식 건물이 아닌 가건물이다. 하지만 석굴암의 '기도발'이 강하다고 하니 석굴암에서 불교신자이든 아니든 사업 번창 등의 소망을 빌어 보는 것도 나쁘지는 않을 것이다. 또 아는가. 신통하기로 유명한 한라산 석굴암 신령이 꿈속에서 로또 번호라도 불러줄지.

충혼묘지 입구에서 천왕사를 거쳐 석굴암을 다녀오는데 왕복 2~3시간이면 충분하다. 단풍이 드는 가을이면 더욱 좋은 산책길이 되며 무엇보다 제주도의 다른 길과 달리 번잡하지 않아 여유롭게 이야기를 나누며 걸을 수 있다.

06 자연과 벗이 되어 시름을 잊다
존자암 숲길

걷기 난이도
걷기 포인트 존자암에 이르는 호젓한 숲길에서
　　　　　　마음 수련하기

코스&시간

1. 존자암 숲길 코스: 약 3km, 1시간 30분
영실 버스정류장 → 존자암 숲길 → 존자암 →
존자암 숲길 → 영실 버스정류장

2. 존자암 숲길-영실 휴게소 코스: 약 7.8km, 3시간
영실 버스정류장 → 존자암 숲길 → 존자암 →
존자암 숲길 → 영실 버스정류장(3km) → 영실
휴게소(5.4km) → 영실 버스정류장(7.8km)

교통

시외버스
5·16노선 이용, 영실 버스정류장 하차

승용차
제주시 → 1139번 1100도로 → 어리목 → 영실 버스
정류장
서귀포시 → 1132번 일주도로 → 중문 사거리 →
1139번 1100도로 → 영실 버스정류장

속세에서 벗어나 자연 속으로 걸어가기

배용균 감독의 〈달마가 동쪽으로 간 까닭은?〉이라는 영화가 있다. 노스님과 젊은 수도승, 동자승이 저마다 속세의 번뇌 속에서 진리를 찾아가는 과정을 그린 내용이다. 노스님은 노쇠해 입적할 날을 기다리고 있고, 젊은 수도승은 속세에 눈먼 어머니를 홀로 남겨둬 괴로워하지만 도를 이루길 원하고, 고아인 동자승은 어느 날 짝이 있는 새 한 마리를 죽이고 그것에서 죽음과 집착, 번뇌, 죄책감 등을 느끼며 삶 속의 고뇌에 대해 깨닫게 된다.

이 영화에서는 불가의 스님들의 개인사를 영화라는 현미경으로 확대해 보여 주지만 실상 이들이 번뇌하는 것은 우리들의 것과 크게 다르지 않다. 올레길을 비롯한 제주의 길을 걷는 사람들 중에는 편안히 제주의 자연을 즐기러 온 사람도 있으나 학업이나 진로, 직장, 연애 등으로 인한 괴로움에 잠시 떠나온 사람도 있다.

제주에서 '걷기'를 통해 일상의 괴로움을 완전히 해결할 수는 없겠지만 잠시 괴로움에서 벗어나 객관적으로 괴로움을 바라볼 수 있게 되지 않을까. 이런 이유로 필자는 한라산 숲길이나 올레길을 '마음으로 걷는 길'이라고 하고 싶다.

다시 영화 이야기로 돌아가자. 결국 〈달마가 동쪽으로 간 까닭?〉은 불가의 스님들이 참선을 통해 진리를 깨우치는 깨달음을 뜻했다. 걷기는 참선과는 다르지만 걷는 동안 마음이 차분해짐을 느낄 수 있으니 '걷기 참선'이라고 이름 붙여 본다. 영화에서 달마가 동쪽으로 간 까닭을 찾는 것처럼 제주에 왜 걸으러 왔는지에 대해 존자암 숲길을 걷는 동안 스스로에게 물어보는 것도 좋을 것이다. "나는 왜 제주의 길을 걸으러 왔는가?"

제주 탄생의 정기를 이어 받은 존자암

1100노선 시외버스를 타고 영실 버스정류장에 내리면 한편에 존자암 적멸보궁(寂滅寶宮)이라는 표지판이 보인다. 적멸보궁이란 부처님의 진신사리를 모신 곳을 말하며 대표적인 적멸보궁으로는 오대산 상원사, 영취산 통도사, 태백산 정암사, 영월 법흥사 등이 있다.

존자암이 적멸보궁이라면 범상치 않은 사찰임에 틀림없다. 존자암에서 존자는 부처님의 직계 제자에게만 붙여지는 이름으로 성자, 현현을 뜻한다. 고려대장경《법주기(法住記)》에 따르면 석가세존의 제자 16존자가 석가 불멸 후 각각 나누어 나가 살았고 그중 '여섯 번째 존자 발타라(跋陀羅)가 그 권속 아라한(阿羅漢)과 더불어 탐몰라주(耽沒羅洲)에 살았다.'라고 전한다. 여기서 탐몰라주가 탐라를 뜻한다. 지금으로부터 2,500여 년

존자암 숲길은 자연과 어우러지게 잘 정비되어 가족 산책로로도 손색이 없다.

전의 일이니 372년(소수림왕 2년) 고구려가 전진으로부터 최초로 불교를 받아들인 것보다 훨씬 빠른 시기인 것이다.

 1520년 제주로 유배를 왔던 충암 김정은《존자암 중수기》에서 '존자암은 3성(고·양·부 씨)이 처음 일어났을 때 비로소 세워졌다.'라고 말하고 있어 존자암이 제주의 탄생과 함께 시작되었음을 짐작할 수 있다. 고·양·부의 3성은 먼 옛날 제주시 삼성혈에서 솟아나 혼인지에서 벽랑국 세 공주와 혼인하며 제주 문명을 일으켰다고 전해진다.

영실 버스정류장에서 존자암으로 가는 길

영실 버스정류장 옆 존자암으로 가는 숲길은 조용하다. 영실을 찾는 사람의 대부분은 영실 버스정류장을 거쳐 영실 휴게소에서 윗세오름으로 향

한다. 존자암을 찾는 사람은 존자암의 고즈넉함을 아는 사람이거나 존자암에 기원을 드리러 오는 사람들뿐이다. 이 때문에 그리 길지 않은 존자암 숲길을 오롯이 혼자 즐길 수 있어 좋다.

사람과 자연, 불심이 머무는 존자암

지금의 사찰은 2002년 볼래오름 중턱의 존자암 터에 복원한 것이다. 존자암은 제주도문화재 제43호, 진신사리가 모셔진 세존사리탑은 제17호로 지정, 보호되고 있다. 한가한 존자암에서는 때때로 노루가 암자 앞마당에서 풀을 뜯는 풍경을 구경할 수도 있다. 존자암이 한라산 산속 깊은 곳에 있고 기일이 아니면 찾는 사람이 적은 까닭에 숲에 사는 노루가 제집처럼 이곳을 찾는 것이다. 노루는 존자암에 들러 스님의 독경을 듣고 풀을

푸르른 자연 속에 자리 잡은 존자암을 둘러보고 근처의 계곡물에 잠시 손을 담가 보아도 좋다. 얼음처럼 차가운 계곡물이 속세의 때를 씻어 줄 것이다.

뜯고 시원한 샘물까지 마시고 나서야 자리를 뜬다. 존자암에 왔다면 노루가 마시는 샘물을 한 바가지 떠 마셔 보라. 시원한 목넘김에 갈증이 일순간 해소되는 듯하다. 이 물 맛에 노루가 존자암에 찾아오는 것이 아닐까 싶다.

존자암 숲길의 끝자락에서 만나는 영실 휴게소

영실 버스정류장에서 왕복 1시간 30분이면 숲길을 걸어 존자암을 둘러보고 오기에 충분하다. 존자암 숲길에서는 한라산 기슭의 정취를 만끽할 수 있다. 시간이 남으면 영실 버스정류장에서 콘크리트 길을 따라 영실 휴게소(2.4km)까지 다녀와도 좋다. 다행히 영실 버스정류장에서 영실 휴게소까지는 콘크리트 도로 옆에 나무데크로 산책로를 잘 만들어 놓아 편안히 한라산을 즐기며 걸을 수 있다.

   영실 휴게소에서 영실 계곡으로 산을 올라도 좋으나 존자암에서 영실 휴게소까지 가면 이미 해는 서쪽으로 지기 시작할 것이다. 영실 휴게소에서 한라산을 오르지는 못해도 조금 더 들어가면 소나무 숲이 우거진 영실 계곡 초입을 맛볼 수 있다. 한 발짝만 더 내딛고 돌아서는 것이 아쉽기는 하지만 '여운의 미'라는 것이 있지 않은가.

07 숨은 비경을 걷는 쾌감에 빠지다
금산공원

걷기 난이도 ●○○○○

걷기 포인트 울창한 난대림 속을 걸으며 하늘과 땅,
나무 등을 살펴보기

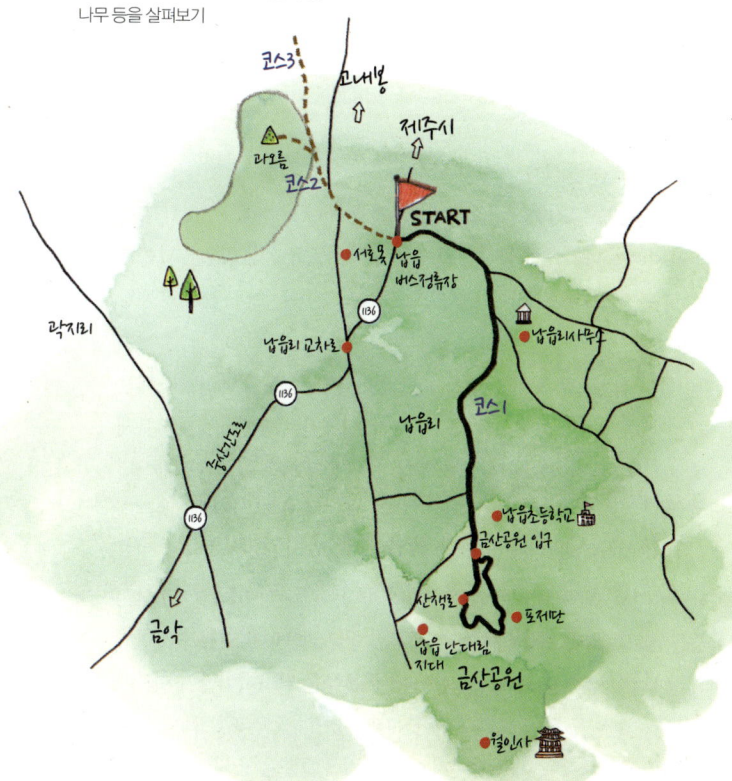

코스&시간

1. 금산공원 코스: 약 4km, 1시간 30분
납읍 버스정류장 → 납읍초등학교 → 금산공원 입구 → 포제단 → 금산공원 입구 → 납읍 버스정류장

2. 금산공원-과오름 코스: 약 6km, 2시간 30분
납읍 버스정류장 → 납읍초등학교 → 금산공원 → 납읍 버스정류장 → 과오름 → 납읍 버스정류장

3. 금산공원-과오름-고내봉 코스: 약 10km, 3시간
납읍 버스정류장 → 금산공원 → 납읍 버스정류장 → 과오름 → 고내봉 → 고내 포구

교통

노형-하가 경유 한림 중산간 버스
제주 시외버스터미널에서 승차, 납읍 하차(40분 간격)

시외버스
서일주 이용, 애월 하차, 애월—상가—납읍—어음2리 읍면순환선 이용, 납읍 하차

승용차
제주시 → 1132번 일주도로 → 애월 사거리 → 사거리 서쪽 → 납읍초등학교 → 금산공원

서귀포시 → 1135번 평화로 → 무수천 교차로 → 1136번 중산간도로 → 납읍초등학교 → 금산공원

서귀포시 → 1131번 5·16도로 → 성판악 → 교래 입구

초등학교의 아담한 전경에 빠지기

제주시에서 1136번 중산간도로를 타고 납읍 보건진료소를 지나 납읍리사무소까지 온 뒤, 납읍초등학교 표지판을 따라가면 금산공원 옆에 납읍초등학교가 보인다. 납읍초등학교에는 남향으로 단정히 지어진 교사가 있고 교사(校舍) 앞에는 인조 잔디 운동장이 널찍하게 펼쳐져 있다.

운동장에서는 아이들이 삼삼오오 모여 축구를 하고 있다. 예전에 우리가 어렸을 때는 술래잡기, 고무줄놀이 같은 것을 하곤 했는데……. 제주도에서는 술래잡기를 고분재기라고 한다. 고분재기는 술래가 벽이나 나무를 향해 있는 동안 남은 아이들이 숨으면 술래가 찾는 놀이이다. 고무줄놀이는 예전에는 고무줄 대신 새끼줄로 했다고 하는데 고무줄로 하면서 고무줄의 탄력 때문에 좀 더 재미있는 놀이가 되지 않았나 싶다. 고무줄놀이는 주로 남자아이들보다는 여자아이들이 하는 놀이로 남자아이들은 여자아이들이 하는 고무줄을 끊고 도망가기에 바빴다. 그러다 힘 좋고 발육이 남다른 여자아이에게 잡히면 머리를 다 쥐어뜯기곤 하면서도 말이다. 어른들은 남자아이들이 여자아이들 사이에 끼어 고무줄놀이를 하면 고추가 떨어진다고 놀렸다. 왜일까? 고무줄놀이는 무릎, 허리, 가슴, 머리 등으로 높이가 높아져 아이들 발육에 도움이 되는 놀이인데 말이다.

금산공원을 구경하기 전에 납읍초등학교 인조 잔디 운동장에서 노는 아이들을 보니 어릴 적에 술래잡기, 고무줄놀이 하던 시절이 떠오른다. 어디선가 '자전거 탄 풍경'이 부른 〈보물〉이란 노래가 들리는 듯하다. '술래잡기 고무줄놀이/말뚝 박기, 망까기 말타기/놀다 보면 하루는 너무나 짧아~'

제주 양반들이 풍류를 즐기던 금산공원

금산공원이 있는 애월읍 납읍리는 명월리와 함께 대표적인 양반촌으로, 납읍리의 양반들은 대개 금산공원에서 풍류를 즐겼다. 금산공원에는 후박나무, 생달나무, 식나무, 종가시나무, 아왜나무, 동백나무 등 난대림이 군락을 이루고 있어 천연기념물 제375호로 지정, 보호되고 있다.

   납읍에 난대림 군락지가 조성된 연유를 들어보니 납읍마을에서 화기(火氣)를 가진 금악봉(今岳峰)이 환히 보여 화재가 자주 일어나므로 금악봉의 화기를 누르기 위해 나무를 심었다고 한다. 나무를 심고 출입을 금했으므로 지금의 비단 금(錦)자가 쓰인 금산(錦山)이 아닌 금할 금(禁)자를 써서 금산(禁山)으로 불렀다고 한다. 이는 화기를 가진 관악산으로 인해 한양에 화재가 날 우려가 있다고 하여 남대문 앞에 연못을 파고 경복궁 앞에 불과 상극인 해태상을 놓은 것과 비슷한 상황이다. 금산공원이 들어선 후 납읍마을에 화재가 줄었는지는 알 수 없으나 울창한 난대림 숲으로 인해 예부터 자연을 즐기려는 사람들의 발길이 이어지고 있다.

납읍 마을에서 금산공원 입구로 이르는 길

제주 시외버스터미널에서 노형 중산간 버스를 타고 납읍리 버스정류장에서 내려 납읍마을로 향한다. 여느 제주도 마을과 다를 바 없는 납읍마을에는 인기척이 없다. 모두 밭으로 일을 하러 나간 것일까. 납읍마을을 지나 납읍초등학교에 이르러서야 비로소 운동장에서 뛰노는 아이들이 보인다. 초등학교 앞이 금산공원 입구이다.

   금산공원 입구로 들어가면 좌우로 나무데크 산책로가 보이고 중앙의

금산공원 입구의 계단은 여행자들이 걷기 편하게 나무데크로 정비되어 있다.

숲길은 포제단으로 이어진다. 금산공원 안으로 조금 들어갔을 뿐인데 울창한 난대림 숲으로 인해 벌써 어두워진 느낌이다. 왼쪽 산책로로 걸어본다. 나무데크 위로 떨어진 나뭇잎은 치우는 사람 없이 말라서 걷는 걸음마다 바스락거리는 소리가 난다. 길의 중간에 있는 평상은 걸음을 멈추고 쉬어 가기에 좋을 듯하다.

봄가을로 마을 제사를 지내는 포제단

금산공원의 산책로는 금산공원을 한 바퀴 돌아 포제단을 보는 것으로 끝난다. 숲 속에 자리 잡은 포제단에서는 봄과 가을에 마을 동제가 열리기도 하며 동제가 없을 때에는 툇마루를 내주어 지나는 여행객의 쉼터가 되고 있다. 동제를 올리는 포제단 외에 선인들이 풍류를 즐기던 곳이 금산

공원의 송석대(松石台)와 인상정(仁庠亭)이다. 1843년 진사시에 급제한 김용징 선생은 제주 3읍 3향교의 도강사로 재임하며 후학들을 이끌고 이곳에서 글을 읽고 시를 지으면서 풍류를 즐겼다고 한다. 풍류라고 하면 먹고 노는 것으로만 생각하는 경우가 있는데 풍류는 현대적 의미로 독서회나 시 낭독회, 백일장 등이라고 할 수 있다.

울창한 금산공원 숲길을 걸으며 난대림 숲의 풍성함을 즐기고 곳곳에 있는 벤치에 앉아 읽고 싶었던 책을 펼쳐 보면 어떨까. 금산공원 숲길은 장생의 숲길이나 사려니 숲길같이 한 코스를 그저 완주하는 것에 그치는 것이 아니라 사색과 독서, 이야기가 있는 걷기를 할 수 있는 곳이다. 이곳은 찾는 사람이 많지 않아 소란스럽지 않은 것이 특징이다. 동행이 없다면 숲을 거닐며 숲과 나무에게 말을 걸어 봐도 좋다. 혼자 걷는 길에 그 무엇이 부끄럽겠는가.

걷기의 여운을 담은 산길, 과오름과 고내봉

금산공원 숲길은 아직까지 아는 사람만 몰래 찾는 숨은 비경이다. 조용히 느긋하게 걷고 싶다면 소문내지 말고 조용히 찾아보자. 다만, 대중교통으로 가기 어려워서 아쉽다. 올레 15코스로 선정되어 사람들이 찾게 되면서 조용하던 금산공원이 어지럽게 되지 않을까 걱정스럽기도 하다.

좀 더 걷고 싶으면 납읍마을 북쪽에 있는 초승달 모양의 과오름 둘레길을 걸어도 좋다. 이것도 부족하다 싶으면 과오름 동북쪽의 고내봉(175m)에 오를 수 있는데 시간이 조금 걸린다. 고내봉에 오르면 북쪽으로 애월 앞바다, 남동쪽으로 납읍 일대가 한눈에 들어온다. 고내봉을 넘어 내려가면 일주도로 건너편에 고내 포구가 보인다.

과오름과 고내봉에 오르면 가까이는 납읍마을의 전경에서 멀리는 애월 앞바다까지 볼 수 있다.

08 조용히 걸으며 숲과 친구가 되다
화순 곶자왈 자연생태탐방로 & 1100고지 습지 자연학습탐방로

코스&시간

화순 곶자왈 자연생태탐방로: 1.5km, 1시간
화순 곶자왈 입구 → 자연생태탐방로 쉼터1 → 쉼터2 → 쉼터3 → 쉼터4 → 소 방목장 → 화순 곶자왈 입구

1100고지 습지 자연학습탐방로: 약 0.3km, 20분
1100고지 휴게소 → 1100고지 습지 자연학습탐방로 입구 → 자연학습탐방로 순회로 → 1100고지 습지 자연학습탐방로 입구

교통

화순 곶자왈 자연생태탐방로
평화로선 시외버스(화순-사계 경유) 이용, 화순 곶자왈 하차
※화순 못 미쳐 곶자왈에는 버스정류장이 없으므로 버스기사에게 미리 양해를 구해 하차

1100고지 습지 자연학습탐방로
1100노선 시외버스 이용, 1100고지 휴게소 하차

걷기 난이도 ● ○ ○ ○ ○
걷기 포인트 　화순 곶자왈을 걷다가 방목 중인 소들과 인사하고
1100고지 습지에서는 다양한 습지 동식물 만나기

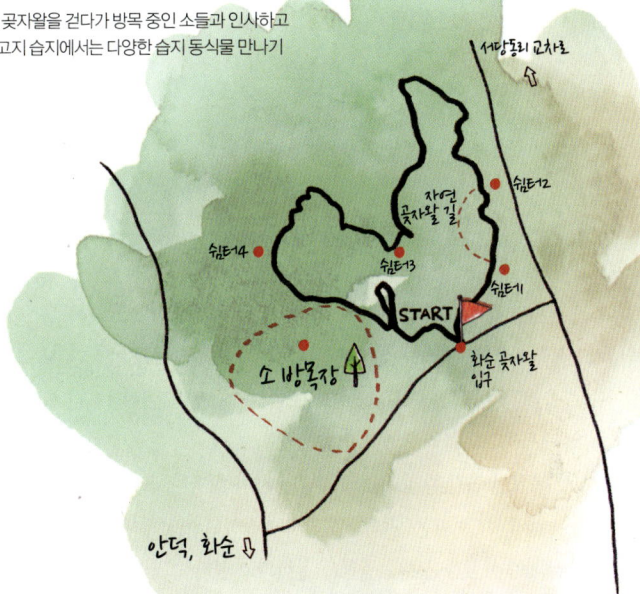

화순 곶자왈 자연생태탐방로

1100고지 습지 자연학습탐방로

자연인으로서 나를 마주보기

제주 올레길을 걷다 보면 다양한 사람들을 만나게 된다. 자의 반 타의 반으로 직장을 그만두고 온 사람, 가정불화를 겪고 머리를 식히러 온 사람, 사랑의 상처를 안고 온 사람 등……. 어떤 이유로 올레길에 왔든 올레길을 걷다 보면 자연스럽게 어려움이나 상처가 치유되니 올레길의 기적이라고 불러도 좋지 않을까.

올레길에서는 바쁜 일로, 복잡한 인간 관계로 잊고 지냈던 자아를 만나게 된다. 사회생활을 하다 보면 나 자신을 생각하기보다는 상대방을 먼저 의식하고 어떻게 대응할까를 궁리하게 된다. 이런 걸 잘해야 사람들은 사회생활을 잘한다고 한다. 그러다 보면 자기 본연의 모습은 점차 잊혀지게 된다. 사회 속에서 나의 위치는 생겼는데 정작 '나는 누구인가?'라고 자문하면 고개를 갸우뚱하게 된다. 올레길에서는 온전히 자기만의 시간을 가질 수 있어 자기 자신을 돌아볼 수 있다. 사회 속 위치로서의 내가 아닌 자연인으로서의 나를 가늠해 볼 수 있다.

자연인으로서의 나는 삶을 잘 영위하고 있는 것일까. 사회적 위치를 향해 나 자신을 너무 혹사시킨 것은 아닐까. 여러 어려움 속에서 잘 견디고 원하는 위치까지 올라간 것일까. 사회생활 속에서 육체적으로는 멀쩡해도 마음을 다친 것은 아닐까. 여러 물음들이 머릿속에 맴돈다. 나 자신에서 조금 생각의 폭을 넓히면 나와 가장 가까운 가족으로 시선이 간다. 귀찮다는 핑계로, 사회생활이 바쁘다는 이유로 가족과 멀리하진 않았을까. 가족에게 상처를 주진 않았을까. 자신의 처지가 어렵다는 이유로 가족을 원망하지 않았을까. 제주의 길에서 그간 힘들었던 일을 훌훌 털어 버리고 나 자신에게, 친구에게, 가족에게, '미안하다, 고맙다, 사랑한다'라는 말을 전해 보면 어떨까.

천혜의 제주 곶자왈을 만나는 화순 곶자왈 자연생태탐방로

화순 곶자왈은 짧은 시간에 곶자왈을 체험해 보고 싶은 사람에게 적합한 코스이다. 근래 들어서 화순 곶자왈 주변은 방목장이나 밭 등으로 개간이 되어 숲이 많이 사라져 버렸다. 화순 곶자왈이 보존되었더라면 무릉 곶자왈과 연결되어 한라산 중산간을 빙 돌아 한 바퀴 도는 곶자왈 벨트가 되었을 것이다.

   화순 곶자왈은 최근에 조성되어 버스정류장이 없다. 모슬포행 평화로선 시외버스 중 화순-사계 경유편을 타고 화순에 못 미쳐 왼쪽으로 화순 곶자왈이 보이면 기사의 양해를 얻어 하차한다. 자동차를 이용할 때에는 아직 화순 곶자왈에 대한 표지판이 완비되지 않았으므로 주의해야 한다.

   화순 곶자왈은 규모가 그리 크지 않지만 잡목과 수풀, 크고 작은 돌들이 얽히고설킨 곶자왈만의 특성이 잘 나타나 있다. 14-1코스 저지-무릉 올레의 저지나 무릉 곶자왈을 가기 힘든 사람이라면 찾아볼 만하다. 저지나 무릉 곶자왈은 한 번 들어서면 다시 돌아 나오기도, 앞으로 가기도 어렵다. 하

화순 곶자왈 입구를 지나 탐방로를 오르다 보면 초지 위에서 여유롭게 쉬는 소도 만난다.

지만 화순 곶자왈은 1.5km 남짓으로 1시간이면 충분히 둘러볼 수 있다.

 화순 곶자왈 탐방은 입구에서부터 시작된다. 입구에 있는 곶자왈 지도를 잠시 훑어보고 자연생태탐방로 쉼터1로 향한다. 화순 곶자왈 숲길에는 나무데크로 된 곳도 있고 화산 부스러기인 송이가 깔린 곳도 있어 걷기 편하다. 걷다 보니 어느덧 쉼터1이다. 바쁠 게 없으니 쉼터에 앉아 곶자왈 생태를 살펴보자. 돌마다 푸른 이끼 옷을 입은 모습에서 곶자왈의 숲에 습기가 가득함을 알 수 있다. 이 습기는 때때로 낮의 기온이 올라감에 따라 안개로 바뀌어 숲길을 에워싸서 신비로운 분위기를 자아낸다.

 화순 곶자왈은 아직 잘 알려지지 않아서 지나다니는 사람이 적다. 곶자왈 숲길을 따라 쉼터2, 쉼터3을 지날 무렵에도 사람을 찾아볼 수가 없다. 쉼터4를 지나서야 기척이 들리는데 사람이 아닌 방목 중인 소들이다. 숲길의 끝에서 만나는 방목장의 소들은 큰 눈을 깜박이며 낯선 이방인을 무심히 쳐다본다. 방목장을 지나면 다시 화순 곶자왈 자연생태탐방로 입구가 나온다.

습지 위로 조성된 나무데크 길 위에 서면 마치 물 위에 선 것처럼 신비롭다.

1100고지 습지 자연학습탐방로

한라산 어리목이나 영실, 중문을 오갈 때 지나게 되는 1100고지 휴게소 앞에는 작은 1100고지 습지 자연학습탐방로가 있다. 화산섬이라 여간해서는 물이 고이지 않는 제주도에서 습지를 보기는 쉽지 않으니 한라산을 지날 때 1100고지 휴게소에 내려 한 번쯤 들러 볼 만하다. 더구나 습지는 만들어지는 데는 오랜 시간이 걸리지만 훼손되는 것은 빨라서 습지 생태계의 보호 차원에서도 이곳은 남다른 의미가 있다.

  1100고지 습지 자연학습탐방로는 습지를 따라 나무데크로 길이 나 있어 돌아보기에 편하다. 비가 오지 않을 때에는 바닥을 드러내지만 비가 온 뒤에는 물이 충분히 고여서 수풀이 무성하다.

  1100고지 습지에는 지리산 오가피와 제주 고유종인 한라산 물부추가 자라고 있고 인근 숲에서는 멸종 위기종인 매, 말똥가리, 조롱이부터 천연기념물인 황조롱이, 두견이까지 발견되어 자연생태의 보고라 할 수 있다. 지리산 오가피와 한라산 물부추야 습지식물이니 탐방로를 따라 걸으

1100고지 도로를 그냥 지나치는 여행자가 많은데,
직접 1100고지 습지 안쪽까지 들어오면 또 다른 제주의 모습을 발견할 수 있다.

며 쉽게 볼 수 있으나 인근 숲의 새들은 어디에 있느냐고 의문을 가질 수 있을 것이다.
   이렇게 의문을 갖기 전에 탐방로를 걸으며 시끄럽게 떠들지 않았는지 생각해 보라. 사람만 지나가도 날아가 버리는 새들인데 사람들이 시끄럽게 하면 나를 봐 달라고 숲에 있겠는가. 자연생태탐방로나 숲에서는 되도록 조용히 걸어야 새나 다람쥐 같은 야생동물을 볼 수 있다. 또한 조용히 걷는 것 같은 작은 행동이 자연에서 야생동물들과 함께하는 방법이다.
   자연생태탐방로에서 야생동물을 보려면 이른 아침이나 저녁 무렵 사람이 적고 새나 동물들이 먹이를 구하러 가는 시간에 걷는 것도 하나의 방법이다. 1100고지 습지를 흐르는 맑은 물과 습지에서 자라는 식물들을 보며 탐방로를 걷다 보면 어느새 탐방로를 한 바퀴 돌게 된다. 1100고지 습지는 코스가 짧은 편이어서 되도록 천천히 걷지 않으면 습지 여행이 금세 끝나 버린다. 빨리 보면 볼수록 1100고지 습지에 대한 기억도 빨리 사라지므로 느리게 보며 습지식물 하나하나를 눈에 넣어 보라.

09 태초의 자연 속으로 돌아가다
한라 생태숲

걷기 난이도 ●○○○○
걷기 포인트 한라산의 다양한 생태계를 축소한 리틀 한라산 탐방하기

코스&시간

자유 탐방 코스: 약 4km, 1시간 30분
한라 생태숲 입구 → 전망대 → 생태연못 삼거리 → 생태연못 → 암석원 → 꽃의 광장 → 천이과정 전시림 → 산열매나무 숲 → 다목적 경영 시험림 → 유전자 보전림 → 지피식물원 → 숲 터널 → 혼효림 삼거리 → 한라 생태숲 입구

시간별 코스
1시간-암석원 코스, 2시간-단풍나무 숲 코스, 3시간-생태숲 코스

숲 체험
단체 40명, 개인 20명씩 숲 체험 탐방 프로그램 실시(숲 해설사가 여러 식물과 나무에 대해 설명)

교통

시외버스
5·16노선 이용, 한라 생태숲 하차

승용차
제주시/서귀포시 → 1131번 5·16도로 → 산업정보대학교 → 한라 생태숲

설문대할망의 자취를 따라 걷는 길

돌, 바람, 여자가 많아 삼다도(三多島)라 불리는 제주도. 예부터 제주도 여자들은 강인한 생활력을 가진 것으로 알려져 있다. 이 때문인지 제주도의 여러 창조 설화 중에는 설문대할망, 자청비, 조왕할망 등 여성이 주인공인 이야기가 많다. 그중 설문대할망 이야기는 제주도 첫 번째 여자인 설문대할망에 대해 말하고 있다.

설문대할망은 옥황상제의 셋째 딸로 제주도의 창조 여신인데 몸집이 매우 큰 거인이었다. 한라산을 베개 삼고 제주시 앞 관탈섬에 빨래를 놓고 발로 문질러 빨 정도였다. 그리스신화의 외눈박이 거인이나 성경 속의 골리앗도 설문대할망에는 덩치가 못 미친다. 어느 날 설문대할망은 바다 한가운데에 제주도를 만들기로 하고 치마폭에 돌을 담아 날랐는데 치마폭에서 떨어진 부스러기가 제주의 오름들이 되었다. 한라산을 만들고 나니 좀 높다 싶어 가볍게 꼭대기를 날렸는데 이것이 날아가 산방산이 되었다고 한다.

설문대할망은 설문대하르방을 만나 무려 500명의 아들을 두었다. 흉년이 든 어느 날 500명의 아들이 양식을 구하러 나갔는데 설문대할망이 남아서 큰 솥에 아들들에게 먹일 죽을 쑤다가 빠져 죽고 말았다. 사냥에서 돌아온 499명의 아들들은 제 어미가 빠져 죽은 줄도 모르고 큰 솥의 죽을 맛있게 먹었고, 늦게 돌아온 막내가 큰 솥 바닥에서 어미의 커다란 뼈를 보고 통곡했다. 사실을 안 499명의 아들들은 통곡하다가 한라산 영실의 기암괴석으로 변해 오백장군 또는 오백나한으로 불리고, 막내아들은 한경면 고산리의 차귀도가 되었다. 영실에서는 이들이 흘린 피눈물이 봄이면 붉은 철쭉으로 피어난다고 한다.

제주의 동쪽을 대표하는 숲, 한라 생태숲

제주도 서쪽에 한라 수목원이 있다면 동쪽에는 한라 생태숲이 있다. 두 곳 모두 한라산의 '한라'라는 이름을 붙인 것으로 보아 제주도에서는 한라산을 단 하나의 산다운 산, 제주도의 모체가 되는 산으로 여기고 있음을 알 수 있다. 1131번 5·16도로를 타고 제주산업정보대학교를 지나면 2009년 9월에 새로 조성된 한라 생태숲이 나온다.

한라 생태숲에는 '작은 한라산'을 모토로 한라산 기슭 196ha의 광활한 대지에 난대, 온대, 한대 식물 등 333종 28만 8천 그루가 심겨 있다. 식물과 나무는 구상나무, 참꽃나무, 목련, 단풍나무, 벚나무, 야생난원, 지피식물원, 산열매나무, 양치식물, 수생식물 등 테마별로 숲을 이루고 있어 훌륭한 식물원 겸 수목원 역할을 하고 있다.

전망대에 올라 전경을 보며 시작하는 생태숲 탐방

한라 생태숲으로 들어가기 전, 입구 왼쪽에는 나무로 된 2층의 전망대가 있다. 전망대에 오르면 제주의 앞바다는 물론 한라산 전경, 중산간 풍경까지 한눈에 들어온다. 전망대에서 한라 생태숲으로 들어서면 곧게 뻗은 길이 보이고 길 왼쪽에는 관리동, 오른쪽에는 목련종림이 있다.

한라 생태숲 입구의 전망대에서 바라본 제주 동해안의 풍경

생태연못에 비치는 하늘과 연꽃이 묘한 조화를 이룬다.

테마별 숲을 잇는 생태연못

관리동에서 북쪽으로 뻗은 넓고 곧은 길로 내려가 보자. 길의 끝은 생태연못 삼거리이다. 아담한 생태연못에는 연꽃 등이 심긴 수생식물원이 있고, 여기서 남쪽으로는 야생난원과 암석원이 보인다. 야생난원과 암석원을 지나면 꽃의 광장이고 그 아래위로는 천이과정 전시림과 구상나무 숲이 펼쳐진다. 구상나무 숲 옆에는 산열매를 맺는 나무들을 모은 산열매나무 숲이 있다. 각 테마별 숲에는 각기 나무를 설명하는 안내판이 붙어 있어서 나무 이름을 따로 찾아볼 필요가 없다.

삼림욕장에서는 수풀이 우거져 걷는 내내 건강해지는 느낌을 준다.

철마다 새로운 수풀을 만나는 삼림욕장

산열매나무 숲을 지나면 지피식물원, 단풍광장과 단풍나무 숲이 나오고 단풍광장에서 더 가면 삼림욕장이 있다. 이곳에는 나무데크로 만든 산책로가 잘 조성되어 있어서 숲길을 걸으며 진한 숲의 향기를 만끽할 수 있다.

한라 생태숲은 봄에는 목련종림, 여름에는 수생식물원, 가을에는 단풍광장, 겨울에는 구상나무 숲이 아름답게 단장해 사계절 언제 방문해도 계절에 맞는 나무와 식물을 만날 수 있다.

다양한 탐방 코스가 있으므로 느긋하게 산책하듯 걸으면 된다.

걷는 재미를 더하는 다양한 탐방 코스

한라 생태숲의 전체 탐방 코스는 길이가 무려 9km에 달하고 탐방 시간에 따라 1~3시간 코스가 있다. 면적도 한라 수목원보다 훨씬 넓다. 한라 생태숲에서는 시간대별 코스에 상관없이 여러 갈래의 길을 따라 이리저리 돌아다니는 것도 재미있다. 한라 생태숲에 대해 더 궁금한 점이 있으면 무료로 운영되는 숲 해설사를 청해 함께 걸어 보라. 아니면 친구들과 숲길을 걸으며 숲에 마련된 정자나 벤치에 앉아 평소에 못했던 대화를 나누는 것도 좋다. 아울러 가볍게 먹고 즐길 소풍 가방을 꾸려 오면 소박한 나들이에 절로 노래를 흥얼거리게 된다.

한라 생태숲의 진짜 주인 만나기

　최근 실시한 생태 관찰 결과에 따르면 한라 생태숲에는 인위적으로 식재한 식물보다 자연 서식하고 있는 식물이 706종으로 더 많고 동물은 530여 종이 관찰되었다고 한다. 밤이면 노루가 한라 생태숲에서 와서 물을 먹고 가고 천연기념물 407호인 팔색조, 멸종 위기종인 삼광조 등도 관찰할 수 있다. 이 밖에 제주 족제비, 오소리 등의 출몰이 잦고 수풀을 헤치면 멸종 위기종인 두점박이사슴벌레, 물방개, 애기뿔쇠똥구리 같은 것도 찾을 수 있다. 차분히 걸으면서 인위적으로 조성된 한라 생태숲이 어느새 자연에 가까워졌음을 몸소 느껴 보라.

　황무지였던 한라산 기슭을 생태숲으로 잘 가꾸니 잘 보이지 않던 천연기념물이나 멸종위기종까지 모여든다. 이러한 변화에 따라 사람들도 한라 생태숲으로 모여들고 있다. 한라 생태숲의 자연친화적, 교육적 이점이 알려지면서 평일에는 400~500명, 주말에는 1,500명 정도의 내방객이 찾는 생태 관광의 명소가 되었다. 도시락을 준비해 하루 종일 한라 생태숲의 숲길을 걷다가 쉬어도 좋고 숲 체험 탐방 프로그램에 참여하는 것도 즐겁다. 한라 생태숲은 한라산의 자연 생태를 즐길 수 있는 최적의 걷기 코스라고 할 수 있다.

10 수목원의 끝에서 길을 잃다
한라 수목원

걷기 난이도 ●●●○○
걷기 포인트 눈앞에 펼쳐진 다채로운 제주의 식물도감 살펴보기

코스&시간

약 4.6km, 2시간
한라 수목원 앞 버스정류장 → 한라 수목원 입구 → 자연생태 학습관 → 장미원 → 잔디광장 → 관목원 → 희귀특산 수종원 → 광이오름 → 수생식물원 → 화목원 & 교목원 → 한라 수목원 입구 → 한라 수목원 앞 버스정류장

교통

시내버스
46, 63번 이용, 한라 수목원 하차(약 1시간 간격), 신제주에서 택시 이용

시외버스
1100노선 이용, 한라 수목원 입구 하차

승용차
제주시 → 1139번 1100도로 → 제주고등학교 → 한라 수목원

신제주를 찾아 떠나는 기행

신제주 노형동 남쪽에 있는 한라 수목원에 가기 전에 제주시의 신도시 격인 신제주를 돌아보는 것도 좋다. 신제주라는 명칭은 정식 행정 명칭이 아닌 통상적으로 쓰는 것이다. 신제주 제일의 볼거리는 제주시 연동 북쪽에 있는 삼무공원이다. 제주도에는 돌·바람·여자가 많다고 해서 삼다(三多), 도둑·대문·거지가 없다고 해서 삼무(三無)라고 하는데 그중 삼무에서 공원 이름을 따왔다. 소나무가 울창한 삼무공원은 낮은 언덕을 이루고 있는데 원래 이곳은 베두리오름이 있던 곳이다. 베두리라는 이름은 오름 남쪽에 바위들이 별무리처럼 모여 있다고 해서 붙여진 이름이다. 지금은 공원 관리사무소가 있는 곳쯤 된다.

삼무공원 정상에는 여러 운동 기구가 설치되어 있어 동네사람들이 수시로 운동을 하러 온다. 정상에는 삼무정이라는 2층 정자가 있는데 울창한 소나무에 가려 조망이 썩 좋지는 않다. 삼무공원에는 특이한 것이 하나 있다. 철도가 없는 제주도에 증기기관차가 놓여 있는 것이다. 증기 기관차 앞 안내판을 보니 1978년 박정희 대통령이 기차를 볼 수 없는 낙도 어린이를 위해 사용이 정지된 증기기관차를 제주도와 흑산도에 내려 보냈다고 한다. 삼무공원의 증기기관차에는 1944년 일본에서 제작된 미카형 증기기관차 304호라고 적혀 있다.

삼무공원을 나와 남북으로 길게 뻗는 신광로를 걷는다. 신광로는 신제주의 주요 특급 호텔과 유흥업소가 몰려 있어 신제주의 번화가라고 할 수 있다. 낮에는 좀 썰렁해 보이지만 밤이 되면 번쩍이는 네온사인과 함께 여기저기서 술에 취한 사람들을 볼 수 있다. 그랜드호텔 사거리에서 서쪽으로 발길을 돌리면 노형 로터리가 나온다. 노형 로터리에는 대형할인점이 몇 개 있다. 백화점이 없는 제주에서 이들 대형할인점은 백화점이자 고급 쇼핑센터 역할을 하고 있다.

도심 속 자연 휴식처, 한라 수목원

한라 수목원은 신제주의 노형동과 연동 아파트 단지 남쪽의 광이오름 (266.8m) 기슭에 있다. 보통 교외에 있기 마련인 수목원이 도심과 매우 가깝게 있는 셈이다. 사실은 신제주를 개발하면서 교외에 있던 수목원과 가까워졌다고 하는 게 더 맞는 말일 것이다.

한라 수목원은 14만 9782㎡의 넓이에 872종 5만여 본의 나무와 식물이 식재, 전시되고 있다. 이들 나무와 식물들은 카테고리별로 교목원, 관목원, 만목원, 죽림원, 도외수종원, 초본원, 약·식용원, 수생 식물원, 화목원, 희귀특산 수종원 등 10개의 테마 정원으로 되어 있다. 이 밖에 온실, 난 전시실, 자연생태 학습관도 갖추고 있고, 각 정원에는 식물과 나무를 설명하는 안내문이 잘 적혀 있어 훌륭한 자연생태 학습장이 되고 있다.

제주 숲길을 걷다 보면 느긋한 걸음으로 이야기를 나누며 걷는 사람들의 모습을 자주 보게 된다.
숲길만이 아니라 삶의 길에서도 이렇게 다정하게 이야기를 나눌 사람이 있다면 더욱 즐겁지 않을까.

제주시민과 해외 여행자가 붐비는 한라 수목원 입구

한라 수목원에 다다르면 주차장에 많은 관광버스가 주차되어 있는 것을 볼 수 있다. 주로 중국과 일본 관광객들이다. 중문의 여미지 식물원도 아닌 야외 수목원에 이들이 온 이유는 무엇일까. 관광을 안내하는 입장에서도 입장료 등 부대 수익을 위해서라면 중문의 여미지 식물원을 안내할 듯한데 제주시민을 위한 한라 수목원에 온 것이다.

 그만큼 한라 수목원이 자연과 가까운 환경에서 다양한 나무와 식물을 볼 수 있는 곳으로 소문이 났기 때문이 아닌가 싶다. 중국과 일본 관광객들은 한라 수목원의 다양한 나무와 식물들을 돌아보며 감탄사를 연발한다. 자연이 아름다운 제주도에 와서 인위적으로 조성된 테마파크나 박물관으로만 달려간 우리 관광객이나 여행자들을 부끄럽게 만드는 모습이다. 이들이야말로 제주의 참 멋인 제주의 자연을 알고 가는 진정한 자연생태여행자가 아닐까.

한라 수목원의 구심점이 되는 광이오름

한라 수목원에는 관광객뿐만 아니라 가까운 신제주의 노형동이나 연동 아파트 단지의 주민들도 많이 찾아온다. 한라 수목원으로 인해 신제주의 노형동이나 연동 아파트 주민들은 큰 혜택을 누리고 있다. 이들 아파트 주민들에게는 한라 수목원이 아파트 단지 범위 안에 있는 좋은 휴식처라고 해도 무방할 것이다. 한라 수목원은 신제주의 노형동이나 연동 아파트 단지에서 걸어가서 운동하기에 딱 좋은 거리에 있으니 말이다.

 광이오름 정상에는 간단한 운동기구들이 있어 운동을 하는 주민들을

광이오름은 제주시민들이 많이 찾아서 곳곳에서 운동을 즐기는 모습을 많이 볼 수 있다.

쉽게 볼 수 있고 수목원의 테마 정원마다 관광객들이 기념사진을 찍기에 바쁘다. 한라 수목원 어디를 돌아봐도 관광객과 주민들을 쉽게 만날 수 있다.

　제주도의 테마파크나 박물관, 올레길에는 관광객만 있을 뿐 제주시민을 보기 힘든 데 반해 한라 수목원은 관광객과 시민들이 함께하는 공간이다. 한라 수목원은 제철에 핀 꽃을 구경하는 사람, 놀이터에서 노는 아이, 벤치에서 쉬는 사람 등 생활 속의 자연생태 체험장 역할을 톡톡히 하고 있다.

전통을 이어가는 대표 맛집, 비원 삼계탕

굳이 비싼 입장료를 내야 하는 중문의 여미지 식물원을 찾지 않아도 된다. 한라 수목원은 찾는 사람이 많아 수목원이 작다고 느껴질 정도이지만

신제주의 허파 노릇을 하는 보석 같은 존재임은 틀림없다. 이곳에는 테마 정원들을 잇는 여러 갈래의 길이 있어 자칫하면 나무나 식물을 구경하다가 길을 잃을 수도 있다. 물론 곳곳에 안내판이 있어 길을 다시 찾는 것은 그리 어렵지 않으나 길을 잃고 예쁜 나무와 꽃을 찾아 헤매다 보면 하루해가 언제 저물었는지도 모를 지경이다.

한라 수목원을 구경하고 광이오름까지 올랐다가 내려오면 허기가 밀려온다. 한라 수목원을 나와 수목원 입구에 자리 잡고 있는 비원 식당에 들러 보라. 비원은 수십 년 전통의 삼계탕 전문 식당이다. 삼계탕 외에 갈비탕이나 흑돼지도 팔고 있으나 주메뉴가 삼계탕이라 대부분의 사람들이 삼계탕을 먹는다. 이곳 삼계탕의 특징은 '닭 따로, 찹쌀 따로, 인삼 따로'라는 것이다. 따로 삼계탕이라고나 할까. 맛이 정말 기가 막힐 정도로 좋다.

11 제주 사람이 되어 길에 매혹되다
절물 자연휴양림

걷기 난이도 ●●●○○
걷기 포인트 삼나무 숲 속의 다양한 산책로와 오름을 걸으며 제주의 자연에 취하기

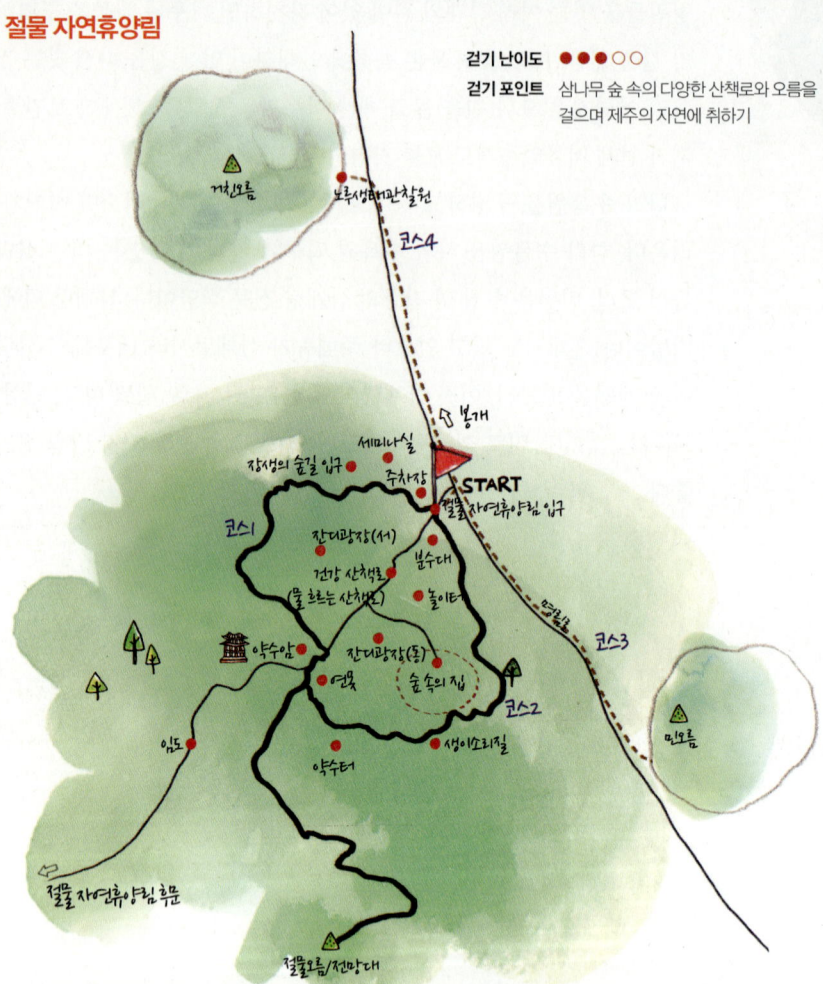

코스&시간: 트래킹 코스

1. 절물오름: 3.2km, 1시간 30분
절물 자연휴양림 입구 → 잔디광장 → 연못 → 절물오름 → 연못 → 잔디광장 → 절물 자연휴양림 입구

2. 절물+생이소리질: 6.2km, 2시간 30분
절물 자연휴양림 입구 → 장생의 숲길 입구 → 절물오름 → 생이소리질 → 절물 자연휴양림 입구

코스&시간: 특별 코스

3. 절물–민오름 코스: 반나절
절물 자연휴양림 입구 → 장생의 숲길 입구 → 절물오름 → 생이소리질 → 절물 자연휴양림 입구 → 민오름 → 절물 자연휴양림 입구

4. 절물–민오름–거친오름 코스: 1일
절물 자연휴양림 입구 → 장생의 숲길 입구 → 절물오름 → 생이소리질 → 절물 자연휴양림 입구 → 민오름 → 절물 자연휴양림 입구 → 거친오름 둘레길(노루생태관찰원 내)

교통

시내버스
제주 시청, 중앙로 사거리에서 43번 시내버스,
절물 자연휴양림 하차(약 1시간 간격)

승용차
제주시 → 97번 번영로 → 명도암 입구 사거리 → 명림로 → 절물 자연휴양림
서귀포시 → 1131번 5·16도로 → 교래 입구 → 1112번 삼나무 숲길(비자림로) → 명도암 입구 삼거리 → 절물 자연휴양림

올레길
제주 사람은 가지 않는

올레길을 걷다 보면 육지에서 온 관광객들을 많이 만난다. 간혹 제주 사람이 보이기는 하지만 하루 동안 올레길을 걷는 수에 비하면 미미한 숫자이다. 간혹 올레길에 들르는 제주 사람은 하도 육지 사람들이 올레길에 와서 '올레, 올레!' 하니 잘 아는 길임에도 호기심에 한 번 와 보는 것이리라. 주로 제주 해안을 따라 걷는 제주 바닷길이야 제주 사람에게는 시간을 내서 걷는 길이 아닌 어릴 적부터 소라를 잡고 조개를 캐던 생활터전의 일부가 아니던가.

그럼 제주도 사람들은 어디에 있고 어디서 걷는 것일까. 그 물음은 절물 자연휴양림에 가서야 풀렸다. 제주 사람들은 모두 절물 자연휴양림에 와서 걷고 있었다. 물론 사려니 숲길이나 비자림 숲길, 한라 수목원, 서귀포 자연휴양림에도 제주 사람이 없는 것은 아니지만 절물 자연휴양림에 가장 많이 몰려 있었다.

절물 자연휴양림이나 사려니 숲길 외에 오름에서도 제주 사람을 많이 볼 수 있다. 오름에 가면 관광객도 간혹 볼 수 있으나 그보다는 제주 사람이 많다. 오름은 제주 사람들에게 제주 바닷가처럼 어릴 적부터 놀았던 뒷동산 정도가 될 텐데 바닷길과 달리 제주 사람들이 많이 찾는다. 이런 걸 보아도 제주도 사람들은 바닷길 위주의 올레도 좋지만 오름이 있는 중산간 길, 한라산 숲길이 진짜 제주도의 길이라고 생각하는 듯하다. 절물 자연휴양림이나 사려니 숲길, 오름 등을 걷는 길에서는 올레와 같은 소란함이 적다. 올레길에서 들리는 표준말이나 각지의 사투리도 들리지 않는다. 오직 제주어만 쓰인다. 제주 사람들은 그것을 안다. 이들 제주 사람들이 걷는 길에서는 발걸음이 매우 **빠르다**. 올레길의 느릿느릿한 걸음과 다르다. 왜냐고, 제주 사람들은 원래 걸음이 **빠르다**.

제주시민들의 안식처, 절물 자연휴양림

제주시 봉개동 남쪽에 위치한 절물 자연휴양림은 300만㎡의 광대한 면적을 자랑한다. 휴양림 내에는 30년 이상 된 삼나무가 빼곡하고 이 밖에도 소나무, 산뽕나무 등이 자라고 있다. 휴양림 입구에 도착하면 삼나무 숲 사이로 건강산책로, 삼울길, 만남의 길, 생이소리질 등 다양한 산책로를 볼 수 있다. 휴양림 입구에서 오른쪽으로는 장생의 숲길이 있다.

절물 자연휴양림의 산책로 사이에는 넓은 평상이 있어 앉아 쉬기 좋고 피크닉 장소로도 제격이다. 산책로와 곳곳에 있는 평상에 앉아 쉬거나 느긋하게 혹은 빠르게 걷는 제주시민들을 많이 볼 수 있다. 절물 자연휴양림은 한라 수목원에서 보았던 관광객들을 찾아볼 수 없는 대신 제주 사람들로 북적여 제주시민들의 휴식처임을 여실히 보여 준다.

숲 사이로 난 길을 걸으며 나무에 취하고 놀이터에서 잠시 유년의 기억을 떠올려 보아도 좋다.

입구에서부터 시원함이 느껴지는 자연휴양림

서귀포시에 서귀포 자연휴양림이 있다면 제주시에는 절물 자연휴양림이 있다. 서귀포 자연휴양림이 서귀포 시내에서 조금 멀어서 한가한 데 비해 절물 자연휴양림은 제주시에서 가까워 많은 제주시민이 찾는다. 제주시청에서 43번 버스를 타고 종점인 절물 자연휴양림에서 내리면 입구가 바로 보인다. 여름이면 절물 자연휴양림의 삼나무 숲에서 삼림욕을 하고 평상에서 늘어지게 낮잠을 즐겨도 좋다. 한여름에도 절물 자연휴양림에 들어서면 울창한 삼나무 숲이 하늘을 가려 무척 시원하다. 한 가지 아쉬운 점은 제주도의 계곡이 원래 건천이라 절물 자연휴양림에도 물이 없다는 것이다. 절물오름 기슭의 절물이라도 끌어와 작은 실개천을 만들면 어떨까. 아이들이 놀 수 있게 유아용 풀이나 발을 담글 수 있는 족탕을 만들어도 좋을 것이다. 지금도 별 5개이지만 이런 시설이 생긴다면 별 6개도 충분하다.

절물 휴양림 안에서는 나무가, 절물오름 정상에서는 숲 전체가 여행자의 눈을 호강시켜 준다.

약수도 마시고 정상의 비경도 보는 절물오름

절물 자연휴양림의 여러 산책로로도 부족한 사람은 해발 696.5m의 절물오름에 올라도 된다. 절물오름 오르는 길에는 맑은 물이 흘러나오는 약수가 있는데 이 약수가 절물이어서 절물 자연휴양림이라는 이름이 붙여졌다. 예전에 절물오름 기슭에 절이 있었고 절 옆에서 약수가 솟았다고 하는데, 지금은 옛 절은 사라지고 약수가 나오는 샘만 남아 있다. 절물 자연휴양림 내 임도로 향하는 곳에 있는 약천사는 절물과 상관없이 근래에 지어진 절이다.

걷기에 목마른 사람을 위한 민오름과 거친오름

절물오름에 오르면 제주 시내와 한라산이 잘 보이고, 절물오름으로 부족한 사람은 절물오름 동쪽의 길 건너편에 있는 해발 650m의 민오름까지

오를 수 있다. 이것마저 성에 차지 않는 사람은 절물 자연휴양림 북쪽에 있는 노루생태관찰원의 거친오름(618.5m) 둘레길을 한 바퀴 돌아도 된다. 이렇게 절물 자연휴양림과 절물오름, 민오름, 거친오름까지 거치면 조금 힘들지만 1일 코스로 충분하다.

절물 자연휴양림에는 숲 속의 집과 근래에 지은 산림문화휴양관 등 2개의 펜션이 있어 숲에서 하룻밤을 보낼 수 있다. 단체여행객이라면 숲 속 수련장을 찾으면 좋다. 최신 시설의 세미나실까지 갖추고 있어 숲 속에서 학술회의를 개최할 수도 있다. 다만 사람들이 몰리는 주말에는 펜션 예약이 일찍 끝나므로 예약을 서두르는 것이 좋다.

민오름에 올라 제주 시내를 바라보아도 좋고, 시간이 된다면 휴양림 안의 휴양관에서 하룻밤을 묵어도 좋다.

숲길 중간 중간에 평상이 놓여 있어 편하게 누워서 나무 숲과 하늘을 감상할 수 있다.

또 다른 숲길을 걷는 묘미를 느끼는 장생의 숲길

절물 자연휴양림 입구의 세미나실 근처에는 장생의 숲길이 있어 교차점을 지나 반환점까지 돌아올 수 있다. 또 약천사 근처에는 임도가 있어 길을 따라가면 교차점을 지나 절물 자연휴양림 후문까지 갈 수도 있다.

절물 자연휴양림은 관광객보다는 제주시민들만 알고 찾는 숨은 휴식처이다. 산책하는 것만으로도 좋지만 절물 자연휴양림을 가장 잘 즐기는 방법은 숲 속 펜션에서 하룻밤을 자는 것이다. 절물 자연휴양림 내에서 진한 삼나무 향기를 맡고 깊은 밤 쏟아지는 제주 별빛을 본다면 잊을 수 없는 추억이 될 것이다.

12 같이 걸어 더 행복한 길에 서다
서귀포 자연휴양림

걷기 난이도 ●●●○○
걷기 포인트 숲 속 캠핑과 산책, 오름 오르기, 물놀이, 폭포 구경까지 느긋하게 즐기기

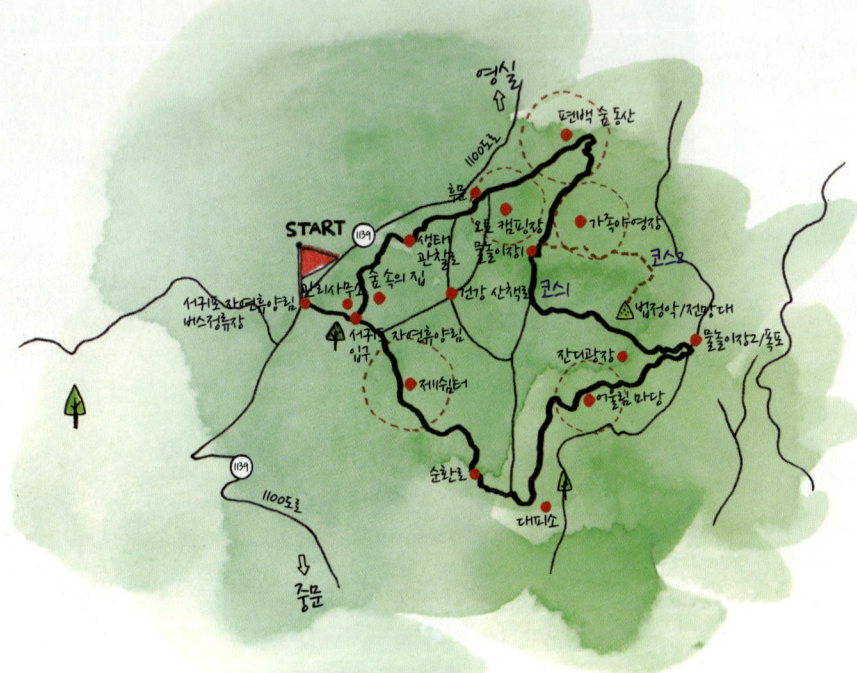

코스&시간

1. 순환로 코스: 4.7km, 1시간 30분
서귀포 자연휴양림 입구 → 제1쉼터 → 대피소(1km) → 잔디광장(1.5km) → 물놀이장1 입구(1.8km) → 가족야영장(2.7km) → 편백 숲 동산(3.2km) → 오토 캠핑장(3.6km) → 생태관찰로 → 서귀포 자연휴양림 입구(4.7km)

2. 산책로-법정악 코스: 약 8.7km, 3시간
서귀포 자연휴양림 입구 → 제1쉼터 → 대피소(1km) → 잔디광장(1.5km) → 물놀이장1 입구(1.8km) → 법정악(4.3km) → 가족야영장(6.7km) → 편백 숲 동산(7.2km) → 오토 캠핑장(7.6km) → 생태관찰로 → 서귀포 자연휴양림 입구(8.7km)

교통

시외버스
1100노선 이용, 서귀포 자연휴양림 하차

승용차
제주시/서귀포시 → 1139번 1100도로 → 1100고지 휴게소 → 서귀포 자연휴양림

숲에 누워 노인성 바라보기

예부터 제주도의 아름다운 풍경을 뜻하는 영주 12경 중 제12경은 서진노성(西鎭老星)으로 서귀포 천지연 폭포 하류, 서귀포 포구 인근의 높은 언덕에 있는 서귀진에서 별을 바라보는 풍경을 말한다. 서귀진 북쪽으로 한라산의 전경이 한눈에 들어오고 남쪽으로는 서귀포 앞바다가 그림처럼 펼쳐진다. 밤이 되면 남쪽 하늘에서 불로장수를 상징하는 노인성을 바라볼 수 있다. 서귀포 서귀진성 자리뿐만 아니라 한라산 남쪽 기슭인 서귀포 자연휴양림 역시 노인성을 보기에 매우 좋은 장소이다. 이 때문일까. 서귀포 천문과학문화관이 서귀포 자연휴양림 남쪽의 탐라대학교 안에 자리 잡고 있기도 하다.

노인성의 정식 명칭은 카노푸스(Canopus)로 용골자리 알파(α Car/α Carinae)의 고유명이고 등급 -0.7등으로 시리우스 다음으로 밝은 별이며 지구로부터의 거리는 약 180광년이다. 노인성은 밝은 별인데 왜 노인성을 본 사람이 드물까. 이는 노인성이 원래 남반구 별자리인 데다가 북반구에서는 겨울철 별자리이고 눈에 보이는 고도가 낮아 지평선이나 수평선 부근에서 보이는데 지평선이나 수평선 부근에서는 대기의 영향(산란)을 많이 받기 때문이다.

제주도에서도 노인성을 서귀포 앞바다 수평선 근처에서 매우 드물게 볼 수 있다. 노인성은 원래 붉은색이 아닌 청백색이나 수평선 근처의 대기층으로부터 파란 빛이 흡수되어 붉게 보인다. 원래 붉은색인 화성과 다르다.

노인성은 한국이나 중국에서 노인성, 남극노인성, 수성 등으로 불리며 인간의 수명을 관장한다고 한다. 이 때문에 예부터 각국의 왕들이 노인성을 향해 제를 올리기도 했고 노인성을 보는 해는 나라가 편안해진다고 여겼다.

한적한 여유 속에서 시작하는 서귀포 자연휴양림 걷기

절물 자연휴양림이 제주시민들로 북적이는 데 비해 서귀포 자연휴양림은 서귀포 시내에서 조금 떨어져 있어서인지 한산하다. 그래도 1139번 1100도로 가에 있어 1100노선 시외버스를 이용할 수 있기 때문에 시내버스가 1시간에 1대 있는 절물 자연휴양림에 비해 접근하기가 편리하다. 자동차로는 제주시나 중문에서 1139번 1100도로를 타고 거린사슴 전망대(725m)를 지나면 서귀포 자연휴양림이 나온다. 휴양림 입구에서 팸플릿을 받아서 안으로 들어가면 된다.

서귀포 자연휴양림은 캠핑과 물놀이를 모두 즐길 수 있어서 제주시민들에게 더욱 환영받는 곳이다.

가족 여행자들의 신천지, 오토 캠핑장

서귀포 자연휴양림은 해발 760.1m의 법정악을 중심으로 해발 600~800m 높이에 위치한 자연휴양림 겸 오토 캠핑장이다. 입구에서 오토 캠핑장으로 가려면 휴양림 외곽을 도는 순환도로를 따라 시계 반대 방향으로 돌아야 하는데 실제 그 길은 오토 캠핑장으로 가는 승용차도 가지만 사람들이 걷는 산책로이기도 하다. 이 때문에 순환도로를 걷는 사람들이 오토 캠핑장으로 가는 승용차의 매연을 맡아야 한다는 것이 아쉽다.

오토 캠핑장이라고 해도 차량은 주차장에 두고 캠핑 장비만 야영장에 가져오면 좋을 텐데……. 입구에서 캠핑장까지 그리 멀지도 않다. 버스를 타고 온 사람들이나 주차장에 차를 두고 온 사람들은 야영 장비를 들고 캠핑장으로 가기도 하니 굳이 차를 끌고 캠핑장까지 갈 필요가 있을까 싶다.

다양한 산책로와 계곡물을 이용한 물놀이장

서귀포 자연휴양림 입구에 들어서면 생태관찰로와 건강산책로, 순환로 등 세 갈래의 산책로가 보이고 포장길인 순환도로를 따라 시계 반대 방향으로 돌면 제1쉼터, 어울림 마당, 물놀이장, 가족야영장, 편백 숲 동산, 오토 캠핑장 등이 나온다.

물놀이장은 계곡의 물을 가두어 아이들이 놀기에 좋고 가족야영장은 야영은 물론 피크닉 장소로도 좋다. 편백 숲 동산에는 수령 60년 내외의 울창한 편백림이 장관을 이루고 있다. 피톤치드가 팍팍 나오는 삼림욕장으로는 최적의 장소가 아닐까. 생태관찰로와 건강산책로에는 나무데크로 산책로가 만들어져 있어 울창한 산림 속을 걷기에 좋고 휴양림 입구에는 족구장, 매점 등의 편의시설이 있어 편리하다.

한라산 자락을 볼 수 있는 법정악

서귀포 자연휴양림 내 산책로와 순환도로에 만족하지 못했다면 법정악에 올라 보자. 숲길이 하늘을 가려 절물 자연휴양림의 절물오름을 오를 때와는 또 다른 느낌이 난다. 숲이 울창하게 우거져서 한낮에도 숲길이

어두워 혼자 법정악에 가면 약간 무섭기도 하다. 법정악에 서면 멀리 서귀포 일대와 한라산 자락이 눈에 들어온다. 한라산 자락을 바라보고 있으면 수시로 구름과 안개가 산중턱을 넘나드는 광경을 볼 수 있고 하늘에서는 새까만 까마귀가 까악거리며 유유히 날아간다.

캠핑 또는 숲 속의 집에서의 하룻밤 나기

절물 자연휴양림은 북향이고 서귀포 자연휴양림은 남향인데 울창한 산림 때문에 서귀포 자연휴양림이 더 어두워 보인다. 여름에도 밤이 되면 꽤 쌀쌀하므로 서귀포 자연휴양림에서 텐트를 치고 야영할 경우 두터운 침낭과 점퍼를 준비하는 것이 좋다.

　서귀포 자연휴양림에서 산책하며 하루를 보내도 좋으나 휴양림 내의 펜션에서 하룻밤을 머물며 풀벌레 소리를 들어보는 추억을 남겨 보라. 단, 절물 자연휴양림처럼 서귀포 자연휴양림도 인기가 높아 미리 예약하지 않으면 원하는 날짜에 숙박하기가 어렵다. 서귀포 자연휴양림에서 환상적인 밤을 보내려면 서둘러야 한다. 더불어 서귀포 자연휴양림에서 노인성을 보는 행운도 기대해 보자.

봄과 여름에는 푸른 나무가, 가을에는 붉게 물든 풍경이,
겨울에는 하얀 옷을 입은 숲이 여행자를 반긴다.

13 폐부 깊숙이 숲의 기운을 불어넣다
14-1코스 저지–무릉 올레

걷기 난이도 ●●●●●
걷기 포인트 한라산 숲길의 최고봉, 하늘을 가리는 울창한 숲길 걷고 또 걷기

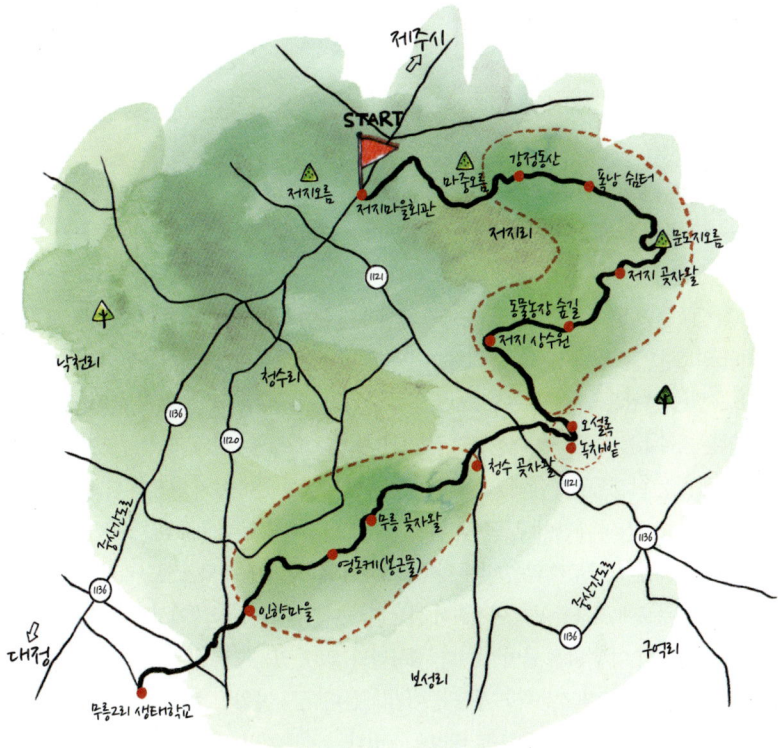

코스&시간

18.8km, 5~6시간

저지마을회관 → 강정동산(2.7km) → 폭낭 쉼터(4km) → 문도지오름 정상(5.1km) → 저지 곶자왈 입구(7km) → 동물농장 숲길(7.9km) → 오설록(10.3km) → 무릉 곶자왈 입구(13.9km) → 영동케(봉근물 15.4km) → 인향마을(16.7km) → 무릉2리 생태학교(18.8km)

교통

금악, 저지 경유 노형-중산간 버스
제주 시외버스터미널에서 승차, 저지마을회관 하차

서일주 시외버스
제주 시외버스터미널에서 승차, 신창(한경면) 하차, 한경면사무소 옆에서 신창-모슬포 읍면순환선 이용(06:25, 07:07, 09:10, 10:10, 11:00, 12:00, 13:20, 14:50, 15:40, 16:40, 18:10, 19:04, 20:57). 저지마을회관 하차

서귀포 시외버스터미널에서 승차, 대정읍 하차. 대정읍 사거리 서쪽 정류장에서 신창-모슬포 읍면순환선 이용(06:48, 07:40, 09:00, 10:10, 11:30, 12:55, 14:20, 15:00, 16:30, 17:50, 19:50)

제주의 허파, 곶자왈에서 숨 쉬기

한라산에 올라 사방팔방의 제주도를 내려다본다. 은색으로 빛나는 것은 감귤 비닐하우스이고 검황색 땅은 콩밭이나 마늘밭, 당근밭이며 녹색의 땅은 골프장이다. 그 땅에 있던 돌은 제주 사람들의 고난의 상징처럼 느껴진다. 제주도 중산간의 잡목과 들풀, 크고 작은 화산돌들이 얼기설기 있는 곳을 곶자왈이라고 한다. 곶자왈은 풍부한 강수량과 넉넉한 일조량으로 인해 산림이 우거져 제주도에 맑은 공기를 제공하는 허파 역할을 한다. 또한 곶자왈은 연중 제주에 내리는 폭우를 얼기 설킨 돌 사이로 흘려보내고 지하에 맑은 지하수를 저장하는 역할까지 하고 있다. 제주의 생명수를 품고 있는 것이다. 제주도에 사는 야생동물들에게도 곶자왈은 일용할 양식이 있는 삶의 터전이다.

이런 곶자왈이 중산간의 개간이나 골프장 건설로 인해 메워지고 있다. 제주의 허파, 곶자왈이 사라지고 있다. 아무리 많은 비가 내려도 오는 대로 땅에 흡수되어 물난리라는 것을 몰랐던 제주도에 곶자왈이 없어지면서 물난리가 나기도 한다. 도처에서 솟는 용천수나 시냇물은 더 이상 맑은 물이 아니다. 상류라고 할 수 있는 한라산 기슭 중산간에서 골프장이나 리조트를 짓는다고 공사 중이기 때문이다. 곶자왈에 살던 노루 같은 야생동물들도 삶의 터전을 잃고 민가로 내려오고 있다.

최근에 제주 곶자왈의 중요성을 인식한 제주 사람들은 곶자왈의 공용화를 추진하고 있다. 제주의 허파이자 생명인 곶자왈을 지키는 운동을 시작한 것이다. 어느새 제주도 중산간 곳곳을 차지하고 있던 곶자왈은 그 수를 헤아릴 수 있을 정도로 줄어들어 있다. 더 늦기 전에 곶자왈을 숨 쉬게 하자.

저지마을에서 시작하는 14-1코스 올레

14-1코스 저지-무릉 올레는 전반부 저지 곶자왈과 후반부 무릉 곶자왈로 이루어진 숲길이다. 대개 해안을 따라가는 바닷길이거나 중산간으로 조금 들어가는 중산간길인 올레와 달리 14-1코스는 오롯이 숲길로만 걷는다. 그래서 올레 코스에 넣지 않고 한라산 숲길로 분류를 했다. 해안과 중산간을 걷는 올레와 다른 한라산 숲길만의 매력이 있기 때문이다.

저지마을회관 앞에서 출발하는데 저지오름으로 향하는 13코스 용수-저지 올레, 저지 북서쪽으로 향하는 14코스 저지-한림 코스와 달리 한라산 쪽으로 간다. 저지마을을 벗어나면 밭길을 조금 걷다가 이내 시멘트 임도가 있는 숲길이 나온다. 곧게 뻗은 시멘트 임도는 흡사 사려니 숲길을 연상케 한다. 이 길이 시멘트 임도가 아니고 송이가 바스락거리는 흙

길이면 얼마나 좋을까.

 울창한 숲 사이로 난 시멘트 임도를 가는 도중에는 웬일인지 도로 중간까지 나와 죽은 뱀이며 느릿하게 움직이는 곤충까지 여느 올레길에서 보지 못하는 생물체들이 등장한다. 양쪽 숲에서 들려오는 각종 새 소리는 스테레오사운드로 내 귀에 들린다. 숲의 소리가 듣고 싶다면 잠시 MP3를 꺼 두는 센스가 필요하다.

숲 터널의 끝에서 만나는 문도지오름

시멘트 임도가 끝나고 본격적으로 저지 곶자왈로 들어가면 이내 동서남북의 방향 감각이 없어진다. 산림은 울창해 언제나 숲길이 그늘져 있고 바닥은 돌 반 흙 반인 데다가 길은 좌우로 왔다갔다하며 사정없이 구불거린다. 곶자왈은 습기를 머금어 습하기까지 하다. 크고 작은 돌들에는 녹색의 이끼가 피어 있고 남쪽 나라에서나 자랄 법한 커다란 고사리풀이 이채롭다. 한참 숲터널을 걷다 보면 갑자기 하늘이 밝아진다. 문도지오름에 가까워진 것이다.

 방목지인 문도지오름은 14-1코스 저지-무릉 올레의 하이라이트이다. 방목지 철문을 열고 문도지오름에 오르니 사방으로 빽빽한 밀림이 펼쳐진다. 이것이 저지 곶자왈이다. 녹색 밀림은 지평선까지 이어져 있고 지평선의 끝에는 저지오름이며 금악, 수월봉, 모슬봉, 송악산, 산방산이 빼죽 고개를 내밀고 있을 뿐이다. 저지 곶자왈은 한라산 쪽으로 연결되어 한라산 숲과도 이어진다.

곶자왈은 한참을 걸어도 보이는 것은 나무와 하늘뿐이다.

끝 없이 이어지는 숲, 저지 곶자왈

문도지오름에서 14-1코스의 중간인 오설록까지는 끝도 없는 숲길이 이어진다. 정말 그늘져 어두운 숲길이 끝나지 않을 것만 같다. 표지판에는 핸드폰이 터지지 않는다고 적혀 있어 겁이 나기도 한다. '다음 구비가 끝이겠지, 다음이, 다음이……'라는 생각을 버릴 무렵에야 숲 한쪽에서 자동차 다니는 소리, 사람 소리가 들리는 듯하다. 오설록이 코앞이다.

푸른 녹차밭이 드넓게 펼쳐진 오설록

오설록은 대단위로 조성된 녹차밭이 일품이다. 원래는 저지 곶자왈처럼 숲이었겠지만 지금은 녹차나무가 줄지어 심겨 있다. 그래도 마늘밭이나

녹차밭과 소 방목장, 산책로 등 다양한 길이 어우러져 있어 걷는 재미를 느낄 수 있다.

골프장이 되지 않은 것이 다행이다. 오설록에서 시원한 에어컨 바람을 쐬며 녹차 아이스크림을 맛보자. 녹차밭을 한 바퀴 돌고 난 다음 사거리에서 서쪽으로 간다. 길가에 무릉 곶자왈로 들어가는 간판이 보인다. 무릉 곶자왈의 초입에도 저지 곶자왈의 초입처럼 시멘트 임도가 놓여 있다. 다행히 저지의 임도처럼 직선이 아니고 곡선이다. 구불거리는 시멘트 임도를 따라가다 보니 앞서 저지 곶자왈에서 보았던 핸드폰 불통 안내가 있다. 본격적으로 무릉 곶자왈이 시작되는 것이다.

끝나지 않을 것만 같은 숲길, 무릉 곶자왈

무릉 곶자왈의 풍경은 저지 곶자왈과 비슷하다. 울창한 산림이 태양을 가리고 길은 사정없이 이리저리 구불거린다. 동서남북을 가늠할 수 없다.

앞으로, 그저 앞으로 걸어갈 뿐이다. 곶자왈로 접어들면 민가는 고사하고 구멍가게나 식당이 없으므로 충분한 식수와 간식거리를 준비해야 한다. 14-1코스에는 지나는 올레꾼이 적으므로 만일의 사고에 대비해 되도록 홀로 걷지 말고 동행과 함께 걷는 게 좋다.

   무릉 곶자왈의 숲길도 도무지 끝이 날 것 같지 않다. 구비를 돌면 또 다른 구비가 나온다. 마음속에서 눈앞에 보이는 구비가 끝이 아닐 거라며 완전히 포기하고 난 후에야 무릉 곶자왈은 그 끝을 보여 준다. 빨리 곶자왈을 빠져나와야겠다라는 생각을 할수록 곶자왈의 숲길은 점점 더 길어지는 듯하다.

   드디어 무릉 곶자왈에서 벗어나면 영동케라는 연못이 나오고 이내 인향마을이 보인다. 눈썰미가 좋은 사람이라면 인향마을이 11코스 하모-무릉 올레에서 만났던 마을임을 알 수 있을 것이다. 인향마을에서 콘크리트길을 따라가면 14-1코스 저지-무릉 올레의 종착지인 무릉2리 생태학교가 나온다.

두 번째 길

+

올레는
곱씹으며 걸어야
더욱 맛있다

01 산티아고 순례자가 되어 제주를 걷는다
1코스 시흥–광치기 올레

걷기 난이도 ●●●○○
걷기 포인트 제주 올레의 성지라 할 수 있는 길을 걸으며
제주의 자연 만끽하기

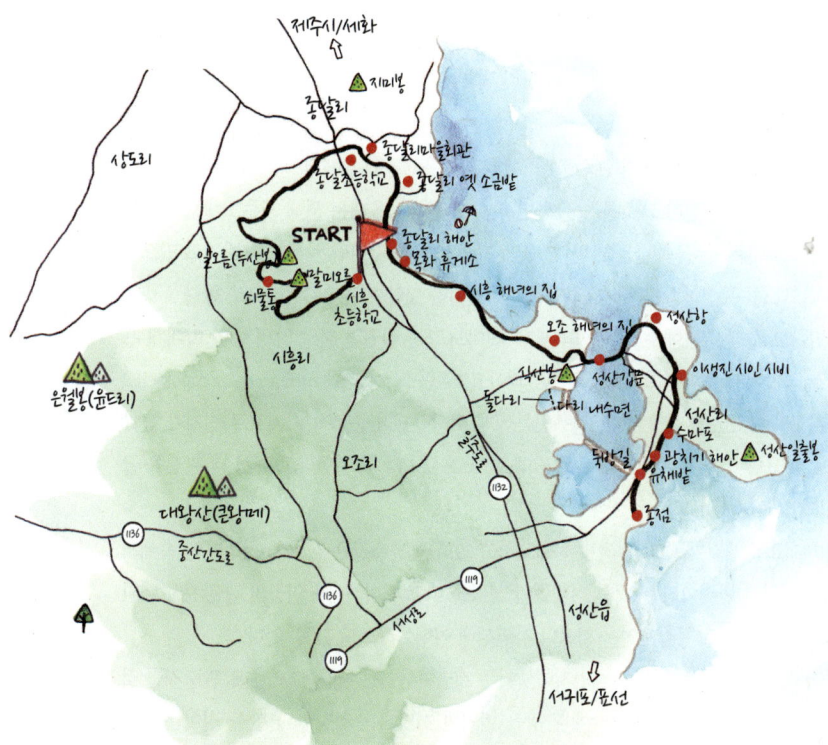

코스&시간

15km, 4~5시간
시흥초등학교 → 말미오름(1.1km) → 알오름
(3.4km) → 종달초등학교(6.6km) → 종달리 옛소
금밭(7km) → 목화 휴게소(8.6km) → 성산갑문
입구(11.5km) → 수마포(13.5km) → 광치기 해안
(15km)

교통

시외버스
동일주 이용, 제주/서귀포 시외버스터미널에서 승차, 시흥초등학교 하차

승용차
제주시 → 1132번 일주도로 → 세화 → 시흥초등학교

서귀포시 → 1132번 일주도로 → 남원 → 표선 → 시흥초등학교

제주의 올레, 산티아고에서 시작되다

올레는 언론인 서명숙 씨가 2006년 스페인 산티아고 순례길에서 영감을 받아 2007년 고향인 제주도에 걷기 코스를 발굴하면서 시작되었다. 올레는 본래 제주도에서는 길에서 집으로 이르는 골목길을 말한다. 올레 자체가 좁은 길이라는 의미를 가지고 있으나 올레 코스를 통칭하는 단어가 되면서 올레에 길을 덧붙여 올레길이라고도 한다.

산티아고 순례길은 예수의 12명의 제자 중 야보고가 걸었던 길로 알려져 있고 대개 프랑스 국경에서 스페인 북서쪽 끝인 산티아고 데 콤포스텔라(Santiago de Compostella)까지 800여 km를 걷게 된다. 서구인들에게 오래전부터 종교적 순례길로 인기가 높았던 길이고 우리에게는 작가 파울로 코엘료(Paulo Coelho)가 걸었다고 해서 더 관심을 끌게 되었다.

산티아고 순례길이 종교적 색채를 내포하고 있다면 올레길은 제주의 청정자연 속에서 자아 성찰과 반성이라는 개인 여행적인 성격을 띠고 있다. 여타 인공의 관광지나 테마파크를 찾지 않고 청정자연을 걸으니 자연생태 여행이라고도 할 수 있다.

그간 제주도를 찾는 여행은 패키지여행이든 개별여행이든 차를 타고 주요 관광지를 찾아다니는 것에 한정되었다. 낮에 관광을 마치면 저녁에는 거창한 술판을 벌이는 것이 보통이었다. 올레 여행에서는 이런 관행적인 것에서 벗어나 차를 타는 대신 걷고 관광지 대신 제주 해안과 오름, 중산간을 걷는다. 걷는 동안 이름난 식당에서 식사를 하기보다는 동네의 허름한 식당에서 식사를 하고 동네 구멍가게를 이용한다. 낮에 걸었으니 저녁의 풍경도 많이 달라졌다. 제주도의 유흥가에 나가 벌이던 술판은 사라졌고 대신 숙소에서 간단한 술자리를 갖거나 다과를 하며 하루를 정리하고 내일을 계획하는 시간을 갖게 되었다.

앞으로 오름길을 계속 걸어야 하니 1코스 올레 안내소에서 화장실을 이용하고 출발하는 것이 좋다.

올레 1코스가 시작되는 시흥초등학교

1코스는 올레 코스 중에서 제일 처음 생긴 것으로 올레꾼들이 한 번쯤 찾는 올레의 성지가 되었다. 1코스 시흥-광치기 올레는 전형적인 오름과 바당(바다)길로 이루어져 있다. 오름은 곁에서 보기에는 평범한 언덕에 불과하지만 오르고 나면 이것이 제주도에서 얼마나 중요한 관광자원인지 알게 된다. 높이는 그리 높지 않아도 제주도의 땅이 오름 외에는 평지에 가까워서 오름에 오르면 사방이 한눈에 들어온다. 어느 오름에 오르든 뛰어난 조망을 자랑한다.

바당길은 제주의 아름다운 해안길을 말하는데 대부분의 관광객이 차로 지나다니며 보거나 차에서 잠시 내려 보고 간다. 올레를 통해 실제 제주 해안길을 걸어 보면 그동안 피상적으로만 알던 제주 해안의 아름다움을 몸소 느낄 수 있다.

1코스는 시흥초등학교 옆에서 출발하나 정작 시흥초등학교를 보고 가는 사람은 많지 않다. 1코스를 가려는 바쁜 마음을 잠시 누르고 제주도의 시골 초등학교 풍경을 한 번 보고 가는 것은 어떨까. 최근 1코스에 올레

말미오름에 오르다 보면 풀을 뜯고 있는 소도 볼 수 있다. 특히 말미오름 정상에서 바라보는 전경이 아름답다.

안내소가 생겨 올레 지도나 기념품 등을 구하거나 편안히 화장실을 이용할 수 있게 되었다.

분화구 능선길을 따라 걷는 말미오름

시흥초등학교 옆길로 들어서면 학교 바로 뒤로 말미오름(145.9m)과 알오름이 보인다. 마치 커다란 말미오름 분화구 안에 알오름이 있는 것처럼 보인다. 말미오름은 그리 높지 않아 오르는 것이 수월하다. 다만, 이곳에 소를 방목하고 있어 방목장 앞 간이 철문의 문단속을 잘 해야 한다.

　방목 중인 소들은 지나다니는 올레꾼들을 바라볼 뿐 본연의 임무인 풀 뜯기에 열중한다. 말미오름에 오른 지 얼마 되지 않아 오름의 분화구 끝

정상에 도착한다. 처음 눈에 들어오는 것은 타원형의 종달리 해안이다. 종달리 해안 건너편 옆으로 길게 누운 섬이 우도이고 우도 남쪽에는 성산일출봉이 우뚝 서 있다. 말미오름에서 동쪽으로 보이는 원추형의 멋진 오름이 다랑쉬오름이고 그 옆으로 보이는 납작한 쌍봉 모양의 오름이 용눈이오름, 용눈이오름과 다랑쉬오름 사이의 오름이 손지봉이다. 말미오름 북쪽 건너편 오름이 알오름(두산봉)이다. 말미오름에서 내려다보이는 조각보 모양의 제주도 밭의 조형미가 매우 아름답다.

   말미오름에서 분화구 능선을 따라가는 길이 1코스 전반의 하이라이트가 아닐까 싶다. 능선에서 내려가는 길에 방목 중인 소들이 길을 막기도 하는데 올레꾼들은 길 앞에 멈춰 소들이 비키기를 기다려 주자. 도시에서 자란 사람 중에는 소를 직접 본 일도, 소를 몰아 본 일도 없었을 테니 그저 소가 알아서 비켜 주기만 기대할 뿐이다.

제주 동해안 일대를 한눈에 바라보는 알오름

말미오름을 지나 알오름으로 올라간다. 알오름 역시 소나 말을 방목하는 곳이다. 원형으로 해발 126.5m, 높이 101m이나 실제 오르는 것은 그리 어렵지 않다. 알오름에서 보는 조망은 앞서 말미오름에서 보았던 것과 다르지 않다. 동쪽으로 우도와 성산일출봉, 서쪽으로 다랑쉬오름과 용눈이오름이 확연히 보인다.

알오름에서 북쪽으로 내려오면 양천 허씨 제주 입도조인 허손의 묘 표시가 보인다. 허손은 고려 말 밀직제학을 지냈고 고려가 멸망하자 제주도 종달리에 은거했다고 한다. 허손의 묘 표시를 뒤로 하고 아스팔트 도로를 걸어 내려가면 올레 쉼터가 나온다. 올레꾼을 위해 간단한 음식과 음료를 파는 곳인데 대개 한여름에만 운영된다.

오름은 그리 높지도 낮지도 않아서 편안하게 오르면 된다.
여유로운 마음으로 숲과 하늘을 벗삼아 걸어 보자.

드넓은 제주 갯벌을 만나는 곳, 종달리 해안

길은 1132번 일주도로와 마주치고 일주도로를 건너면 종달초등학교를 만난다. 종달리마을로 더 들어가면 종달리마을회관이 나온다. 여기서 남동쪽으로 걷다가 마을을 빠져나오면 종달리 해안으로 가는 길이 있다. 밭 사이로 난 길을 걸어 종달리 해안길에 접어들면 넓은 갯벌과 탁 트인 바다가 올레꾼을 맞이한다. 넓게 펼쳐진 바다를 바라보니 속이 다 시원하다. 1코스 후반의 하이라이트라 할 수 있다.

   타원형의 종달리 해안은 물이 빠지면 갯벌을 드러내고 있고 그 위에 점점이 보이는 것이라고는 조개를 캐는 할망들뿐이다. 시간이 된다면 장화와 바구니, 호미를 준비해 갯벌에 들어가 조개를 캐 보아도 좋을 것이다. 종달리 해안에서 보는 우도는 마치 바다에 뜬 커다란 항공모함처럼 보이고 바다 물결이 우도에 부딪쳐 찰랑거린다. 어쩌면 우도가 흔들리는지도 모를 일이다.

  종달리 해안 중간에는 말린 한치를 파는 목화 휴게소가 있다. 참새가 방앗간을 그냥 지나치지 못하듯 올레꾼들이 걸음을 멈춰 한치를 사 먹기에 바쁘다. 좀 더 멋을 내려면 목화 휴게소 앞에 있는 루마인 카페로 가면 된다. 종달리 해안 끝에는 시흥 해녀의 집이 있어 늦은 점심을 먹어도 좋다.

성산일출봉을 바라보며 감상하는 이생진 시인의 시

시흥 해녀의 집을 지나면 바다를 보는 것도 좀 지루하고 체력적으로도 힘들어진다. 조금 더 힘을 내서 걸으면 성산갑문이 보인다. 성산갑문 가기 전에 오조 해녀의 집이 있으므로 시흥 해녀의 집을 그냥 지나쳤다면 들어가 보자. 올레길은 성산갑문에서 성산항 쪽으로 휘어진다. 성산항에 거의 다 왔나 싶더니 다시 성산일출봉 쪽으로 향한다. 성산일출봉이 보이는 언덕에서 〈그리운 바다 성산포〉를 노래한 이생진 시인의 시비가 보인다. 성산일출봉이 보이는 곳에서 이생진 시인의 시를 읽은 느낌이 색다르다.

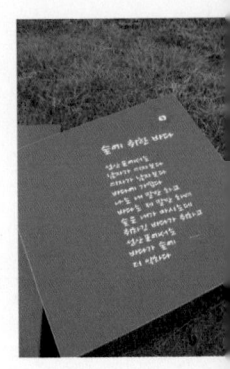

노란 유채꽃이 유혹하는 광치기 해안

이생진 시인의 시비를 뒤로 하고 성산일출봉 앞 주차장을 가로질러 가면 곧 1코스의 최종 목적지인 광치기 해안에 다다른다. 광치기 해안 주변은 봄날에 인기가 좋은 관광 유채밭이 있는 곳으로 더 잘 알려져 있다. 광치기 해안도로 가에 있는 밭이 모두 유채밭이다. 올레가 유행하기 전에는

제주의 봄을 아름답게 물들이는 유채밭, 1코스의 백미라 할 수 있다.

성산을 찾은 관광객 중에 노란 유채밭을 배경으로 기념사진을 찍던 곳이다. 유채밭에 들어가 사진을 찍다 보면 어디선가 관리인이 나타나 자릿값을 받곤 했다. 지금은 어떨지······.

광치기 해안은 성산일출봉과 성산읍을 잇는 모래사장 또는 모랫길을 일컫는 사주라고 할 수 있다. 사주가 없던 옛날 옛적에는 성산일출봉이 섬이었다. 광치기 해안에는 바닷가 간이횟집이 하나 있을 뿐 한산해서 해변이나 백사장에 서면 성산일출봉이 한눈에 들어온다.

광치기 해안에서 1코스를 마친 뒤, 성산 사무소 쪽으로 돌아가 경미 휴게소에서 문어를 넣은 라면을 먹어 보는 것도 좋다.

02 식산봉에 올라 성산일출봉을 보다
2코스 광치기–온평 올레

걷기 난이도 ●●●○○

걷기 포인트 내수면에 비친 성산일출봉과 대수산봉에서 바라다보이는 성산, 섭지코지 풍경 감상하기

코스&시간

14.5km, 4~5시간

광치기 해안 → 식산봉(2.2km) → 족지물(3km) → 오조리 마을회관(3.3km) → 홍마트(5.6km) → 대수산봉(7.7km) → 혼인지(12.4km) → 온평 포구(14.5km)

교통

시외버스

동일주 이용, 제주/서귀포 시외버스터미널에서 승차, 광치기 해안(성산 경유) 하차

승용차

제주시 → 1132번 일주도로 → 세화 → 성산 사무소 → 광치기 해안

서귀포시 → 1132번 일주도로 → 남원 → 표선 → 성산읍 → 광치기 해안

전설을 품은 식산봉의 이야기

2코스 광치기-온평 올레의 초입에 있는 식산봉. 성산항과 연결된 내수면 부근에 있어 예전에는 바다에서 올라온 배가 식산봉 근처에 정박했을 수도 있겠다 싶다. 식산봉은 그리 높진 않으나 식산봉에 오르면 성산항과 성산일출봉이 한눈에 들어와 중요한 길목으로서의 역할을 했다.

식산봉에 얽힌 전설을 살펴보면 성산 일대를 넘보던 왜구를 막은 조방장(助防將)과 관련이 있다. 고려 말, 조선 초에 우도와 오조리에 왜구의 침입이 잦아 오조리를 지키던 조방장이 마을 주민들에게 낟가리(낟알이 붙은 곡식을 그대로 쌓은 더미)를 덮는 띠로 엮은 이엉인 노람지를 짜게 해 식산봉을 덮게 했다는 것이다. 오조리를 침입하려던 왜구들이 이엉을 쓴 식산봉을 보고 저리 볏짚이 많으니 병사 또한 많을 것으로 지레짐작해 겁먹고 도망갔다고 한다. 이후 볏짚이 쌓인 봉이라 하여 식산봉(食山峰)이라고 했다. 예전에는 이런 기망 전술이 먹혔나 보다. 외돌개에는 최영 장군이 장군복을 입혀 앞바다 섬에 숨어 있다가 목호의 난을 일으킨 몽골 목부들을 스스로 자결하게 했으니 말이다.

식산봉에는 슬픈 전설도 있다. 천민인 대장장이의 아들인 부 씨 총각이 퇴락한 양반 집 딸인 옥녀와 사랑에 빠졌으나 신분의 차이로 속만 태우고 있었다. 이때 마을의 수령인 조방장이 옥녀의 미모에 반해 옥녀가 사모하는 부 씨 총각을 목매 죽게 하였다. 조방장은 부 씨 총각도 없으니 수청을 들라 했으나 옥녀는 거부했고 부 씨 총각을 찾아다닌 끝에 식산봉 끝에서 죽은 부 씨 총각을 발견했다. 슬픔에 잠긴 옥녀는 머리를 풀어헤치고 울다가 식산봉의 옛 이름인 바우오름으로 변했고 부 씨 총각의 시체는 맞은 편 언덕인 장시머들로 변했다고 한다. 같은 식산봉을 두고도 다양한 전설이 전해 내려와 흥미롭다.

올레 2코스는 소박한 멋을 느낄 수 있는 광치기 해안에서 시작한다.

광치기 해안의 절경과 함께 시작하는 올레 2코스

2코스는 성산리에서 성산읍으로 가는 사주(沙州) 길의 2/3 지점인 광치기 해안에서 시작한다. 성산리는 성산일출봉 앞에 있는 마을이고 성산읍은 사주길 건너 또는 성산일출봉이 보이는 일주도로가의 마을을 말한다. 원래 성산읍은 성산리 자리에 있었으나 장소가 좁고 교통이 불편해서 현재 위치로 옮겼다.

 광치기 해안에서는 성산일출봉의 전경이 한눈에 들어오므로 못 본 사람이 있다면 잠깐 해안에 다녀오라. 이곳에서는 성산일출봉뿐만 아니라 뒤를 돌면 새로운 관광명소로 떠오르고 있는 섭지코지의 모습도 잘 보인다. 차를 타고 섭지코지에 들락거리면 실제 반도 모양인 섭지코지의 전경을 제대로 볼 수 없다.

억새와 철새가 아름다운 풍경을 만드는 내수면

이제 광치기 해안을 출발해 내수면을 향해 걸어 보자. 성산리에서 성산읍으로 가는 사주가 내수면의 한 변이 되고 나머지 한 변을 방조제로 막아 민물과 바닷물이 섞인 내수면이 되었다. 내수면가로는 제주도 특유의 억새와 들풀이 바람에 흔들거리고 사람의 인기척에 놀란 철새들이 하늘 높이 날아간다. 철새 중에는 겨울에 월동하는 천연기념물 제205호 저어새도 있으니 큰 소리로 떠들지 말아야 한다. 저어새는 황새목 저어새과로 몸 길이가 약 80cm이며 흰색에 넓적한 부리를 가지고 있다.

방조제 길 끝에서 만나는 숲, 식산봉

내수면가를 지나 오조 포구 근처의 방조제길을 건너면 식산봉이다. 식산봉은 원뿔 모양의 분석구로 해발 66m이다. 분석구는 기생화산인 오름과 달리 용암이나 주위의 암석이 쌓여 만들어진 것으로 침식되거나 붕괴되기가 쉽다. 식산봉에는 염습지에서 자라는 희귀식물인 황근이 많이 자라는 것으로 알려져 있고 참식나무, 생달나무, 후박나무 등 상록활엽수림도 울창하다.

식산봉을 지나 오조리 성터를 보고 오조리마을 길을 지나면 성산하수 종말처리장이다. 지나온 길을 돌아보니 오조리와 성산리 사이의 내수면

하늘과 맞닿은 길을 차분히 걷다 보면 어느새 대수산봉 정상에 닿는다.

을 한 바퀴 돈 셈이다. 성산 하수종말처리장에서 홍마트 쪽으로 향하면 고성리마을이다.

제주 동해안 일대를 조망하는 대수산봉

고성리마을은 2코스의 중간쯤으로 점심을 먹고 가야 하는 곳이다. 홍마트에 가기 전에 동서네 해장국이나 홍마트 사거리의 호떡분식에 들러 휴식 겸 식사 시간을 갖자. 홍마트에서 간식거리를 사놓아도 좋다. 홍마트를 지나 대수산봉을 넘고 혼인지에서 온평 포구까지는 변변한 가게를 찾기 힘들다. 홍마트에서 고성윗마을로 올라가 대수산봉으로 향한다. 대수산봉은 원형으로 해발 137.3m, 높이 97m이며 예전에는 오름에 물이 솟는 곳이 있어 큰물메라고 불렸다. 울창한 대수산봉 숲길을 따라 정상에 오르면 성산일출봉과 섭지코지 일대가 한눈에 들어온다. 2코스의 출발지인 광치기 해안의 모습도 확연하다.

대수산봉 정상에는 조선시대 때의 봉수대가 있어 북동쪽의 성산 봉수,

대수산봉 정상에서는 저 멀리 성산일출봉까지 내려다볼 수 있다.

남서쪽의 신산 독자 봉수와 연락을 하던 흔적이 남아 있다. 대수산봉 정상에서 남쪽으로 걸음을 옮기면 이동통신기지국 탑이 있는 넓은 공터가 나온다. 이곳은 고려 시대인 1276년 원나라의 목마장으로 이용되었다. 이동통신기지국 탑 옆에 앉아 성산 앞바다를 보고 있으면 산악자전거를 탄 사람들이 종종 보인다. 대수산봉이 그리 높지 않으나 산악자전거를 타고 온 사람들을 보면 힘들다는 말이 쏙 들어갈 것이다. 산악자전거를 타고 온 사람들은 대개 대수산봉에서 인증숏을 찍은 뒤 사라진다. 산악자전거를 타면 올라오기는 힘들어도 내려가는 것은 확실히 빠르다.

홀로 느긋하게 둘러보는 공원, 혼인지

대수산봉 남쪽으로 내려가면 고산리 신앙공동묘지이다. 꽤 넓은 공동묘지에는 남향으로 묘비들이 세워져 있으나 햇볕이 잘 들어서인지 그리 무

143

(위) 혼인 신화가 깃들어 있는 혼인지는 언뜻 보면 여느 연못과 다를 바가 없어서 지나치기 쉽다.
(아래) 올레 2코스의 최종 목적지인 온평 포구는 한산해 느긋하게 쉬기에 좋다.

섭지는 않다. 최근에는 올레꾼을 위한 화장실이 마련되어 있으니 미리 볼일을 보고 가자. 가는 동안에는 그럴싸한 화장실이 없다.

대수산봉을 내려와서는 밭 사이로 난 길을 따라 남쪽으로 걸어가야 한다. 혼인지가 나올 때까지 한적한 중산간 길을 하염없이(?) 걷는다. 가는 동안 밭이나 과수원에서 일하는 농민을 만나면 행운이다. 오직 파란 하늘과 흰 구름을 벗 삼아 걷고 또 걸어간다. 이럴 땐 MP3나 라디오를 꺼내 음악을 듣고 가면 좀 낫다.

걷다 보면 끝이 보이는 법이다. 공원처럼 꾸며진 혼인지에는 관람객은 물론 관리하는 사람조차 없어 썰렁하다. 혼인지 연못을 한 바퀴 둘러보는 것으로 혼인지 구경을 마치고 동쪽 온평리마을로 향한다. 1132번 일주도로를 건너면 온평 바다가 멀지 않다. 밭 사이의 길을 지나면 드디어 온평 바다가 보인다.

올레꾼들의 한적한 쉼터, 온평 포구

온평 바닷가로 내려가면 벽랑국의 궤짝이 발견된 황루알이고, 다시 해안도로를 따라가니 바다를 따라 길게 쌓은 환해장성이 보인다. 환해장성 다음이 온평리마을과 2코스의 최종 목적지인 온평 포구이다. 온평 포구는 제주의 여느 작은 포구처럼 한산하고 온평 포구 북쪽으로는 멀리 섭지코지의 끝이 보이기도 한다.

03 걷다 보니 제주에서 살고 싶어지다
3코스 온평–표선 올레

걷기 난이도 ●●●●●

걷기 포인트 제주 중산간의 한가로움과 바다목장 올레의
시원한 바닷바람 즐기기

코스&시간

A코스 20.6km, 6~7시간
B코스 14.4km, 4~5시간
온평 포구 → A 난산리(5.5km) / B 용머리 동산 (0.9km) → A 통오름(7.3km) / B 신산 환해장성 (2.9km) → A 독자봉(8.1km) / B 신산리 마을카페(5.7km) → A 김영갑 갤러리(11.7km) / B 농개 (6.2km) → A(14.9km), B(8.6km) 신풍신천바다 농장 → A(18.8km), B(12.6km) 배고픈 다리 → A(20.6km), B(14.4km) 표선해비치 해변

교통

시외버스
동일주 이용, 제주/서귀포 시외버스터미널에서 승차, 온평리 하차. 온평 포구는 바다 방향 도보 10분

승용차
제주시 → 1132번 일주도로 → 세화 → 성산읍 → 온평리

서귀포시 → 1132번 일주도로 → 남원 → 표선 → 온평리

제주를 아끼고 사랑하는 마음

 어쩌다 제주여행의 전도사가 되어 여기저기에 제주의 아름다움을 알리게 되었다. 그러다 보니 어떤 이는 제주에서 살기가 어떤지 문의를 해 오기도 한다. 직장을 다니다가 은퇴해 제주에 살고 싶다는 사람도 있고 어느 정도 자금을 모아서 조기 정착하면 어떨까 하는 사람도 있다. 나의 대답은 어떠했을까. "웬만하면 제주는 여행으로 자주 오고, 사는 것은 현재 있는 곳에서 사는 게 좋을 것 같은데……."
 사람들이 제주 같은 휴양지에 관해 오해하는 것 중에 하나가 바로 막연히 그곳에서 살면 어떨까 하고 생각하는 것이다. 외지 사람이 제주 같은 휴양지에서 산다는 것은 조금 과장해 외국에 이민 가서 사는 것과 비슷하지 않을까 싶다. 그만큼 어려움이 있다는 것이다. 이를 고상한 용어로는 휴양지 신드롬이라고 하던가. 어쨌든 중요한 것은 휴양지에 여행을 온 것과 그곳에서 사는 것은 영 다르다는 것이다.
 제주 같은 경우는 동네 사람들, 직장 사람들이 한 다리 건너면 다 아는 사이여서 외지 사람이 친해지기가 쉽지 않다. 이를 제주에서는 '괸당'이라고 한다. 괸당은 가깝게는 일가친척 정도의 뜻이 되나 넓게는 아는 관계의 사람을 뜻하기도 한다. 제주에서는 심하게 말하면 괸당이 아니면 사업하기 힘들다는 얘기다. 이는 제주에서 벌어지는 선거에서도 잘 나타나 괸당이 많은 후보가 당선되는 것이 당연한 일로 받아들여질 정도이다. 그러니 괸당 하나 없는 외지 사람이 제주에서 사업을 하거나 살려고 할 때의 어려움은 미루어 예상할 수 있을 것이다. 그렇다고 너무 겁먹을 것은 없다. 괸당의 힘이 필요한 선거에 나가거나 큰 사업을 할 것이 아니라면 제주도도 사람 사는 곳이니 제주사람을 사귀어 가며 살 수 있을 테니 말이다.

온평의 소박한 포구에서 시작하는 올레 3코스

3코스 온평-표선 올레는 고즈넉한 중산간 길과 시원한 바닷길이 절반씩 섞여 있다. 시작점은 벽랑국의 세 공주가 나온 궤짝이 떠내려 왔다는 온평 포구이다. 온평 포구가에는 바다를 향해 둘러싸인 환해장성이 보이고 작은 포구는 한산하기만 하다. 올레 스탬프는 포구 부근의 정자에서 뒹굴고 있고 반겨 주는 이 하나 없는 포구를 출발해 옛날 등대인 도댓불을 지나 일주도로 방향으로 간다.

    일주도로를 건너면 중산간 방향으로 놓인 간세 표시가 보인다. 중산간으로 들어서니 마늘밭과 감귤밭 주위에 방풍림이 들어서 있어 사방이 제대로 구분되지 않는다. 마치 미로에 들어온 듯 바로 앞만 보고 가는 느낌이다. 길은 이리저리 구불거리다가 난산리를 지나 통오름 앞에 이르러서야 시야가 트인다.

통오름으로 향하는 길에는 밭 사이로 검은 현무암이 경계를 나누는 제주만의 이색적인 풍경을 만날 수 있다.
검은색 돌과 초록의 오름, 황톳빛 밭과 파란 하늘이 아름다운 색의 조화를 이룬다.

제주 섬 위에 놓인 푸른 물통, 통오름

통오름은 오름의 형태가 움푹 들어간 물통 같다고 해서 붙여진 이름으로 해발 143.1m, 높이 43m에 불과해 오르내리는 데 무리가 없다. 여느 오름처럼 방목장인 듯 보이는 곳의 철문을 열고 들어가면 울창한 숲은 보이지 않고 들풀과 야생화가 피어 있는 매끈한 모습이다. 무성한 노란 개민들레가 인상적이고 가을이면 패랭이, 개쑥부쟁이, 꽃향유 같은 야생화가 만발해 보랏빛 들판이 된다. 통오름의 능선에 서니 앞쪽으로 움푹 팬 분화구가 보이고 멀리 여러 오름들이 통오름을 호위하고 있다. 건너편에 있는 오름은 앞으로 걷게 될 독자봉이다. 높지 않은 오름의 묘미는 뭐니 뭐니 해도 정상에서의 전망이다. 오름들 사이로 멀리 한라산이 구름에 가려 잘 보이지 않는다.

통오름을 위에서 바라보는 독자봉

통오름 능선(분화구)을 따라 걷다가 국도로 내려가면 독자봉으로 가는 표시가 보인다. 독자봉(159m)은 입구에 오름 설명이 붙어 있는 등 통오름에 비해 격이 있는 오름처럼 보인다. 말굽형 오름인 독자봉은 분화구의 방향이 통오름과 등을 맞댄 형태이다. 나무데크로 된 계단을 올라 독자봉에 오르니 통오름이 발 아래로 내려다보인다. 통오름 동쪽으로 온평 바다가 있을 텐데 구름인지 안개인지에 가려 하늘인지 바다인지 구분하기가 쉽지 않다. 독자봉 북쪽으로는 아스라이 몇몇 마을도 보인다. 전해지는 얘기로는 독자봉의 영향으로 외아들, 외딸이 많다고 하는데 믿어야 할지 말아야 할지 모르겠다.

제주를 사랑한 남자, 김영갑의 갤러리

독자봉에서 내려와 만나는 마을이 삼달리이고 이곳을 지나면 김영갑 갤러리이다. 삼달분교 자리에 있는 김영갑 갤러리에서는 제주가 좋아 제주에 살며 제주 사진만 찍다가 간 사진작가 고(故) 김영갑의 자취를 만날 수 있다. 생전에 김영갑 선생이 자주 찾았다는 출사 장소인 다랑쉬오름이나 용눈이오름, 구름언덕은 삼달리의 북쪽에 있는 송당과 만장굴 근처에 있으니 관심 있는 사람은 올레를 다 걸은 뒤에 시간이 되면 가 보자.

바닷가 벌판 위 풀밭, 신풍-신천 바다목장 올레

김영갑 갤러리에서 길은 바다 쪽으로 향하고 급기야 일주도로를 건너 바닷가로 가면 신풍-신천 바다목장 올레이다. 바닷가 벌판에 펼쳐진 푸른 풀밭은 보는 이로 하여금 상쾌함을 느끼게 하고 바다에서 불어온 바람은 걸으며 흘린 땀을 닦아 준다. 바다목장 올레는 소 방목장이므로 가는 길에 풀을 뜯는 소들을 구경하는 보너스를 얻을 수도 있다.

(왼쪽) 바다목장 올레에서 바라본 바다. 물질하는 해녀의 모습을 곳곳에서 볼 수 있다.
(오른쪽) 표선해수욕장은 한가로워 산책하듯 느긋하게 걷기에 좋다.

새하얀 모래사장을 맨발로 걷는 표선해수욕장

길은 다시 하천리 배고픈 다리를 지나 바닷가 길을 따라 이어지고 다리가 슬슬 아플 무렵이 되면 새하얀 백사장이 보이기 시작한다. 바로 표선해수욕장이다. 새하얀 모래사장이 인상적인 표선해수욕장은 밀물 때에는 해수욕장을 돌아서 가야 하고 썰물 때에는 드넓은 백사장을 가로질러 간다. 걷느라 지친 발을 위해 신발을 벗고 바닷물로 축축한 백사장 위를 맨발로 걸어 보아도 좋을 것이다. 표선해수욕장을 지나면 3코스 온평-표선 올레의 종착지인 올레 안내소에 다다른다.

04 해녀들의 숨비소리에 걸음을 멈추다

4코스 표선–남원 올레

걷기 난이도 ●●●●●

걷기 포인트 구멍 송송 뚫린 화산돌이 뒹구는 제주의
바닷길을 맨발로 걸어 보기

코스&시간

23.5km, 6~7시간

표선해비치 해변 → 해양수산연구원(3.4km) →
해병대길(7.4km) → 남쪽나라횟집(8.8km) → 망
오름 정상(11.8km) → 영천사(14km) → 태흥2리
체육공원(19.4km) → 남원 포구(23.5km)

교통

시외버스

번영로선 이용, 제주 시외버스터미널에서 승차,
제주 민속촌 박물관(종점) 하차. 당케 포구는 해
수욕장 쪽으로 도보 5분

동일주 이용, 제주/서귀포 시외버스터미널에서
승차, 표선 사거리 하차. 당케 포구까지 도보 15분

승용차

제주시 → 1132번 일주도로 → 세화 → 성산읍 →
표선 → 당케 포구

제주시 → 97번 번영로 → 표선 → 당케 포구

서귀포시 → 1132번 일주도로 → 남원 → 표선 →
당케 포구

제주 해녀들과의 유쾌한 담소

4코스 포선-남원 올레의 가마리개를 지나 가마리 해녀 올레에 이르면 해녀 휴게소를 거친다. 해녀 휴게소에 걸려 있는 물허벅은 제주해녀의 목숨을 담보하는 생명선이다. 해녀들은 물허벅 하나에 의지해 차디찬 바다에 뛰어든다. 제주해녀의 잠수 실력은 그 시간이 수십 분에 이를 만큼 긴 것으로 잘 알려져 있다. 바다에 들어간 해녀는 호미 같은 갈고리로 해삼이나 멍게, 문어를 잡아 올라온다. 여러 가지의 바다 수확물 중 전복 같은 해산물은 미리 어린 전복을 바다에 뿌려 놓은 것이기 때문에 바닷가에 붙은 전복 채취 경고 표지판이 이해가 된다. 아무나 함부로 바다에 들어가 전복을 땄다가는 큰 벌금을 물게 된다. 제주의 바다는 제주해녀의 천연 양식장인 셈이다.

해녀들은 파도가 넘실거려도 물허벅에 의지해 쉬다가 물속으로 들어간다. 물속 해산물이 많아도 숨을 참는 데는 한계가 있으므로 적당히 잡고 올라와야 한다. 조금이라도 욕심을 부리면 급히 올라와야 하므로 급격한 기압 변화로 인해 잠수병에 걸릴 수 있다. 천천히 물속으로 들어가고 나와도 오랜 해녀 생활을 하다 보면 뼈마디가 쑤시고 두통이 생겨 진통제를 장복하게 되니 해녀 생활은 아무나 하는 것이 아니다.

바닷속에 들어간 해녀가 바다 위로 나오며 '휘리릭' 하며 내는 휘파람 소리가 바로 숨비 소리이다. 바다 속에서 참았던 숨을 들이마시고 내쉬는 생명의 소리인 것이다. 우리는 쉽게 제주의 바닷가에서 해녀들이 잡아 온 해산물을 맛보는데 실은 해녀들이 목숨을 담보로 하고 작업해 온 것이다. 이런 것을 생각하면 바닷가 해녀들의 해산물 좌판에서 "비싸다", "적게 준다" 하고 타박하지 말고 고맙게 먹어야 하지 않을까.

4코스를 관통하는 해안도로는 바닷속을 걷는 듯한 느낌이 드는 곳이다.

바다와 맞닿은 길을 걷는 올레 4코스

4코스 표선-남원 올레는 표선해수욕장을 출발해 해안도로를 따라 걷는다. 올레길은 해비치호텔&리조트 뒤 콘크리트 도로를 지난다. 바다를 향해 있는 호텔과 리조트 방에 서면 바다가 잘 보일 듯하다. 한편으로는 바다와 너무 가까워 파도가 호텔과 리조트 뒷마당까지 들이치는 것이 아닐까 하는 생각이 들기도 한다. 바닷가 호텔과 리조트는 좀 더 바닷가에서 뒤로 물러나 지어도 괜찮지 않을까. 바로 앞바다만 보지 않고 먼 바다까지 보려면 말이다.

푸른 바다 위에 떠 있는 주황색 물허벅과 해녀들은 제주에서만 볼 수 있는 특별한 풍경이다.

제주 해녀들의 일상을 만나는 가마리개

흰동산을 지나 가마리개, 가마리 해녀 올레에서는 바다와 바다에서 생활하는 해녀들의 모습을 볼 수 있다. 바다에 점점이 떠 있는 해녀들은 주황색 물허벅에 의지해 물속을 드나든다.

올레길가에 놓인 해녀들의 유모차와 신발들이 이채롭다. 고령인 해녀들은 유모차를 보행기로 사용하며 수확물을 운반하는 수레 역할로 쓰기도 한다. 길가에 놓인 플라스틱 신발은 하나같이 작아 단신의 해녀특공대를 연상케 한다. 제주 해녀를 보면 '작은 고추가 맵다'라거나 '일당 백'이라는 말이 실감난다.

아담한 크기의 망오름은 오르는 길도 소박해 도심의 걷기와는 전혀 다른 재미가 있다.

달을 닮아 은은한 멋이 있는 망오름

샤인빌 바다 산책로를 지나면 바다 올레길이 끝나고 오름이 있는 중산간 길로 접어든다. 토산 새동네를 지나 만나는 망오름(토산봉)은 동과 서로 두 개의 말굽형 분화구가 겹쳐 있는 오름이다. 해발 136.5m, 높이 87m로 동쪽으로 벌어진 말굽형을 하고 있으며 오름의 모양이 달처럼 생겼다고 하여 달산봉이라고도 한다.

오름의 정상에는 예전 봉수대가 있던 흔적이 남아 있다. 동쪽에 있던 것이 달산봉수, 서쪽에 있던 것이 자배봉수이다. 망오름에 오르면 지금까지 지나온 바다 올레길이 아스라이 눈에 들어온다.

남원 포구로 가는 길에서는 자전거 여행족을 많이 만난다.
작지만 정감이 느껴지는 남원 포구에서 잠시 여행의 피로를 풀고 느긋하게 생각에 잠겨 보자.

거꾸로 물이 흐르는 거슨새미

망오름에서 내려가는 길에는 거슨새미가 있다. 거슨새미는 샘이 바다 쪽으로 가지 않고 한라산 쪽으로 거슬러 흐른다고 해서 붙여진 이름이다. 망오름의 골짜기에 있는 거슨새미는 오랫동안 관리가 되지 않아 잡풀과 나뭇가지들로 어지럽고 바닥에는 물이 조금밖에 고여 있지 않다. 한때는 식수나 농업용수로 귀하게 쓰였을 샘물인데 말이다.

거슨새미의 아래에는 거슨새미에 얽힌 전설이 적혀 있다. 중국 황실에서 제주도에 장수가 태어났다는 소식을 듣고 호종단을 보내 제주도의 산혈과 물혈을 모두 끊도록 했다는 것이다. 먼 옛날 어찌 제주도의 소식을 듣고 중국에서 장수를 보냈을까도 신기하지만 다른 산혈과 물혈이 끊어졌는데 이곳 거슨새미와 노단새미만 화를 면했다는 것이 더 신기하기만 하다. 그 때문인지 아직까지 거슨새미에서는 물이 솟고 있다.

작지만 여유가 있는 남원 포구

거슨새미에서 영천사를 거쳐 송천 삼석교를 지나면 다시 태흥2리 바닷가로 접어든다. 20여 km에 이르는 4코스를 걷노라면 서서히 힘이 빠진다. 남은 힘을 모아 바다를 보며 기지개를 크게 편 뒤에 걸어 보자. 햇살 좋은 쉼터를 지나 남원 해안길을 걷다 보면 어느새 4코스 표선-남원 올레길의 종착지인 남원 포구에 다다른다.

05 알싸한 동백에 취해 걷는다
5코스 남원-쇠소깍 올레

걷기 난이도 ●●●○○
걷기 포인트 제주에서 가장 아름다운 바닷길 중 하나인
남원 큰엉과 공천포 길 걷기

코스&시간

14.4km, 4~5시간

남원 포구 → 큰엉 입구(1.2km) → 국립수산과학
원(4.5km) → 위미동백나무 군락(5.1km) → 조
배머들코지(7km) → 넙빌레(10.1km) → 망장포
(11.8km) → 예촌망(12.6km) → 쇠소깍(14.4km)

교통

시외버스

남조로선 이용, 제주/서귀포 시외버스터미널에서
승차, 남원 하차. 남원 포구는 바다 방향 도보 5분
동일주 이용, 제주/서귀포 시외버스터미널에서
승차, 남원 하차. 남원 포구는 바다 방향 도보 5분

승용차

제주시 → 1132번 일주도로 → 세화 → 성산읍 →
표선 → 남원 → 남원 포구
제주시 → 1118번 남조로 → 남원 → 남원 포구
서귀포시 → 1132번 일주도로 → 남원 → 남원 포구

동백, 그 향기로운 유혹

위미마을에 있는 동백 군락지는 동백꽃이 피는 계절이 아니면 기름진 푸른 잎이 달린 상록수림으로만 보일 뿐이다.

위미마을의 동백은 다른 곳에서 시집온 여인이 심기 시작해 군락을 이루게 되었다고 한다. 작고 어린 나무였던 동백은 수십 년의 세월이 지나 어느새 어른이 두 팔을 벌려 안아도 모자랄 만큼 두꺼워져 있다. 아마 동백을 처음 심었던 여인은 할망이 되고 어쩌면 저 세상 사람이 되었을지도 모른다. 할망은 자신이 심었던 동백이 해마다 붉은 꽃을 피우는 것을 지켜보고 있을까.

겨울 동백은 붉은 꽃 위에 살며시 쌓인 흰 눈과 조화를 이룰 때에 그 빛을 발한다. 겨울에 보는 붉은색도 인상적인데 그 위에 흰 눈이니. 강렬한 색상의 대비가 아주 환상적이다. 하지만 동백꽃 위에 흰 눈이 녹으면 붉은 동백꽃은 이내 꽃송이 채로 떨어지고 만다. 전사의 장렬한 최후가 이와 같을까. "가장 잘 나갈 때 은퇴하고 싶어요. 팬들에게 잊혀지기 싫으니까요." 하는 유명 여배우의 허세 섞인 말처럼 동백은 가장 아름다울 때 냉정하고 일순간에 져 버린다. 농담처럼 짧고 굵게 산다고 말하는 것이 이런 것인가.

동백 열매에서는 머릿기름, 등잔기름 등으로 쓰였던 동백기름이 난다. 동백기름은 동백나무의 열매를 짜서 만드는 것인데 늦여름 동백나무 밑을 유심히 보지 않으면 동백 열매를 발견하지 못할 수도 있다.

시시각각 새로운 얼굴을 자랑하는 남원 큰엉

5코스 남원-쇠소깍 올레는 남원 포구에서 시작해 곧 남원 큰엉에 다다른다. 엉은 제주어로 바닷가나 절벽에 뚫린 동굴을 뜻한다. 남원 큰엉에는 화산이 녹아내린 기암괴석의 해안 절벽 위로 굽이굽이 길이 나 있다. 누군가는 7코스 외돌개-월평 올레의 돔베낭길과 함께 대한민국에서 가장 아름다운 해안 산책로라고 하지만 그건 좀 과장인 듯하다. 남원 큰엉의 해안길이 아름답긴 하지만 절벽의 높이 면에서 조금 부족하지 않나 싶다. 개인적으로는 통제되기 전 박수기정의 절벽길이나 월평마을 가기 전의 절벽길이 남원 큰엉보다 훨씬 아름다운 것 같다.

바람이 불고 태풍이 몰려올 때면 남원 큰엉은 에밀리 브론테(Emily Bronte)의 소설《폭풍의 언덕》을 연상시킬 만큼 원시의 매력을 뿜어낸다. 먼 바다에서 밀려온 파도는 남원 큰엉의 화산 해안에 부딪쳐 흰 포말을 일으키고 바람은 산책로의 사람을 날려 버릴 기세이다. 반면 맑게 갠 날에는 남원 큰엉 밑의 에메랄드빛 바닷속이 다 보일 만큼 맑고 투명한 바다를 자랑한다.

남원 큰엉은 태풍이 불 때 원시의 매력이 더해진다.

돌담 너머로 보이는 붉은 동백꽃이 여행자들의 발길을 멈추게 한다.

이른 봄, 알싸한 향이 가득한 동백 군락지

남원 큰엉과 용천수인 신그물을 지나면 위미 마을의 동백 군락지가 나온다. 아쉽게도 동백은 돌담 안에 있지만 돌담길을 지나며 보기에 부족함이 없다. 다만, 이른 봄 동백꽃이 필 무렵이 아니면 동백인지 그냥 상록수인지 모르  고 지나갈 수 있다. 잎의 끝이 뾰족한 타원 모양으로 작고 기름져 보이는 나무가 동백이다. 동백기름을 짜는 동백 열매는 동백나무 가지에 달린 검고 단단한 것으로 여름철에 볼 수 있다.

아담한 마을길을 지나면 영험한 기운이 서린 위미항 조배머들코지에 닿는다.

제주의 정기를 품은 위미항 조배머들코지

위미마을을 지나면 위미항이 보인다. 위미항 한쪽에서는 방파제를 쌓을 때 쓰이는 테트라포드(Tetrapod)가 대량으로 쌓여 있다. 이 때문에 전설이 깃들어 있는 위미항 조배머들코지가 초라해 보이는 것이 아쉽다. 코지는 제주어로 뾰족 나와 있는 곳을 말한다.

해안가 기암괴석인 조배머들코지는 일제강점기 때 일본의 풍수학자가 큰 인물이 날 곳이라고 하며 그 맥을 끊고자 했다. 그래서 마을 유력자였던 김 씨에게 바위가 집안에 총부리를 겨누는 형상이라고 꼬여 기암괴석을 파괴하게 했다는 것이다. 그 와중에 이무기가 나타나 붉은 피를 흘리고 죽었다는 이야기가 전해진다. 4코스 거슨새미에서는 장수가 태어난다고 해서 중국에서까지 와서 샘을 막으려 했고, 5코스 위미 조배머들코지에서는 큰 인물이 날 곳이라고 해서 일본의 풍수학자가 막으려고 했다니 제주는 정령 큰 인물이 날 곳인지도 모를 일이다.

(맨위) 공천포 검은 모래사장은 물살이 셀 때에는 그저 멀리서 바라만 보는 것이 안전하다.
(아래) 효돈천에서 시작된 물은 하류의 쇠소깍에 이른다. 잔잔한 쇠소깍 위를 제주 전통 배인 테우(오른쪽)를 타고 유유자적 둘러보는 것도 좋다.

눈으로 보고 즐기는 공천포 검은 모래사장

조배머들코지를 지나면 넙빌레를 거쳐 공천포의 검은 모래 해변을 만나게 된다. 밀물 때면 검은 모래 해변을 집어 삼킬 듯 파도가 밀려오는 것이 장관이다. 이럴 때에는 안전을 위해 해변으로 내려가는 것을 삼가야 한다. 검은 모래 해변은 눈으로 보는 해변이지 물놀이하기에는 적합하지 않다.

테우도 타고 물놀이도 즐기는 쇠소깍

공천포 검은 모래 해변을 지나면 망장 포구가 나오고 마을 쪽으로 조금 들어가 예촌망의 감귤밭을 지나면 효돈천에 다다른다. 바닥에 바위를 드러내고 있는 효돈천은 하류의 쇠소깍을 만드는 원천이 되는 곳이다.

    비가 오는 날이면 한라산에서부터 모여든 엄청난 물이 넓은 효돈천으로 세차게 흘러간다. 효돈천가를 따라 하류로 내려가니 맑은 물이 고인 쇠소깍이 보이고 제주 전통 배인 테우를 타는 사람도 보인다. 쇠소깍 옆 정자 부근이 5코스 남원-쇠소깍 올레의 종착지이다.

06 쇠소깍의 맑은 물과 함께 흐르다
6코스 쇠소깍–외돌개 올레

걷기 난이도 ●●●○○
걷기 포인트 신비로운 쇠소깍에서 쉬었다가 소란스러운 서귀포 시내 구경하기

코스&시간

A코스 14km, B코스 13.5km, 4~5시간
쇠소깍 → 제지기오름(2.6km) → 구두미 포구(4.4km) → 검은여 쉼터(6.6km) → 제주올레 안내소(8.1km) → A 서귀포 매일올레시장(9.6km) / B 천지연 폭포(10.7km) → A(12.7km), B(12.2km) 삼매봉 오르는 길 → A(14km), B(13.5km) 외돌개

교통

시내버스
서귀포, 100번 이용, 중앙로터리 동쪽 승차장에서 승차, 효돈 또는 두레빌라 하차. 쇠소깍까지 도보 20분

시외버스
동일주 이용, 제주/서귀포 시외버스터미널에서 승차, 효돈 또는 두레빌라 하차. 쇠소깍까지 도보 20분

승용차
제주시 → 1135번 5·16도로 → 효돈 → 쇠소깍
서귀포시 → 1132번 일주도로 → 효돈 → 쇠소깍

쇠소깍에서 수영 즐기기

'쇠소깍'에서 쇠는 효돈마을, 소는 연못, 깍은 끝을 뜻하므로 쇠소깍 하면 '효돈마을의 연못 끝' 정도로 이해하면 된다. 한라산에서 발원한 효돈천은 효돈마을 끝에 다다라 바다와 만나 깊은 연못을 만들고 있다. 쇠소깍 바로 위만 하더라도 효돈천 바닥의 울퉁불퉁한 돌바닥이어서 한라산에서 흐른 물은 모두 땅속으로 스며들거나 하류로 흘러가 버린다. 신기하게 쇠소깍이 있는 효돈천 끝만 돌바닥이 아닌 흙바닥이어서 깊은 웅덩이가 만들어져 있다.

한여름 쇠소깍에는 제주도 전통 배인 테우를 타려는 사람들로 넘친다. 테우는 노를 젓거나 돛을 이용해 움직이는 것이 아니라 쇠소깍을 가로지르는 줄을 잡아끌어 움직인다. 그럼에도 통나무배를 타는 스릴은 충분하다.

쇠소깍에는 테우를 타려는 사람보다 튜브를 타고 물놀이 나온 사람들이 더 많다. 대개 테우를 타려는 사람은 관광객이고 쇠소깍에서 물놀이를 하는 사람은 근처에서 온 제주 사람이라고 보면 된다. 쇠소깍에서 만나는 올레꾼들은 쇠소깍을 배경으로 인증숏을 찍고 잠시 테우와 물놀이 하는 것을 구경한 다음 쌩 하고 사라진다.

5코스 끝이라면 종일 걸었을 테니 쇠소깍 찬물에 발이라도 담그고 가자. 시간이 있다면 옷을 벗고 물놀이를 즐겨도 좋을 것이다. 쇠소깍 좋은 줄 아는 제주 사람들은 첨벙첨벙 찬물에 들어가 한여름 더위를 식힌다. '올레 걷기는 걷는 게 능사가 아니라 제주를 즐기는 게 우선이다. 걷지만 말고 제주를 즐겨라.

쇠소깍은 테우를 비롯한 물놀이를 즐기는 가족 단위 여행객이 많다.

쇠소깍에서 하효항에 이르는 올레 6코스의 시작길

6코스 쇠소깍-외돌개 올레는 서귀포 앞 바닷길과 서귀포 시내길이 절반씩 섞여 있다. 쇠소깍의 번잡함을 뒤로 하고 해변을 따라 걷기 시작하면 이내 주위가 조용해진다.

쇠소깍을 지난 지 얼마 되지 않아 바로 하효항이 보인다. 하효항에는 여느 포구보다 많은 테트라포드가 들어서 있다. 파도가 포구를 깎아 먹어서일까. 하효항을 지나 해안길을 따라가다 보면 보목 포구의 스타 물회집인 어진이네가 보이고 이곳을 지나면 제지기오름이 나온다. 이른 아침이면 어진이네를 통과하고, 점심 전이라면 어진이네에서 물회를 맛보아도 좋을 것이다.

느긋하게 마을 길을 따라 걷다 제지기오름에 오르면 멀리 섶섬이 아름답게 펼쳐진다.

제지기오름에 올라 보목 앞바다 바라보기

제지기오름은 원추형으로 해발 50.1m, 높이 15m에 불과하나 워낙 바닷가에 가까이 있어 꽤 높아 보인다. 그냥 지나가지 말고 느긋한 걸음으로 올라 보자. 제지기오름으로 올라가는 길은 철도 침목 같은 검고 두꺼운 나무토막으로 계단이 만들어져 있다. 계단길 주위에는 수분을 흠뻑 먹은 잎 넓은 식물들이 가득하다. 불과 수분 만에 제지기오름 정상에 서니 소나무 사이로 섶섬(숲섬)이 보인다. 멀리 섶섬 동쪽에 있는 섬은 지귀도이다. 제지기오름에서 섶섬과 보목 앞바다를 바라보는 풍경이 좋다. 시간이 된다면 잠시 머물며 보목 앞바다를 감상해도 좋을 것이다.

올레를 통해 발견한 새로운 멋, 소정방 폭포

제지기오름에서 내려와 보목 포구를 지나고 구두미 포구를 거쳐 서귀포 보목하수처리장까지 걷는다. 구두미 포구의 바다를 살짝 보고 마을길로 들어가서 하수처리장까지는 직선길이다. 하수처리장에서 국궁장을 지나 KAL호텔까지는 일반도로여서 다소 심심하다. KAL호텔 옆 파라다이스호텔의 허니문하우스는 전망이 좋아서 예전에는 관광객의 필수 관람 코스였으나 요즘은 전망과 시설 좋은 곳이 너무 많아 그런 곳이 있었나 싶다.

파라다이스호텔 옆에 소정방 폭포가 있다. 소정방 폭포는 올레가 아니었으면 아는 사람만 와 보는 곳이었는데 올레 덕분에 많이 알려졌다. 소정방 폭포에서 서쪽으로 걸어가면 대정방 폭포가 아닌 정방 폭포가 있다. 귀찮더라도 입장료를 내고 정방 폭포 아래까지 내려가 보자.

이중섭 화백의 삶과 작품 감상하기

정방 폭포 절벽에 '나 왔다 감'이라고 적어 놓은 서복의 전시관이 정방 폭포 위에 있으니 들러 봐도 좋다. 진시황은 서복에게 3천 명의 동남동녀와 함께 제주도로 가서 불로장생약을 찾아오라고 명령했으나 서복은 제주도에 잠시 들렀다가 사라져 버렸다. 진시황은 결국 서복이 돌아오기를 기다리다 제명대로 살다가 죽고 말았다.

서복 전시관부터는 서귀포 시내여서 도심의 길을 걷게 된다. 서복 전시관 동쪽으로 가면 서귀포초등학교가 나온다. 이중섭 화백 거주지는 서귀포초등학교에서 북쪽으로 걸으면 있다. 이중섭 거리라는 표지판이 이중섭 화백 거주지의 좋은 이정표가 되어 준다. 이중섭은 1950년 한국전쟁이 발발하자 피난처로 제주도를 택하여 1951년 1월부터 12월까지 서귀포에서 머물렀다. 초가 옆에는 현대식으로 지은 이중섭 미술관이 있어 〈서귀포의 추억〉, 〈물고기〉, 〈소〉 같은 그의 작품을 볼 수 있다.

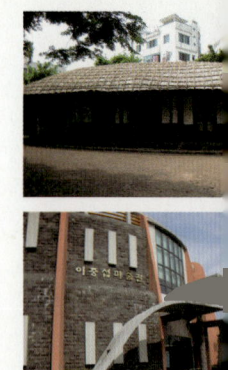

시간이 되면 이중섭 미술관 위쪽으로 조금 더 올라가서 재래시장인 서귀포 아케이드시장을 들러 보라. 시장통 버들집에서 국밥 한 그릇을 먹어도 좋으련만 다시 내려올 일이 만만치 않다. 밥은 먹지 않더라도 서귀포 아케이드시장은 보고 가는 것이 좋다.

제주의 대표 폭포, 천지연 폭포

여기서 조금만 돌아가면 천지연 폭포인데 그냥 가기에는 아쉽다. 어차피 점심시간쯤 되었으니 수희식당이나 천지연 폭포로 내려가는 길에 있는 새섬갈비에 들러 흑돼지구이를 먹고 천지연 폭포를 보는 게 좋을 듯하다. 천지연 시공원을 뒤로 하고 새섬갈비에서 흑돼지구이를 맛본 뒤, 칠십리교를 건너 천지연 폭포로 간다. 시원하게 쏟아지는 물줄기가 언제 봐도 기분이 좋다.

시원하게 떨어지는 물줄기는 언제 보아도 기분 좋다.
천지연 폭포는 제주를 찾는 관광객이 꼭 들르는 명소 중 하나이다.

삼매봉에서 외돌개로 이르는 길은 상쾌한 바닷바람을 맞으며 차분하게 걸을 수 있다.

제주를 노래한 시를 감상하는 천지연 시공원

천지연 폭포에서 칠십리교를 건너지 않고 서귀포 유람선을 타는 방향으로 가다 보면 오른쪽으로 올라가는 길이 나온다. 이 길로 올라가면 천지연 시공원을 생략하고 바로 삼매봉으로 갈 수 있지만 원래 올레 코스로 복귀해 천지연 시공원으로 간다.

천지연 시공원에는 서귀포와 제주를 주제로 한 시비들이 늘어서 있다. 시공원을 걸으며 서귀포의 아름다움을 노래한 시비들을 읽어 본다.

남은 두 개의 봉우리를 찾는 재미가 있는 삼매봉

천지연 시공원 건너편에는 기당미술관이 있다. 시간이 촉박하면 다음 기회로 미루고 남성리 삼거리를 거쳐 삼매봉(153.6m)으로 향한다. 삼매봉이라는 이름은 삼매봉 정상에 봉우리가 세 개 있다고 해서 붙여졌는데 막상 정상에 올라 보니 세 개의 봉우리 대신 정자가 있는 하나의 봉우리만 있는 듯하다. 삼매봉에서는 북쪽으로 멀리 한라산이 한눈에 들어오고 가깝게는 하논 분화구가 보이나 하논 분화구인 줄 모를 경우 그저 오름 사이에 있는 분지 정도로만 여길 수도 있다.

올레 안내소에서 멈추는 올레 6코스

삼매봉에서 내려오니 바로 외돌개가 있는 주차장이고 주차장 건너편이 6코스의 종착지인 올레 안내소이다. 이전의 종착지였던 찻집 솔빛바다는 6코스 올레 안내소에서 아래쪽으로 내려가면 있으나 최근에는 영업을 하지 않고 철수한 듯하다.

07 가장 아름다운 올레의 풍경에 취하다
7코스 외돌개–월평 올레

걷기 난이도 ●●●○○

걷기 포인트 아름다운 돔베낭길에서 수봉로, 법환길, 서건도 바다 산책로까지, 최고의 바닷길 산책하기

코스&시간

14.7km, 4~5시간

외돌개 → 돔베낭길(2.6km) → 수봉로(4.3km) → 법환 포구(5.6km) → 알강정 바당 올레(7.1km) → 서건도 앞(7.6km) → 강정천(9.5km) → 월평 포구(12.8km) → 월평마을 아왜낭목(14.7km)

교통

시내버스

8번 이용, 서귀포 중앙로터리 서쪽 정류장 승차, 외돌개 하차

시외버스

동일주 이용, 외돌개 입구 하차, 외돌개까지 도보 15분

승용차

제주시 → 1131번 5·16도로 → 서귀포 → 외돌개

서귀포시 → 1132번 일주도로 → 외돌개

그림 같은 풍경이
이어지는 길목

개인적으로는 7코스 외돌개에서 월평 포구까지 가는 올레가 가장 아름다운 해안길이 아닌가 싶다. 걷기도 좋고 길이도 적당하다. 외돌개뿐만 아니라 외돌개 주변의 기암괴석 해안을 감상하는 것도 빼놓을 수 없다. 특히 솔밭 아래 바닷가 기암괴석까지는 내려갈 수도 있다. 바닷가 기암괴석으로 만들어진 천연 수영장에서는 한여름에 옷을 벗고 수영을 하는 사람도 있다. 속옷이면 어떤가. 다른 이에게 크게 피해가 가지 않는다면 마음껏 즐겨라.

올레길은 천천히 사색하고 쉬면서 걷는 길인데 사람들은 너무 빨리 가려는 성향이 있어 탈이다. 외돌개의 솔밭도 천천히 머물고 가라고 하는데 발길 급한 올레꾼은 너도 나도 외돌개만 찾는다. 자판기의 커피 한 잔을 마시며 충분히 외돌개의 소나무 숲을 즐기다 가도 늦지 않다.

외돌개에서 돔베낭골에 이르는 길은 해안가를 따라 나무데크로 산책로가 만들어져 있어 남녀노소 걷기에 편하다. 외돌개를 찾은 관광객들도 돔베낭으로 가는 길이 아름다워 무심히 걷다 보면 어느새 돔베낭골까지 걷게 된다.

돔베낭골을 지나면 해변을 따라 자연스럽게 조성된 수봉로가 반긴다. 인위적으로 조성된 외돌개나 돔베낭의 나무데크길보다 잔돌이 깔려 있는 수봉로가 더 걷기 좋고 편하게 느껴진다. 수봉로를 걷다 보면 바로 옆 해변에서 파도 치는 소리를 그대로 보고 느낄 수 있다.

외돌개에서 돔베낭골에 이르는 7코스의 시작길

외돌개에서 소나무 숲길을 따라 서쪽으로 향한다. 서귀포 앞바다의 문섬을 보고 걷다 보니 길은 돔베낭길로 이어지고 어느새 돔베낭골에 도착한다. 아쉽게도 외돌개에서 걷기 시작한 관광객들은 돔베낭골쯤 오면 우르르 관광버스에 올라타 사라지기 마련이다. 외돌개에서 돔베낭골에 이르는 나무데크 길을 올레길의 전부로 알게 될까 봐 걱정된다.

올레지기의 땀과 열정이 담긴 길, 수봉로

올레길은 서귀포여자고등학교로 나갔다가 다시 해안 쪽으로 들어간다. 호근동 하수종말처리장을 지나니 올레지기 김수봉 씨가 손수 개척했다는 수봉로가 보인다. 수봉로는 예전에 소나 염소 등이 다니던 길을 곡괭이로 다듬어 만든 길이다. 해안으로 이어진 수봉로를 보니 김수봉 씨의 우직함이 느껴지는 듯하다.

외돌개에서 수봉로로 이르는 길은 나무데크로 되어 있어 걷기에 편하다.

한적한 해안길 끝에 만나는 법환 포구

수봉로를 지나 법환 포구까지는 한적한 해안길이 이어진다. 밀려오는 파도를 바라보며 해안가에 핀 들풀 사이로 난 길을 걷는 기분이 무척 좋다. 지나는 사람이 없으면 나지막이 애창

곡을 부르며 걸어도 좋을 것이다. 법환 포구에 다다라서는 늦은 아침 겸 점심을 먹는다. 법환 숨비소리 해녀의 집이나 동환식당에 들러 따끈한 몸국(돼지고기를 삶은 육수에 불린 모자반을 넣어 만든 제주 대표음식)이나 김치찌개를 먹어 보자. 속이 든든해야 걷는 길이 즐겁다. 법환 포구 앞바다의 범섬은 감성돔, 벵에돔 등이 많아 낚시하기에 좋으니 나중에 시간이 된다면 닐 낚싯대를 챙겨서 가 봐도 좋다. 걷는 길도 즐겁지만 걸은 후에 바다 낚시를 해도 행복하다.

자갈 구르는 소리가 즐거운 서건도 바다 산책길

법환에서 맛있게 식사를 한 뒤 서쪽으로 걸으면 북쪽으로 향하는 아스팔트 대로가 보인다. 월드컵 사거리의 아스팔트 대로를 따라 올라가면 제주 월드컵 경기장이 나온다. 실제 걸어가면 꽤 멀고 오르막이라 힘들다. 아스팔트길을 뒤로 하고 계속 해안길을 걸으니 서건도 바다 산책길로 이어진다. 잠시 서건도 바다 산책길에 서서 파도에 자갈 구르는 소리를 들어 보자. '자르르' 구르는 소리가 꽤나 재미있다.

서건도 바다 산책길에서는 '자르르' 자갈 구르는 소리가 발걸음을 더욱 흥겹게 만든다.

바다와 거의 맞닿아 있는 악근천에서 잠시 물놀이도 즐기고 걷기에는 약간 무서운 풍림 올레교도 건너 보자.

바다와 맞닿아 흐르는 악근천

서건도 해안길을 지나면 풍림리조트이다. 풍림리조트에 닿기 전에 만나는 수량 풍부한 하천이 악근천이다. 악근천 하류는 효돈의 쇠소깍처럼 깊은 연못을 이루고 있다. 작은 쇠소깍이라고 불러도 손색이 없을 정도이다. 여름철 아이들과 물놀이하기에 제격이다. 풍림리조트 내의 인공으로 만들어진 수영장이 부끄러울 정도이다.

악근천 연못 위쪽에는 연못을 가로지르는 통나무 다리가 있어 줄을 잡고 건너자니 손바닥에서 땀이 난다. 이 통나무 다리가 수봉교가 있던 곳에 새로 만들어진 풍림 올레교이다. 물 위에 뜬 풍림 올레교를 중간쯤 건너 위쪽을 보니 낮은 폭포가 있다. 어쩌면 폭포라고 할 수 없을지도 모르나 상류에서 내려오는 악근천의 물이 바위 둑을 만나 하얀 물보라를 일으키고 있다. 역동성 면으로는 쇠소깍보다 훨씬 낫다.

풍림리조트 안으로 접어들면 정자에 바닷가우체국이 세워져 있다. 정식 우체국은 아니고 소망을 적은 엽서를 우체통에 넣으면 된다. 풍림리조트에서는 쇠소깍행(제주 월드컵 경기장, 외돌개, 쇠소깍), 화순행(월평, 대평, 화순) 무료 셔틀버스를 운영하고 있으니 시간을 확인하고 이용하자.

서귀포 시민의 소중한 식수, 강정천

풍림리조트를 가로질러 가면 강정천이다. 강 바닥에 넓적한 돌이 깔린 강정천은 악근천에 비해 수량이 적다. 이곳에 수량이 적은 까닭은 강정교 위쪽이 취수보여서 하천 물을 막아 놓았기 때문이다. 강정천의 물은 서귀포 시민의 식수로 사용되고 있다. 강정천을 건너면 나오는 솔밭은 강정유원지이다. 여름에는 소풍이나 야유회를 나온 사람들을 볼 수 있다. 솔밭을 지나 서쪽으로 계속 걸으면 강정 포구가 나오는데 법환 포구에 비하면 매우 한적하고 작다. 그나마 마을 주민들을 볼 수 있는 마지막 지점으로 여기서 월평 포구까지는 주민을 볼 수 없는 한적한 해안길이 이어진다. 가는 동안 밭일을 하는 주민을 본다면 행운이다.

지루하게 걷는 길 끝에 만나는 월평마을

강정 포구에서 월평 포구를 지나 월평마을까지 가는 길은 조금 지루하고 힘들다. 외돌개에서 수봉로, 서건도 바다 산책길 등 바닷가 길은 걸을 만

시원한 바닷바람과 푸른 하늘, 싱그러운 수풀이 있어 올레길 걷기가 더욱 즐겁다.

큼 걸었고 곧 올레 7코스의 막바지에 다다르기 때문이다.

　힘을 내자. 힘을 내서 걷다 보면 어선이 별로 보이지 않는 작은 포구가 나오는데 그곳이 월평 포구이고 조금 더 가면 7코스의 종착지인 월평마을 아왜낭목이 나온다.

7코스의 끝자락에 있는 월평마을의 구멍가게 앞에 앉아
잠시 지친 다리를 쉬어도 좋다.

08 아스라이 안개 낀 숲길을 서성이다

7-1코스 제주 월드컵 경기장-외돌개 올레

걷기 난이도 ●●●○○

걷기 포인트 신비로운 엉또 폭포와 서귀포 뒷산인 고근산, 거대한 하논 분화구까지 여유롭게 걸어 보기

코스&시간

14.8km, 4~5시간

제주 월드컵 경기장 → 대신중학교(1.3km) → 엉또 폭포(4.2km) → 고근산 정상(6.7km) → 제남 아동복지센터(9.2km) → 서호초등학교(10.8km) → 하논 분화구(12.8km) → 삼매봉 입구 삼거리(14.1km) → 외돌개(14.8km)

교통

서, 동일주 시외버스, 공항리무진

신서귀포 시외버스터미널 하차. 제주 월드컵 경기장까지 도보 5분

승용차

제주시 → 1139번 1100도로 → 서귀포 신시가지 → 제주 월드컵 경기장

서귀포시 → 1132번 일주도로 → 서귀포 신시가지 → 제주 월드컵 경기장

비가 오면 더욱 아름다운 엉또 폭포

7-1코스 월드컵 경기장-외돌개 올레의 하이라이트는 엉또 폭포와 고근산, 하논 분화구이다. 그중에서 엉또 폭포는 평상시에는 폭포수가 없어 폭포인지 절벽인지 알 수 없다. 그저 울창한 난대림 숲 가운데 우뚝 솟은 기암괴석일 뿐이다. 제주도 제일의 폭포라는 정방 폭포보다 긴 50여m의 길이를 자랑하는 엉또 폭포는 비가 온 뒤에야 진가를 보여 준다.

서귀포에 비가 내리면 서귀포 일대를 여행하던 택시 여행객과 렌트카 여행객들이 엉또 폭포로 모여든다. 비가 오지 않는다면 굳이 엉또 폭포까지 올 일은 없다. 택시 여행객이야 제주 사람인 택시기사들이 멋진 비경이 있다며 엉또 폭포에 가 보자고 했을 테지만 렌트카로 온 사람은 제주의 비경을 아는 사람이라고 할 수 있다.

나 역시 비가 온 날, 엉또 폭포로 향하며 하늘을 보니 엉또 폭포에서 피어난 수증기가 보였다. 하늘로 솟는 수증기를 보고서야 비로소 비 온 뒤에 폭포수가 떨어지는 것을 알 수 있었다. 길을 재촉해 엉또 폭포로 갔다. 멀리서 '후드득' 하고 들리던 소리는 50여 m 높이에서 떨어지는 폭포수 소리였다. 맑은 날 말랐던 엉또 폭포 상단에서 엄청난 물줄기가 떨어졌다. 폭포수로 인한 수증기는 간혹 얼굴을 비추는 해와 어울려 무지개를 만들기도 한다.

모처럼 폭포수가 떨어지는 엉또 폭포 아래에 모인 사람들은 연신 엉또 폭포를 촬영하기에 바쁘고 너도 나도 운이 좋다고 말한다. 비가오면 여행하기 불편한데 운이 좋다는 것은 엉또 폭포에서만 들을 수 있는 얘기가 아닌가 싶다.

월드컵 경기장을 둘러보며 시작하는 올레 7-1코스

많은 올레꾼이 제주 월드컵 경기장에서 7-1코스 출발지 표지를 쉽사리 찾지 못한다. 남들이 그랬을 것처럼 제주 월드컵 경기장을 둘러본다. "대~한민국 짝짝짝짝짝" 하는 함성이 가득했던 운동장은 경기가 자주 없어 썰렁해 보이고 제주 월드컵 경기장을 홈으로 하는 프로 축구팀 제주 FC의 입간판이 쓸쓸하게 걸려 있다. 제주 FC의 경우도 모든 경기를 제주 월드컵 경기장에서 하는 것은 아니고 일부 시합은 제주시 운동장에서 한다고 하니 제주 월드컵 경기장에서 시합하는 날이 더 줄어들었을 듯하다.

제주 월드컵 경기장과 다양한 놀거리 즐기기

제주 월드컵 경기장 주변에는 멀티플렉스 영화관과 닥종이인형 박물관, 워터월드, 익스트림 아일랜드, 세리월드 같은 편의시설, 놀이시설이 있으니 시간이 되면 한 번 가 보자. 제주 월드컵 경기장 옆에는 신서귀포 시외버스터미널과 대형마트가 있기도 하다. 7-1코스를 걷기 전, 마트에 들러 음료수와 주전부리를 준비해도 좋다.

제주 월드컵 경기장을 이쯤 보았으면 본격적인 출발이다. 경기장 앞에서

서쪽으로 걷는다. 길 북쪽에는 대단위 아파트 단지가 들어서 있다. 이들은 서귀포 신시가지로, 아파트 단지 위쪽에는 단독주택 단지가 들어서 있기도 하다. 언덕길에 세워진 2층의 대형 단독주택들은 서귀포의 베벌리힐즈라고 불러도 손색이 없다.

아파트 단지가 끝날 때까지 계속 걸으니 이내 검은 천을 씌운 농장 건물이 보이고 올레 7-1코스를 알리는 표지판이 있다. 바로 하영 농수산이다. 이제 하영 농수산 옆으로 난 길을 따라 곧장 올라가기만 하면 된다. 길은 농장과 밭 사이로 나 있어 한산하다. 간혹 농장이나 밭에서 일하는 사람을 보면 반가울 정도이다.

혹시 이런 조용함을 견디기 어려운 사람은 아파트 단지 쪽으로 난 오르막길로 가면 된다. 성산 아파트와 대림 아파트 사이의 대로이다. 곧장 올라가면 서귀포 경찰서가 나오고 더 올라가면 1136번 도로와 만난다. 올라가며 북쪽으로 줄곧 보이는 산이 바로 고근산이다. 엉또 폭포는 1136번 도로 건너 고근산 쪽의 신월동로로 올라가면 된다. 신월동로에서 서쪽이 엉또 폭포, 동쪽이 고근산으로 올라가는 길이다. 아파트 단지 길로 가면 엉또 폭포로 갔다가 다시 돌아나와 고근산으로 가야 해서 번잡스럽다.

월산동 마을에서 엉또 폭포로 이르는 길

다시 하영 농수산 길로 돌아오자. 조용한 밭 사이의 길을 계속 올라가니 오른쪽에 숲이 보인다. 이 숲 너머에는 한국 야구의 전당과 월드컵 보조 경기장, 강창학 경기장 등 운동시설이 있는데 실제 가 볼 일은 없다. 숲이 끝나는 곳에서는 1136번 도로와 만난다. 엉또 폭포는 1136번 도로를 건너 월산동 마을을 지나고 밭 사이의 오르막길을 더 올라야 볼 수 있다.

길게 이어진 나무와 돌담이 아담한 길을 만들어 월산마을로 가는 걸음을 즐겁게 만든다.

1136번 도로에서 엉또 폭포로 가는 길에는 사람이 더 없다. 보이는 것이라고는 밭과 감귤뿐이다. 한참을 올라 우회전해서 걸어가면 이제 엉또 폭포 입구에 다다른다. 엉또 폭포로 가는 길 주변에는 감귤밭이 많으나 함부로 손을 댔다가는 언제 나타날지 모를 주민에게 혼이 나니 주의한다. 남의 것은 남의 것으로만 남겨 두자.

비 오는 날에만 볼 수 있는 장쾌한 물줄기의 엉또 폭포

맑은 날의 엉또 폭포에는 별 볼 것이 없지만 비 온 뒤에는 50여m 높이에서 떨어지는 장쾌한 물줄기가 일품이다. 맑은 날에는 물줄기는 못 보지만 엉또 폭포 주위에 우거진 난대림 숲을 감상하면 된다. 엉또 폭포에서 나와

(왼쪽) 시원한 물줄기를 뿜어내는 엉또 폭포 (오른쪽) 새벽녘 고근산의 숲은 신비로운 매력을 담고 있다.

엉또 폭포 계곡을 지나는 다리에 도착하면 이젠 동쪽으로 가야 한다. 길가가 다 감귤밭이다. 어느 곳은 담장 밖으로 감귤이 삐죽 나와 있기도 하다. 탐스러워 따고 싶기도 하지만 그냥 눈으로 보고 사진으로만 남기자.

새벽의 안개낀 숲길이 매력적인 고근산

엉또 폭포에서 나와 동쪽으로 계속 걸으면 고근산 입구에 다다른다. 고근산은 원형으로 해발 369.2m, 높이 171m이다. 이미 제주 월드컵 경기장에서 엉또 폭포까지 상당한 높이를 올라왔기 때문에 이제부터 올라가는 높이는 별로 되지 않는다. 어쩌면 제주 월드컵 경기장에서부터 고근산 자락인지도 모른다.

숲길을 따라 고근산에 오르면 서귀포 신시가지 일대와 흰 돛대 모양의 지붕이 인상적인 제주 월드컵 경기장이 한눈에 들어온다. 서귀포의 앞바다는 덤이다. 서귀포 앞바다, 정확히는 법환 앞바다에 있는 섬이 범섬이다. 고근산에서 뒤쪽 길로 내려가면 다시 1136번 도로와 만난다.

동양 최대의 크기를 자랑하는 하논 분화구

1136번 도로를 건너면 서호마을이다. 여기서 하논까지는 심심한 길이다. 마을과 밭, 농장 사이로 난 길을 하염없이 걸을 뿐이다. 하논에 이르러 하논이 동양 최대의 분화구라는 안내판을 보지 못했다면 하논이 그저 제주에서 보기 힘든 논이 있는 곳으로만 알았을 것이다. 하논을 가로 질러 가는 길 모두가 하논 분화구라니 동서로 1.8km, 남북으로 1.3km 되는 하논 분화구의 규모를 짐작케 한다.

삼매봉 정상에서 외돌개 바라보기

하논의 논두렁길을 지나면 삼매봉이다. 삼매봉은 원형이며 해발 153.6m, 높이 104m로 용암과 주변의 바위 조각들이 쌓인 분석구이다. 성산일출봉 앞의 식산봉과 같다. 삼매봉이라는 이름은 정상에 3개의 봉우리가

이슬을 머금은 푸른 숲의 공기가 여행자의 폐부 깊이 상쾌함을 불어넣어 준다.
제주의 숲길에서는 도시의 답답한 공기를 버리고 신선한 공기로 몸과 마음을 정화할 수 있다.

있다고 해서 붙여진 이름이고 정상에는 남성정이라는 팔각정이 세워져 있어 쉬어 가기에 좋다.

삼매봉 정상에서는 외돌개가 손에 잡힐 듯하고 외돌개 앞쪽에 범섬이 외로이 떠 있다. 멀리 남서쪽 바다에는 가파도와 마라도가 보일 듯 보이지 않는다. 삼매봉 둘레를 한 바퀴 도는 산책로가 있어 운동 삼아 걷는 주민들도 많다. 7-1코스에서는 삼매봉에 오르지 않고 삼매봉 옆길로 내려가 외돌개로 향한다. 삼매봉 옆길로 내려가면 바로 외돌개가 있는 소나무 숲이고 조금 더 가면 7-1코스의 종착지인 올레 안내소가 보인다.

09 쉬리 언덕에서 잠시 여유를 누리다

8코스 월평-대평 올레

걷기 난이도 ●●●○○
걷기 포인트 아름다운 대포 주상절리를 감상하고 중문 해변과
존모살 해변에서 바닷가의 낭만에 빠져 보기

코스&시간

A코스 18.8km, B코스 17.8km, 4~5시간

월평마을 아왜낭목 → 약천사(1.2km) → 대포 포구(2.7km) → 주상절리 안내소(4.6km) → 베릿내오름 입구(5.7km) → A(13km), B(12km) 예래생태공원 → A(15.3km), B(14.2km) 논짓물→ A(18.8km), B(17.8km) 대평 포구

교통

시내버스

5번 이용, 서귀포 중앙로터리 서쪽 정류장 승차, 월평 알동네 하차.

승용차

제주시 → 1131번 5·16도로 → 서귀포 → 대평 포구
서귀포시 → 1132번 일주도로 → 대평 포구

중문에서의 야영 추억하기

예전에 퍼시픽랜드 입구 건너편에 중문 야영장이 있었다. 말이 야영장이지 별다른 편의시설이 없어 황량한 벌판이었다. 그곳에서 홀로 야영을 한 적이 있는데 식수대가 없어 먼 화장실에서 물을 떠와서 밥을 지었다. 아마 지금은 중문단지 잔디밭에서 캠핑한다고 하면 벌써 여기저기서 관리인들이 득달같이 달려들어 내쫓을 것이다.

그때 낮에는 그럭저럭 시간을 보냈으나 밤이 되자 차량 지나가는 소리조차 끊어지고 고요한 적막만이 가득했다. 고요함 속에 제주의 세찬 바람이 텐트를 마구 흔들어댔다. 잠이 올 리 없었다. 혹시 동네 건달이 찾아와 갖고 있던 푼돈을 빼앗진 않을까, 귀신이 나타나 내 다리 내놓아라 하지 않을까 하는 별의별 생각이 다 들었다. 더구나 제주의 바람이 어찌나 거센지 밤새 텐트를 흔들어대는 바람소리에 떨다가 겨우 잠이 들었다.

눈을 뜨니 아침이었다. 텐트 밖으로 나오니 텐트에는 온통 이슬이 맺혀 있었다. 중문에서의 하룻밤은 무척 쓸쓸했고 힘들고 무서웠다. 주위의 도로에는 다시 자동차가 다니기 시작했고 호텔로, 리조트로 출근하는 사람들이 지나갔다. 그들은 밤새 아무 일도 없었다는 듯 바쁘게 지나갔다. 나만 홀로 중문의 야영장에서 세상의 모든 두려움을 안고 겁에 질려 있었던 거였다. 이렇게 눈 감고 뜨면 아무 일 없는 하루가 다시 시작되는 데 말이다.

대포 포구는 한적한 시골 포구의 모습을 그대로 간직하고 있다.

바다와 벗이 되어 걷는 8코스의 시작

월평마을 아왜낭목에서 대포 포구까지 가는 길은 바다를 벗 삼아 걷는 한적한 길이다. 대포 포구에 가면 대포 주상절리 앞바다를 휘젓고 다니며 제트보트를 타는 사람이 있어 바다 쪽이 심심하지 않다. 스피드를 즐기는 젊은이들의 모습을 뒤로 하고 본격적으로 8코스를 걸어 보자.

화산섬 제주만의 독특한 풍경, 대포 주상절리

대포 포구에서 좀 더 걸어가면 대포 주상절리가 나온다. 주상절리는 삼각형이나 육각형으로 된 긴 기둥 모양의 절리를 말한다. 절리란 암석의 틈

새나 파단면으로 화강암맥, 용암, 용결응회암 중에서 발견된다. 제주의 절리는 용암이 굳어져 만들어진 것이며 대포 해안이나 정방 폭포, 천지연 폭포, 천제연 폭포 등의 절벽에서 볼 수 있다.

김중만 작가의 사진을 만나는 아프리카 박물관

대포 주상절리에서 북쪽으로 올라가면 아프리카 박물관이 있는데 올라가는 길이 경사가 있는 데다 조금 멀어 8코스 중에는 갔다 오기가 쉽지 않다. 아침 일찍 출발했다면 오르막길을 걸어 아프리카 박물관에 갔다 오자. 김중만 작가의 아프리카 사진과 아프리카 풍속을 알 수 있는 진귀한 물품이 가득하다. 올라갈 때는 좀 힘들어도 내려올 때는 내리막이어서 쉽다.

제주 전통가옥의 형태를 엿보는 씨에스호텔

다시 대포 주상절리로 돌아와 길을 걸으면 오른쪽으로 보이는 커다란 건물이 제주 국제 컨벤션센터이다. 컨벤션센터 안에 내국인 면세점이 있으니 쇼핑 마니아라면 들러 보자. 아프리카 박물관 같은 전시장은 볼거리이나 내국인 면세점 같은 쇼핑센터는 즐길거리에 속한다. 여행의 재미 중에는 쇼핑도 당당히 한자리를 차지한다는 사실을 잊지 말자.

　다시 제자리로 돌아와 제주 국제 컨벤션센터를 지나면 씨에스호텔이 나온다. 씨에스호텔은 제주 전통가옥을 테마로 해서 지은 별장형 호텔로 소박한 아름다움을 지니고 있다. 누군가는 이런 모습의 호텔을 핀크스골프클럽의 포도호텔에서 처음 본 것처럼 얘기도 하는데 시기상으로 따지

느릿느릿 베릿내오름에 올라 정상에 서면 일대의 전경이 시원스레 펼쳐진다.

면 씨에스호텔이 먼저가 아닌가 싶다. 포도호텔이 제주 전통가옥을 테마로 해 화제가 된 것은 일본의 유명 건축가인 이타미 준(Itami Jun)이 설계해서 그런 것이 아닐까 싶다. 근래에 씨에스호텔 동쪽에 제주 국제 컨벤션센터가 건립되어 호텔의 동쪽 조망을 완전히 망쳐 버린 것이 아쉽다.

국제 컨벤션센터를 내려다보는 베릿내오름

씨에스호텔에서 북쪽으로 가면 베릿내오름이다. 베릿내오름에 오르면 씨에스호텔 전경과 제주 국제 컨벤션센터가 한눈에 들어오는데 제주 국제 컨벤션센터가 주위 환경에 비해 너무 크고 튀는 감이 있다. 베릿내오름에서 내려와 천제2교 밑으로 지나면 돌고래쇼장인 퍼시픽랜드에 닿는다. 시간이 되고 아이들과 동행했다면 돌고래쇼를 관람하고 걸어도 좋을 것이다.

중문해수욕장에서 느긋하게 해수욕을 즐기거나 신라호텔 산책로 중간에 있는
쉬리 언덕의 쉬리 벤치에 앉아 사색에 잠겨 봐도 좋다.

제주 유일의 모래 언덕이 있는 중문해수욕장

주차장에서 중문해수욕장으로 넘어오니 제주에서 유일하게 모래 언덕이 있는 풍경이 보인다. 중문해수욕장은 파도가 세서 물놀이하기는 어려워도 모래 해변에서 놀기에는 그만이다. 어쩌다 보이는 외국인은 서핑보드를 가지고 파도를 타 보려 하지만 아무래도 중문의 파도가 하와이의 파도만 할까. 서핑보드를 가지고 바닷물 속에 있을 때보다 모래 해변에 세워 두고 선탠을 하는 것이 더 멋있게 보인다.

쉬리 언덕의 벤치에 앉아 명상하기

중문해수욕장에서 위쪽으로 올라가면 신라호텔 산책로가 나온다. 여름철에는 신라호텔 내 수영장에서 물놀이를 하는 외국의 미인들을 잠깐 보고 가는 것도 즐겁다. 물론 외국의 미남들도 있다. 영화 〈쉬리〉에 나왔던 쉬리 언덕의 쉬리 벤치는 하얏트호텔 쪽에 있으니 잘 찾아보자. 산책로에 비슷한 벤치가 여러 개 있어 헷갈리기 쉽다.

한적한 바닷가에서 쉬어 가는 존모살 해안

쉬리 벤치를 본 뒤 계속 전진하다 보면 하얏트호텔이 나오고 호텔 끝에는 존모살 해안으로 내려가는 계단이 있다. 언젠가 이 계단으로 산악자전거를 가지고 내려간 적이 있었다. 호텔 사람들도 '저 사람이 왜 그러나?' 하는 표정이었다. 존모살 해안의 모래밭은 그나마 자전거를 끌고 가기에 좋은 길이었으나 갯깍 주상절리 해안은 온통 돌밭이라 거의 자전거를 들고 가야 했다. 거의 죽음의 길인 것이다. 오가는 올레꾼들은 자전거를 들고 가는 나를 안 됐다는 듯 쳐다보았다. 땀은 비 오듯 흐르고 입에서는 단내가 났다. 내가 왜 자전거를 끌고 갯깍 주상절리 해안으로 들어왔을까 하는 후회는 이미 늦은 것이었다.

존모살 해안은 한때 제주도에 누드 비치를 만든다고 할 때 거론되었던 숨은 해변이었으나 올레길의 개장으로 인해 더 이상 누드 비치 논란은 불가능해졌다. 하지만 지금도 알 만한 사람은 여름날 중문해수욕장의 북적임을 피해 존모살 해안에서 한가롭게 물놀이와 선탠을 즐긴다.

갯깍 주상절리 찍고 해병대 길 걷기

갯깍 주상절리는 대포 주상절리가 요금을 받는다고 들어가지 않는 사람에게 무료로 주상절리 절벽을 보여 준다. 아래로 내려다보는 대포 주상절리에 비해 올려다보는 갯깍 주상절리 절벽이 꽤 멋있다. 물론 절벽 아래 길은 온통 돌밭이라 걷기에 무척 힘들다. 혹시 구두나 랜드로버 신발을 신고 들어오면 신발이 다 망가진다. 간혹 길가에 버려진 신발 밑창이나 신발이 그것을 증명하고 있다.

갯깍 주상절리 해안길을 벗어나면 조금 다듬어진 돌밭길이 나오는데, 바로 해병대 길이다. 이정도만 되어도 걷기에 편하다. 길을 잘 만들어 준 해병대 여러분에게 고마움을 표한다. 해병대 길을 지나면 색달 해수 종말처리장이고 더 걸으니 논짓물이다.

갯깍 주상절리에서는 다양한 모양의 자갈길을 거닐며
환상적인 주상절리를 올려다볼 수 있다.

(위) 한여름에는 논짓물에서 물놀이를 즐기는 사람들을 많이 볼 수 있다.
(아래) 대평 포구 박수기정은 멀리서 바라만 보아도 당당한 위엄을 자랑한다.

여행에 지친 발을 담그고 쉬는 논짓물

논짓물은 용천수가 솟아난 곳에 만든 작은 물놀이장이다. 시원한 논짓물 앞에서 사진만 찍고 가지 말고 신발과 양말을 벗고 지친 발을 논짓물에 담가 보자. 갯깍 주상절리 길, 해병대 길, 해안길을 걷느라고 지친 발도 쉬어야 하지 않겠는가. 발이 말은 안 해도 무척 힘들었다고 울고 있을지도 모른다. 잠깐이라도 시원한 논짓물에 발을 담그고 나면 그간의 피로가 사라지는 기분이 든다.

지친 여행자의 종착점, 대평 포구

논짓물에서 대평 포구까지 가는 해안길은 단조롭다. 그래서 더 힘이 든다. 바다 풍경도 더 이상 새롭지 않고 말도 더 하고 싶지 않다. 그저 묵묵히 걸을 뿐이다. 걷다 보면 언덕을 넘고 언덕 너머에 난드르 대평마을이 보인다. 대평마을에는 서귀포로 나가는 시내버스 종점이 있어 그나마 오가는 일이 편하다.

10 길과 산, 바다 따라 걷는다
9코스 대평-화순 올레

걷기 난이도 ●●●●●
걷기 포인트 깎아지른 해안 절벽, 박수기정과 은밀한 숲이 있는
안덕 계곡에서 시원한 바람욕 즐기기

코스&시간

7.5km, 3시간

대평 포구 → 몰질(0.3km) → 볼레낭 길(2.2km) → 월라봉 입구(3.1km) → 진모르 동산(5.2km) → 자귀나무 숲길(5.5km) → 황개천(6.2km) → 화순 금모래 해변(7.5km)

교통

시내버스

120번 이용, 서귀포 중앙로터리 서쪽 정류장 승차, 대평 포구(종점) 하차

승용차

제주시 → 1139번 1100도로 → 중문 → 대평 포구
서귀포시 → 1132번 일주도로 → 중문 → 대평 포구

올레에서 만난 사람들

예전에 9코스 대평-화순 올레를 걸었다. 그때 걷기 전에 대평 포구의 한 식당에 들러 늦은 아침 겸 점심을 시켰다. 주인인 듯한 아주머니가 오가는 올레꾼들을 좀 보았는지 느닷없이 나에게 인생 설교를 하기 시작했다. 둥근 챙이 있는 모자를 벗을 걸 그랬나. 아주머니는 아무리 높게 보아도 내 작은 누나 또래로밖에 보이지 않았다.

주인아주머니 말씀의 요지는 올레길을 걷는 것처럼 힘든 경험을 해 봐야 살아가는 데 도움이 된다는 것이다. 열심히 살란다. 뭐 틀린 말은 아니지만 주인아주머니나 나나 같이 늙어가는 처지에 이런 말을 들으니 생뚱맞다. 내가 아니고 젊은이라 해도 당사자에게 허락을 받지 않고 함부로 인생 설교를 해도 되는 것일까. 욕쟁이 할머니도 60, 70대는 되어야 아무에게라도 욕을 할 수 있지, 주름도 보이지 않는 아주머니는 욕을 했다간 오히려 곤욕을 치를 것이다.

음식이 나오고 챙 넓은 모자를 벗자, 주인아주머니는 내 얼굴을 쓱 보더니 좀 전까지 하던 인생 설교를 뚝 멈췄다. 뭐 나쁜 말을 한 것이 아니니 그러려니 하지만 식당에 있는 내내 서로 얼굴 보기가 민망했다.

올레길에서 만난 사이에서는 인사를 나누고 올레나 여행 이야기 정도를 나누면 서로 부담이 없는데 어떤 사람은 자신의 힘든 일을 처음 본 사람에게 거침없이 이야기하기도 해 당혹스럽다. 물론 올레길을 걷는 여러 사람 중에는 자신의 힘든 일을 잠시나마 잊고자 오는 사람도 있을 것이다. 그렇지만 처음 본 사람에게 할 수 있는 이야기와 좀 가려야 할 이야기가 있을 텐데 구구절절 이야기하면 듣는 이가 힘들어진다. 힘든 일이 있었다는 사람에게 뭐라 할 수도 없어 힘내라고 하지만 이젠 내가 시험에 든 기분이 된다.

바다와 맞닿은 넓은 들판이 평화로운 대평마을에서 올레 9코스가 시작된다.

난드르 들판에서 시작하는 올레 9코스

대평 포구가 있는 대평마을은 난드르라고 불린다. 난드르는 바다 쪽으로 뻗어나간 넓은 들이라는 뜻으로 '넓은 들' 정도로 이해하면 된다. 난드르에 용왕을 붙여 용왕 난드르라고도 하는데 이는 용왕 아들이 스승의 은혜를 갚기 위해 대평마을 뒷산인 군산을 만들었기 때문이라고 한다. 군산은 1007년 고려 말에 화산 폭발이 있었다고 전해지는 곳이기도 하다.

대평마을에서 박수기정으로 가는 길에 레드브라운이라는 작은 찻집이 있다. 가는 길이 급하지 않다면 들러서 따끈한 커피를 한 잔 맛보고 가자. 대평마을에는 영화감독 장선우가 운영하는 물고기라는 카페도 있어 작은 시골 마을에 커피를 파는 곳이 몇 곳 된다. 레드브라운 앞 작은 포구에 띄워진 수상무대는 대평마을 해녀들이 선보이는 좀녀(해녀) 공연장이다. 여름부터 가을까지 매주 금, 토요일 저녁에 공연을 하니 올레길 순례를 마치고 가 보면 좋을 것이다.

제주 제일의 절벽이라 할 만한 박수기정

이제 박수기정으로 올라간다. 박수기정에서 박수는 용천수인 박수물, 기정은 높은 벼랑, 절벽을 뜻해 박수기정 하면 '박수물 쪽 절벽'쯤으로 이해하면 된다. 박수기정은 갯깍 주상절리와 막상막하를 다툴 정도로 제주도에서 1, 2등을 차지하는 절벽이다. 남원 큰엉의 절벽은 밑으로 내려갈 수 없고 위에서만 내려다보므로 순위가 포함되지 않는다. 개인적으로는 박수기정이 제주도 제일의 절벽이 아닐까 싶다. 멋있고 웅장한 것이 절로 감탄사가 흘러나온다.

그렇다고 갯깍 주상절리 길을 생각해 박수기정 밑 돌밭으로 가지는 말자. 그곳은 정상적인 길이 아니다. 밀물이 되면 바닷물이 들이쳐 위험하고 돌밭이어서 가기도 힘들다. 실제 매년 서너 명의 올레꾼이 용감한 것인지 무모한 것인지 박수기정 밑 돌밭으로 들어가 길을 잃고 탈진해 119 구조대를 부르고 있다. 갯깍 주상절리 길만 해도 충분히 힘들지 않았나. 정말 무모한 도전이다.

고려 말에 말이 지나면서 만든 길, 몰질

박수기정 옆으로 난 숲길을 따라 올라가니 박수기정 위 바닷가 쪽으로 가는 길이 사유지여서 통행할 수 없다는 표지가 보인다. 할 수 없이 박수기

푸른 바다와 하늘을 잇는 박수기정의 장엄함 앞에서 자연의 위대함을 다시 한 번 깨닫게 된다.

옛날에 말이 지나던 길인 몰질은 어느새 여행자들의 여행길이 되었다.

정 위 내륙 쪽으로 돌아서 밭 사이로 난 길을 따라 걷는다. 이 길을 몰질이라고 하는데 몰질은 '말길'이라는 뜻이다. 고려 말 원나라가 새별오름에 말 방목장을 만들어 생산한 말을 대포 포구를 통해 반출하던 길이다.

박수기정 위에 올라온 듯한데 정작 보이는 것은 없다. 바닷가 쪽으로 심어 놓은 나무들만 보일 뿐이다. 밭 사이로 난 길을 계속 가면 바다를 향해 열린 공간이 있어서 박수기정 앞바다의 풍광을 볼 수 있다. 광활하면서도 눈부시게 푸른 바다이다. 이런 훌륭한 풍광을 사유지라는 이유로 많은 사람이 보지 못한다니 올레꾼들이 십시일반으로 박수기정 땅 사기 운동이라도 벌여야 하지 않을까. 땅은 주인 것인지 몰라도 저 멋진 풍광은 주인 것만은 아니다. 우리 모두의 것이다. 박수기정 위는 감귤밭이 있으며 조금 더 가면 감자나 마늘 같은 농작물이 심겨 있다.

가장 나쁜 시나리오는 박수기정 위의 땅이 대기업에 넘어가 호텔이나 리조트가 들어서는 것이다. 박수기정 위에 건물이 들어서면 박수기정 풍경은 완전히 죽는다. 건물주로서는 좋은 풍경 속에 자리 잡고 있어 보기 좋다고 할지 모르나 좋은 풍경 속에 자리 잡음으로써 좋은 풍경을 반감시키는 것을 왜 모를까. 좀 뒤로 들여 넣어 지어도 좋을 텐데 말이다. 좋은 풍경에 해가 되지 않게, 어차피 높은 층수의 건물이므로 좀 뒤로 들여 넣어 지어도 건물 안에서 보이는 풍경은 같을 것이다. 아쉽다. 지금이라도 좋은 풍경을 다 차지하겠다고 덤비면 결국 좋은 풍경은 사라지고 말 것이다.

보리수나무를 따라 마음을 수련하는 볼레낭 길

박수기정 위에서의 아쉬움을 뒤로하고 내려오는 길은 볼레낭길이다. 볼레낭은 보리수나무를 뜻하지만 지나는 이에게는 그 나무가 그 나무 같아 보인다. 부처님이 그 아래에서 수도를 했다는 영험한 나무인데 통 알아보는 이가 없으니 아쉽다. 길가의 보리수나무에 표찰이라도 달아 두면 좋으련만……. 아직도 곳곳에 손길이 닿아야 할 곳이 많다.

기정 길을 내려오니 화순 화력발전소 옆으로 황개천이 보인다. 황개천은 돌바닥을 드러내고 있으나 다리 위쪽에는 꽤 많은 물이 고여 있다. 악근천 하류나 쇠소깍처럼 물놀이를 할 정도로 깨끗하지 않아 아쉬울 따름이다. 황개천으로 오기 전에 바닷가로 나가면 박수기정 밑으로 갈 수 있다. 이곳은 바다낚시의 포인트인지 평일에도 바다낚시를 하는 사람이 많다. 바다낚시를 하는 사람은 둘째치고 박수기정 밑으로 가서 박수기정을 올려다 보면 곧 넘어질 듯 가파른 절벽이 보는 이를 압도한다. 가히 제주도 제일의 절벽이라고 할 수 있다.

화순해수욕장 위로 해가 질 때면 하늘과 바다가 붉게 물들어 어디가 바다이고, 어디가 하늘인지 분간하기 어렵다.

화순리 선사유적지에서 안덕 계곡에 이르기

황개천 다리 건너 화순리 선사유적지를 보고 나면 9-A코스인 북쪽 진모르 동산으로 갈지, 9-B코스인 화순해수욕장으로 갈지 갈등하게 된다. 9-A코스인 진모르 동산으로 가려면 허리까지 자란 수풀을 헤치고 계속 오르막길로 가야 한다. 9-A코스는 난이도 상(上)에 속하니 몸 상태에 따라 쉬운 9-B코스를 택하는 것도 좋다. 현재는 9코스로 통합, 변경되었다.

진모르 동산에서 더 올라가야 가세기마을 올레, 즉 안덕 계곡이다. 용암이 흘러 커다란 계곡이 된 안덕 계곡은 지나는 사람이 없어 좀 무서운 기분이 든다. 더구나 올레길은 안덕 계곡의 높은 곳인 올챙이소 정상과 임금내 전망대를 지나고 안덕 계곡의 바닥을 가로지른다. 안덕 계곡의 바닥을 지날 때에는 안덕 계곡을 흐르는 물의 높이에 따라 통행을 하지 못할 수도 있다. 안덕 계곡길이 좋은 것은 시원한 계곡물에서 양말을 벗고 쉬어 갈 수 있기 때문이다. 계곡물에 발을 담그고 고개를 돌려 보면 용암이 휩쓸고 가며 생성된 안덕 계곡의 신비로움에 빠져들게 된다. 안덕 계곡의 이곳저곳을 사진에 담다 보니 어느덧 길을 재촉해야 할 시간이다.

아이처럼 물놀이를 즐기는 화순해수욕장

안덕 계곡을 빠져나와 이젠 화순해수욕장으로 향해 가는 일만 남았다. 화순해수욕장은 검붉은 모래가 있고 수심이 낮아 아이들이 놀기에 좋으며 그 옆으로는 산방산과 용머리 해안이 그림처럼 펼쳐져 있다. 화순해수욕장이 가까워지면 제일 먼저 작은 가게에 들러 아이스크림 하나를 입에 문다. 그간의 열기와 피로가 일순간 사라지는 듯하다. 걸음을 재촉해 화순해수욕장으로 향하면 9코스의 종착지가 멀지 않다.

11 숨 막히는 송악산 절경 속으로 걸어가다

10코스 화순—모슬포 올레

걷기 난이도 ●●●○○

걷기 포인트 산방산과 용머리 해안, 송악산의 신비로움에 취하고 사계 해안의 시원한 바람 맞으며 걷기

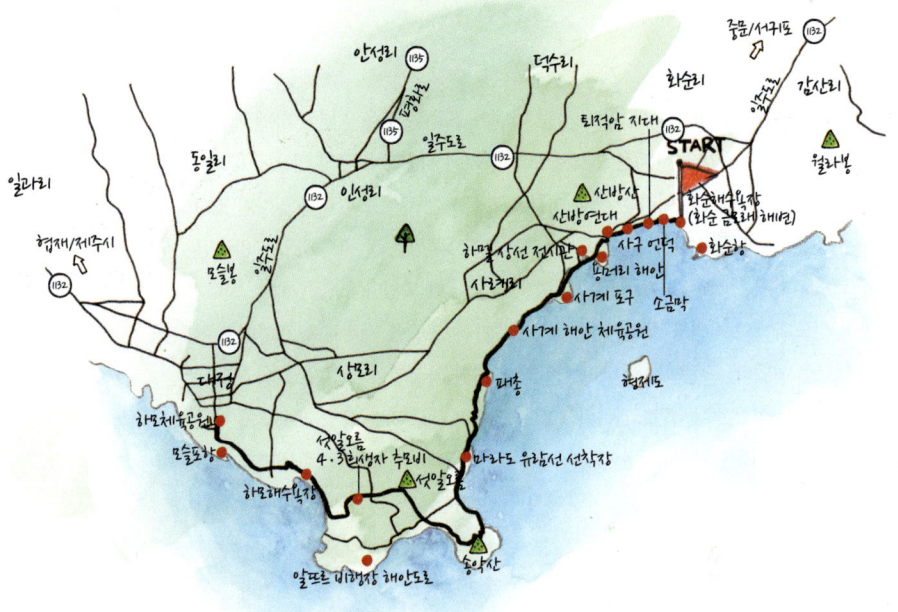

코스&시간

15.5km, 4~5시간

화순 금모래 해변 → 산방연대(2.5km) → 사계 포구(3.8km) → 패총(6.2km) → 송악산(7.2km) → 송악산 전망대(9km) → 섯알오름 4·3희생자 추모비(11.2km) → 하모해수욕장(13.8km) → 하모체육공원(15.5km)

교통

시외버스

서일주 이용, 화순 하차. 화순해수욕장까지 도보 15분

평화로선 이용, 화순-사계 경유 모슬포행 이용, 화순 하차. 화순해수욕장까지 도보 15분

승용차

제주시 → 1135번 평화로 → 화순 → 화순해수욕장

제주시 → 1132번 일주도로 → 협재 → 모슬포 → 화순 → 화순해수욕장

제주시 → 1139 1100도로 → 중문 → 화순 → 화순해수욕장

서귀포시 → 1132번 일주도로 → 중문 → 화순 → 화순해수욕장

조선시대의 하일 씨, 하멜

산방산 아래 용머리 해안에는 네덜란드 사람 하멜이 표류한 것을 기념한 하멜 기념비와 하멜 상선 전시관이 있다. 하멜은 1653년 조선 중기에 서귀포 부근의 해안에 표착한 네덜란드인이다. 요즘에 하일이라는 한국 이름으로 불리는 로버트 할리가 있다면 조선시대에는 하멜이 있었다고 할 수 있다. 구수한 경상도 사투리를 잘 쓰는 하일은 방송은 물론 광고에도 자주 등장한다. 그는 이제 진짜 한국인이 다 되었다.

하멜은 동인도회사의 직원으로 일본 나가사키로 가는 도중에 제주도에 표착했고 이곳에서 14년을 보냈다. 조선에는 이미 박연이라는 귀화 외국인이 있었다. 그의 본명은 벨테브레로 하멜과 같은 네덜란드인이었고 1627년 일본으로 가는 도중 제주도에 상륙했다가 체포되어 귀화했다. 1653년 하멜이 제주도에 표착하자 제주도로 내려가 하멜을 만나 통역을 하기도 했다. 낯선 이국땅에서 만난 하멜과 박연은 무슨 이야기를 나눴을까.

박연은 훈련도감에 배치되어 무기 제조에 힘을 쏟았고 병자호란 때 전쟁에 참전하는 등 조선인으로 살다가 죽었고 하멜은 박연과 달리 그리 협조적이지 않았는지 군역을 지고 전국 각지를 떠돌아다닌 끝에 일본을 거쳐 네덜란드로 돌아갔다. 그가 네덜란드에서 펴낸 책이 서양에 최초로 조선을 알린 《하멜표류기》이다.

2002년 한일월드컵 때에는 하멜과 같은 네덜란드 사람인 히딩크가 한국 축구대표팀 감독으로 활약해, 또 한 번 한국을 세계에 알리니 여러모로 네덜란드와 인연이 깊은 듯하다.

산방산의 산방굴사에 올라 산방덕의 눈물이라는 약수를 마시고 일상에서의 괴로움을 모두 잊자.

한적한 해수욕장을 걷는 10코스의 시작길

10코스는 화순해수욕장 앞에서 시작하며 해수욕장을 가로질러 산방산 쪽으로 걷는다. 화순해수욕장의 모래는 화산암이 부서져 진한 흑갈색을 띤다. 여름철에는 북적이는 중문해수욕장보다 한적한 화순해수욕장에서 놀기가 더 좋다.

조금은 가파르지만 최고의 경관을 보여 주는 산방굴사

화순해수욕장을 지나 사구 언덕을 넘으면 산방산 앞 해안이다. 이곳도 올레가 아니면 올 일이 없는 한적한 해안이다. 이 해안만 벗어나면 산방산 앞이고 용머리 해안이다. 산방굴사 표를 사면 용머리 해안까지 들어갈 수 있으니 먼저 산방굴사로 향한다.

산방산은 원추형으로 해발 395.2m, 높이 345m이고 해발 200m 지점에 천연 동굴인 산방굴이 있다. 산방산은 사냥꾼의 장난에 화가 난 옥황상제가 한라산의 정상부를 친 것이 날아와 만들어졌다고 전해진다. 산방굴사의 천장에서 떨어지는 낙수는 산방산을 지키는 여신인 산방덕이 흘리는 사랑의 눈물이라고 하는 전설이 있다. 산방굴사까지는 수직으로 올라가는 길이라 땀이 비 오듯 쏟아진다. 쉬면서 천천히 올라야 끝까지 갈 수 있다.

　힘들게 산방굴사에 도착해 천장에서 떨어진 약수 한 모금을 마시면 올라올 때의 괴로움이 모두 사라진다. 산방굴사에서 바라보는 용머리 해안과 사계 앞바다의 풍경 역시 올라오길 잘했다는 생각이 들게 한다. 산방굴사에서의 일출 장면은 애국가 화면으로도 쓰일 만큼 아름다운 것으로 알려져 있다.

하멜의 제주 생활을 볼 수 있는 하멜 상선 전시관

　산방굴사에서 내려가면 하멜 상선 전시관과 하멜 기념비가 있다. 하멜 상선 전시관을 둘러보고 용머리 해안으로 내려간다. 용머리 해안은 180만 년 전 산방산에서 바다 쪽으로 수중 화산이 폭발하며 생긴 것으로 세월이 지남에 따라 단층이 되거나 해식이 되어 기묘한 해안을 이루고 있다. 용머리 해안은 기상이 나쁘면 파도가 높아져 위험하므로 관리소의 통제에 잘 따라야 한다.

사계 해안에서는 푸른 바다를 바라보며 가만히 앉아 있어도 마냥 즐겁다.

여유롭게 바다를 즐길 수 있는 사계 포구

용머리 해안에서 서쪽으로 발길을 돌리면 사계 포구가 나온다. 점심을 먹어야 한다면 이곳에서 해결하고 가는 것이 좋다. 사계 포구에서 송악산에 이르는 사계 해안도로는 꽤 길고 쓸쓸하다. 중간에 사계 화석 발견지가 있는데 길가에 안내판이 있을 뿐 해안은 보호 지역이어서 들어갈 수 없다. 다만, 사계 화석 발견지 앞에 세워진 화석 사진을 통해 이곳에 노루, 사슴 같은 초식동물이 살았음을 알 수 있다. 사계 화석 발견지에 못 미쳐면 옛날 이곳에서 살던 사람이 조개를 먹고 남긴 흔적도 살펴볼 수 있다.

(왼쪽) 바다를 보면서 차분히 걷다 보면 송악산 정상에 다다른다. (오른쪽) 송악산 너머로 조금만 더 가면 하모해수욕장

바다와 하늘을 잇는 푸르름, 송악산

사계 해안도로 끝에는 송악산 휴게소가 있다. 이곳에서는 마라도행 유람선을 탈 수 있고 송악산 아래에 일본군이 뚫어 놓은 해안진지동굴도 볼 수 있다. 일제강점기 때 일본군은 제주도 전역에 굴을 뚫어 놓았다. 송악산은 해안진지동굴이 있는 위쪽 길로 올라간다.

송악산 정상까지는 꽤 올라가야 하니 마음의 준비를 단단히 하자. 송악산은 원형으로 해발 104m, 높이 99m이다. 시멘트 도로와 올레길을 따라 정상에 오르면 남쪽으로 가파도와 마라도가 아스라이 보인다. 동쪽으로는 산방산과 용머리 해안, 형제도가 손에 잡힐 듯하다. 송악산 정상에는 움푹 팬 분화구가 가파르므로 미끄러지지 않도록 주의하자.

시간이 되면 송악산 끝 전망대에 가서 좀 더 가까이에서 가파도와 마라도의 모습을 바라본다. 전망대 부근의 간이식당에서 해삼이나 멍게를 맛보아도 좋고 관광용 말을 타고 송악산 들판을 한 바퀴 돌아도 재미있다.

쓸쓸한 길을 지나 만나는 하모해수욕장

송악산 너머로 가서 산을 내려오면 대정리 하모까지는 쓸쓸한 길이 펼쳐진다. 길에 서면 멀리 모슬봉이 보이기는 하는데 가도 가도 끝이 없다. 송악산에서 하모로 가는 길은 제주도에서 가장 쓸쓸한 길 중 하나다. 간혹 차라도 지나가면 얻어 타고 싶은 심정이 든다. 이 길의 끝에 하모가 있다는 확신이 발걸음을 조금이나마 가볍게 한다.

송악산에서 하모로 가는 길 중간에 보이는 넓은 들판이 일제강점기 때 비행장으로 쓰인 알뜨르 비행장이다. 평상시에는 밭처럼 보여서 잘 구분되지 않는다. 이곳을 지나면 하모해수욕장이고 좀 더 가면 모슬포가 나온다. 현재는 송악산에서 섯알오름, 알뜨르 비행장을 거쳐 하모해수욕장으로 올레 10코스가 변경되었다.

하모체육공원에서 허기 채우기

모슬포 쪽 해안도로를 걸어서 만나는 항구가 모슬포항이고 넓은 아스팔트길로 가니 최종 목적지인 하모체육공원이 나온다. 마라도나 가파도행 여객선터미널은 하모체육공원에 가기 전 서쪽에 있다. 하모체육공원에서 좀 더 걸어 모슬포항 덕승식당에 들러 이른 저녁을 먹어도 좋다.

12 잊힌 과거의 역사 위를 걷다
11코스 모슬포–무릉 올레

걷기 난이도 ●●●○○

걷기 포인트 모슬봉에 올라 마라도, 가파도를 바라보고 끝없이 이어지는 신평–무릉 곶자왈에서 삼림욕 즐기기

코스&시간

17.8km, 5~6시간

하모체육공원 → 대정여고(3km) → 모슬봉 (5.5km) → 정난주 마리아 성지(9.1km) → 신평 사거리(11.2km) → 신평 곶자왈(12.1km) → 정개왓 광장(14.1km) → 효자정려비(16.6km) → 자연 생태문화체험골(무릉 생태학교 17.8km)

교통

시외버스

서일주 이용, 제주/서귀포 시외버스터미널에서 승차, 모슬포 하차. 하모체육공원까지 도보 15분
평화로선 이용, 모슬포(종점) 하차. 하모체육공원 까지 도보 15분

승용차

제주시 → 1135번 평화로 → 대정 → 모슬포
제주시 → 1132번 일주도로 → 협재 → 모슬포
제주시 → 1139번 1100도로 → 중문 → 화순 → 모슬포
서귀포시 → 1132번 일주도로 → 중문 → 화순 → 모슬포

모슬포, 잊힌 과거의 땅

10코스 화순–모슬포 올레 구간이자, 11코스 모슬포–무릉 올레 구간에서도 보이는 드넓은 벌판이 알뜨르 비행장이다. 알뜨르는 제주어로 '아래에 있는 넓은 들'이라는 말로 모슬봉 아래에 있는 넓은 들판을 의미한다. 오름이 많아 넓은 땅이 적은 제주에서 알뜨르 비행장은 지평선이 보이는 독특한 곳으로 알려져 있다.

알뜨르는 일본에 의해 비행장이 건설된 곳이다. 지금도 알뜨르 비행장에는 관제탑과 격납고의 흔적이 남아 있다. 일본은 왜 제주 남쪽에 대규모의 비행장을 건설했던 것일까. 일본 본토에서 출발한 비행기가 중국을 공격하기 위해서는 중간 기착지가 필요했고 그곳이 제주도 모슬포였던 것이다. 비행장 공사는 1926년부터 대대적으로 시작되었다. 돌을 골라내고 울퉁불퉁한 벌판을 평평하게 하는 고된 작업은 온전히 제주도민의 손에 맡겨졌으리라.

비행장 건설을 시작한 지 10여 년 만인 1936년경에 20만 평 규모의 알뜨르 비행장이 완성되었고 중일전쟁에서 승리한 일본은 더 큰 전쟁 야욕을 위해 오무라의 해군 공군 기지를 이곳으로 이전하기로 했다. 알뜨르 비행장은 즉시 당시의 두 배인 40만 평 규모로 확장공사에 들어갔다. 알뜨르 비행장 인근 모슬봉과 송악산에도 비행장을 보호하기 위한 대공포가 설치되었다. 다행히 확장공사가 끝나기 전, 제2차 세계대전에서 일본이 패망했지만 그때 지어진 콘크리트 격납고는 지금도 쓸 수 있을 정도로 단단하게 지어졌다. 현재 비행기가 날던 활주로에는 들풀들이 자라고 있고 부속부지는 마늘이나 콩을 키우는 밭이 되었다.

일제강점기 때 일본의 전쟁 야욕으로 제주의 많은 자연이 훼손되었다.
현재 알뜨르 비행장은 조금씩 과거의 아픈 기억을 지워 가고 있다.

새로운 루트로 갈아입은 11코스의 초입

11코스 하모-무릉 올레는 모슬포 하모체육공원에서 시작한다. 길은 모슬봉으로 향하지 않고 반대편인 알뜨르 비행장과 섯알오름 쪽으로 향한다. 모슬봉에서 점차 멀어지니 다시 모슬봉으로 향할 일이 걱정이다. 10코스 화순-하모 올레에서 하모해수욕장을 거친 뒤, 섯알오름과 알뜨르 비행장에 들러도 좋다. 현재 11코스는 섯알오름과 알뜨르 비행장이 제외되어 바로 모슬봉으로 향한다.

드넓은 벌판으로 남은 알뜨르 비행장

넓은 들판을 지나 알뜨르 비행장에 다다른다. 제2차 세계대전 무렵 전쟁에 광분한 일본은 알뜨르의 넓은 뜰을 전쟁을 위한 전초기지로 바꿔 놓았다. 바다 쪽으로 지평선인지, 수평선인지 끝없이 펼쳐지는 풍경이 아득하

알뜨르 평원에 솟아 있는 섯알오름에 들러도 좋다.

게 느껴진다. 일본의 제로 비행기가 날던 활주로에는 들풀이 가득하고 부속부지는 밭이 되어 그날의 일을 지워 가고 있다.

새로운 11코스에서는 사라진 섯알오름

알뜨르 비행장을 지나면 섯알오름으로, 알뜨르 평원에 불쑥 솟은 작은 오름이다. 섯알오름에는 4·3사건으로 무고하게 희생된 사람들을 기리는 안내문과 유념비가 세워져 있다. 근래에 섯알오름에 묻힌 희생자를 발굴한 웅덩이는 보는 이에게 그날의 비극을 기억하라는 듯 메워지지 않고 있다.

키 높이의 억새가 아름다운 모슬봉

섯알오름을 지난 뒤에 모슬봉으로 향한다. 마늘을 심는 할망들을 뒤로하고 천천히 모슬봉으로 전진한다. 해병대 부대 옆을 지나 모슬봉으로 올라

돌담과 밭 사이를 걷다 보면 어느새 모슬봉 정상에 다다른다.

가니 지나는 사람이 없다. 조금 더 올라가면 어김없이 오름에 조성된 공동묘지가 나타난다. 대낮이라면 그나마 무서움이 덜하다.

부지런히 올라 모슬봉 정상에 다다르니 군 레이더 기지가 있다. 모슬봉 정상에서는 멀리 알뜨르 비행장과 섯알오름이 보이고 더 멀리는 가파도, 마라도까지 보인다. 물론 날이 좋은 날에 한해서이다. 동쪽으로는 산방산과 화순해수욕장까지 어렴풋이 알아볼 수 있다. 모슬봉에 바람이 부니 키 높이까지 자란 억새, 들풀이 흔들린다. 동행이 있다면 억새밭 사이에 숨어서 '나 잡아 봐라' 놀이라도 하고 싶다.

바람에 땀으로 젖은 몸을 말린 뒤 모슬봉에서 하산한다. 아, 반대편 모슬봉 기슭에 공동묘지가 있다. 제주도에서 묘지는 거의 다 오름 주변에 있으니 놀랄 건 없다. 오름에서 묘지를 만나는 것은 흔한 일이다. 제

(왼쪽) 천주교인들의 대표적 여행 장소인 정난주 마리아 성지는 한적해서 차분히 산책하듯 둘러볼 수 있다.
(오른쪽) 신평-무릉 곶자왈은 사시사철 새로움으로 여행자들을 설레게 만든다.

주에서 묘지터로 가장 좋은 곳이 오름의 분화구 안이라고 한다. 그런데 그 기가 너무 세서 후손이 견디지 못하고 이장하기 일쑤라고 한다.

천주교 역사의 한 단면을 보여 주는 정난주 마리아 성지

모슬봉을 내려와 콘크리트길을 한참 걷다 보면 천주교의 성지인 정난주 마리아의 묘에 다다른다. 정난주는 정약용의 조카딸로 남편인 황사영 백서 사건으로 대정읍에 유배되었다가 생을 마감했다. 남편인 황사영은 부인과 떨어져 추자도에 묻혀 있다.

제주 맑은 공기의 원천, 신평-무릉 곶자왈

신평마을에 이르면 '제주의 허파'라고 불리는 신평-무릉 곶자왈 숲으로 들어가게 된다. 약 3km 정도 되는 곶자왈 숲에는 나무와 바위가 어수선하게 엉켜 있어 원시림을 이루고 있다. 곶자왈에서는 전화통화가 잘 되지 않으니 홀로 걷기보다는 동행과 함께 가는 것이 좋다. 끝없는 곶자왈 숲을 걷다 보면 언제 이 길이 끝날까 하는 두려움이 들기도 한다. 태양을 가리는 울창한 숲에서 출구가 나오기만을 고대하며 걷다 보면 어느새 인향동마을에 다다른다.

옛 초등학교의 향수에 젖는 무릉 생태학교

인향동마을에서 무릉 생태학교까지는 콘크리트길을 걸으면 된다. 무릉 2리의 무릉 생태학교는 옛 초등학교를 개조한 곳으로 11코스 모슬포-무릉 올레의 종착지이다.

13 중산간 찍고 바다로 눈을 돌리다
12코스 무릉–용수 올레

걷기 난이도 ●●●○○
걷기 포인트 신도 앞바다에서 수월봉, 당산봉을 거치는
        명품 바닷길 걷기

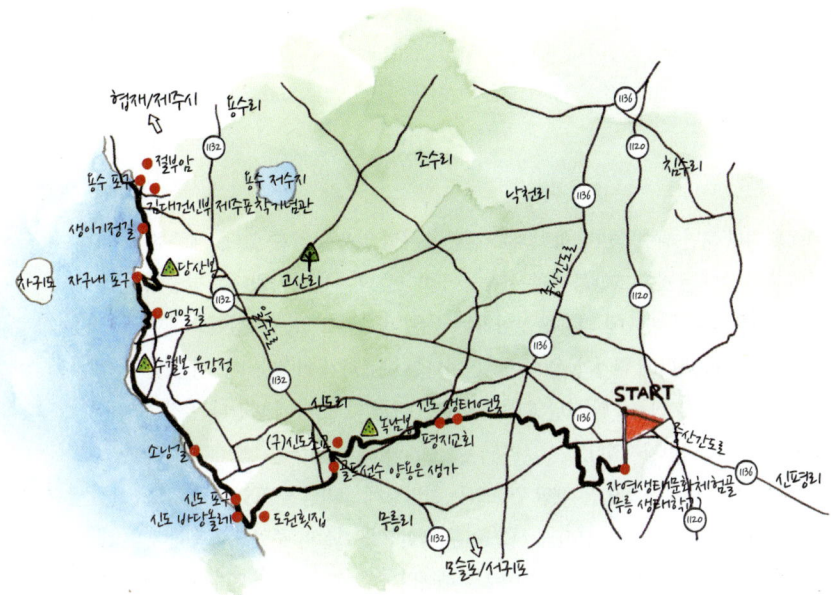

코스&시간

17.1km, 5~6시간

자연생태문화체험골(무릉 생태학교) → 신도 생태연못(4.4km) → 녹남봉(5.4km) → 신도 포구(9.3km) → 한장동 마을회관(11.4km) → 수월봉 육강정(12.4km) → 당산봉 정상(15.4km) → 생이기정길(15.8km) → 용수 포구(17.1km)

※ 신창-모슬포 읍면순환선 운행표
(무릉2리 도착/출발 시간은 무릉1리 시간 참고)

신창→무릉리			무릉리→신창		
신창	무릉1리	모슬포	모슬포	무릉1리	신창
06:25	07:10	07:35	06:48	07:06	07:51
10:10	10:58	11:15	09:00	09:25	10:10
13:20	14:08	14:25	11:30	11:50	12:35
14:50	15:35	16:00	12:55	13:20	14:05
18:10	18:55	19:20	15:00	15:20	16:05
19:04	19:20	19:44	16:30	16:50	17:35
20:57	21:10	21:41	18:45	19:10	19:55

교통

시외버스

서일주 이용, 신창(한경면) 하차, 신창에서 신창-모슬포 읍면순환선 타고 무릉2리 하차. 또는 평화로선 시외버스 모슬포 하차

승용차

제주시 → 1135번 평화로 → 대정 → 무릉2리
제주시 → 1132번 일주도로 → 협재 → 무릉2리
제주시 → 1139번 1100도로 → 중문 → 대정 → 무릉2리
서귀포시 → 1132번 일주도로 → 중문 → 대정 → 무릉2리

제주 여인 바다와 한 많은

제주 여행을 하다 보면 제주의 마을들이 대개 해안을 따라 있음을 알 수 있다. 제주 해안가에 마을이 많다는 것은 그만큼 제주 사람들이 바다를 의지해 살아왔다는 반증이기도 하다. 제주 해녀가 바다에 의지해 살아가는 것은 익히 알고 있는 사실이고 제주 남자 역시 어부로서 바다에 나가 일을 해 왔다. 바다는 예측하기 어렵다. 더구나 옛날의 바다는 신에 의지할 만큼 그날그날의 상태를 알 수 없었다. 바다에 나간다는 것은 목숨을 거는 것이나 마찬가지였다.

무사히 바다에서 돌아오면 그들은 해안가에 있는 할망당에 고마움을 표했다. 할망당의 할망이 용왕을 달래 바다를 잔잔케 하고 어부의 안전을 보살펴 주었기 때문이다. 마을마다 한두 곳씩 있는 할망당은 제주 어부와 해녀의 수호신이었다. 이 때문에 예전에는 제주도에 300여 개의 당집이 있던 때도 있었다. 마을마다, 해안마다 당이 있었다고 해도 과언이 아니다.

예전의 제주도 배는 요즘처럼 큰 배에 어군탐지기나 레이더가 있는 것도 아니고 작은 제주 전통배 테우에 몸을 싣고 경험으로 고기 떼를 쫓아 잡았다. 운 좋게 많이 잡은 날은 바다 용왕이 도운 날이고 공을 친 날은 용왕이 도와주지 않은 날로 여겼다. 일진 사나운 날에는 바다에서 고기를 잡는 것은 고사하고 거센 풍랑에 목숨을 잃기도 했다. 졸지에 남편을 잃은 제주 여인은 과부가 되어 남겨진 자식들을 홀로 부양해야 했다. 제주도의 3다(多)인 돌, 바람, 여자에서 제주도에 여자가 많은 이유 중의 하나도 그만큼 바다에서 남편을 잃은 사람이 많았기 때문이다.

무릉 생태학교에서는 제주의 원시의 생활상이 재현되어 있다.

제주 원시인의 삶을 보며 출발하는 올레 12코스

12코스 무릉-한경 올레는 중산간 길과 바닷길이 절반씩 있는 길로 무릉 생태학교에서 시작한다. 시골 초등학교를 개조한 무릉 생태학교의 운동장에는 원시인들이 살던 움집 비슷한 것이 있고, 제주의 식물·곤충·조류, 동식물 등에 대해 자세히 알 수 있게 해 놓았다. 초등학교 교실은 게스트하우스로 꾸며 놓아 저렴한 가격에 하룻밤을 보낼 수도 있다.

아담한 시골 교회의 정취를 느낄 수 있는 평지교회

무릉2리에서 중산간의 밭길을 따라 내려가다 보면 확실히 중산간을 올라가는 길보다 먼 곳까지 잘 보인다. 중산간을 오르는 길은 마을 너머에 뭐가 있을지 짐작이 안 되어 길을 가늠하기에 답답한 면이 있다. 중산간

아기자기한 멋이 있는 마을을 지나고 평지교회를 지나면 녹남봉이 조금씩 자태를 드러낸다.

의 밭길을 걷다 보니 평지교회가 보이고 좀 더 걸으면 제주에서 보기 힘든 연못이 있다. 신도 생태연못으로 연못가에 석축을 쌓아 잘 단장해 놓았다. 신도 생태연못 주위에는 역시 제주에서 보기 힘든 논이 보인다. 화산섬인 제주에서는 땅에 물이 고이지 않아 논농사를 짓기 어려운데 이곳은 연못에서 알 수 있듯이 물이 땅으로 스며들지 않고 고인다. 논에서는 푸른 벼가 익어 가고 발걸음은 논 사이를 지나 녹남봉으로 향한다.

녹나무가 사라진 녹남봉

녹남봉은 그리 높진 않지만 무릉에서부터 이제까지 걸었던 길과 앞으로 걸어야 할 수월봉으로 향하는 길을 잘 보여 준다. 녹남봉이란 이름은 이 근처에 녹나무가 많아 녹나무 봉우리라는 의미로 붙여진 것이다. 녹나무는 나무의 결이 치밀해 가구나 배를 만드는 데 사용되었으나 최근에 녹나무 자생지가 많이 훼손되어 찾아보기 힘들다고 한다.

신도 앞바다는 잔잔한 물결과 한적한 바닷가 마을이 그림처럼 어우러져 있다.

작은 마을을 지나 만나는 신도 앞바다

녹남봉에서 내려오면 산경도예를 지나고 일주도로를 건너 신도마을로 들어가게 된다. 신도마을의 어느 집을 지나는데 빛바랜 플래카드가 걸려 있다. '경축! 양용은 선수 PGA 제패' 나중에 알고 보니 이 집이 2009년 PGA 챔피언십 우승을 차지한 양용은 선수의 생가란다.

　양용은 선수의 생가를 지나 신도 바다를 향해 걸어간다. 생각보다 거리가 멀어서 바다는 쉽게 얼굴을 보여 주지 않는다. 드디어 도원횟집이 보이고 그 앞에 푸른 바다가 펼쳐져 있다. 올레길에서는 처음 만나는 제주의 서쪽 바다이다. 시원한 바람이 서쪽 바다에서 불어와 땀으로 젖은 등을 말려 준다.

(왼쪽) 사정없이 몰아치는 바닷바람과 아름다운 낙조로 유명한 수월봉
(오른쪽) 엉알길은 화산쇄설류와 자갈이 섞여 만들어진 독특한 절벽길이다.

힘들게 오른 만큼 비경을 선사하는 수월봉

이제 수월봉을 향해 해안도로를 따라가기만 하면 된다. 해안도로를 걸을 때 바닷가를 따라 보이는 커다랗고 넓적한 그릇은 도구리라고 하는 것으로 소나 돼지의 먹이통으로 사용하는 것이다. 수월봉으로 가는 길은 아무도 모르게 서서히 높아진다. 수월봉 정상으로 오르는 길만 조금 가파를 뿐 어느새 정상에 오르면 해발 77m에 다다르게 되는 것이다. 수월봉 정상에서는 앞바다의 차귀도가 한눈에 보여서 무성히 자란 수풀을 헤치고 올라온 보람이 있다.

수월봉 일대는 제주도에서 바람이 가장 센 곳으로 알려져 있어 바람 부는 날이면 쓰고 온 모자를 꽉 잡아야 한다. 잠시라도 한눈을 팔았다가는 심술궂은 바람이 모자를 낚아채 바다로 가져갈지 모른다. 수월봉은 제주도에서 낙조가 가장 아름다운 곳으로도 알려져 있어 연인에게 프러포즈할 일이 있는 사람이라면 해질 무렵 수월봉에 함께 오르면 좋다. 아스라이 서쪽 바다로 붉게 물든 태양이 질 때면 아무리 완고한 사람이라도 봄눈 녹듯이 풀어지지 않을까 싶다.

녹고물의 슬픈 전설을 품은 엉알길

수월봉에서 자구내 포구로 향하는 길은 엉알길이라 부른다. 엉알은 제주어로 깎아지른 절벽을 말하는데 실제 엉알은 화산 분출물인 화산쇄설류가 쌓여 생긴 절벽이다. 절벽을 자세히 보면 절벽 중간에 자갈층이 보인다. 화산이 분출하며 내뿜은 가스와 화산석이 땅을 휩쓸며 자갈을 절벽 중간에 올려놓은 것이다. 엉알길에는 곳곳에 절벽에서 새어 나오는 녹고물이라는 약수가 있는데 현재는 오염되어 식수로 사용하기는 어려워 보인다.

녹고물에는 녹고와 수월이 남매에 얽힌 애절한 전설이 전해지고 있다. 병중인 어머니를 위해 녹고와 수월이 남매가 약초를 캐러갔다가 여동생 수월이 발을 헛디뎌 절벽에서 떨어져 죽자, 슬픔에 싸인 녹고가 17일 동안 울어 흘린 눈물이 고여 녹고물이 되었다고 한다.

제주 서해안의 대표 오름 중 하나인 당산봉은 정상에 삼림이 울창해 제주 서해안을 제대로 만끽할 수 없다.

힘들지만 조금은 허망한 당산봉 등반

자구내 포구에서 파는 말린 한치를 사서 입에 넣고 오물거리며 걷는다. 차귀도 근처의 바닷속을 볼 수 있는 잠수함은 나중에 시간적 여유가 있을 때 타기로 하자. 자구내 포구에서 당산봉까지는 급경사의 오르막을 올라야 한다. 수월봉을 오를 때처럼 아무도 모르게 서서히 높아지는 것이 아니라 바로 비탈길이다. 그런데 힘들게 당산봉에 오른 것이 무색하게 당산봉에서의 조망은 그리 좋지 않다. 정상에는 군 부대가 있고 그 밖에는 울창한 삼림으로 덮여 도무지 사방을 볼 수가 없다.

(왼쪽) 생이기정길은 투박하지만 호젓한 시골 해안길의 모습을 그대로 보여 준다.
(오른쪽) 생이기정길에서는 저 멀리 차귀도까지 볼 수 있다.

호젓하게 걷는 생이기정길

당산봉에서 분화구 쪽으로 내려간다. 다행인 것은 분화구를 지나 용수로 향하는 절벽길인 생이기정길이 그나마 차귀도와 용수 포구를 온전하게 보여 주고 있다는 것이다. 또 바람이 어찌나 시원한지 용수 포구까지 가는 길이 가볍다. 젖었던 등의 땀이 마를 무렵이면 12코스 무릉-용수 올레의 종착지인 용수 포구에 도착한다. 아쉬운 점은 용수 포구까지 와서 절부암을 보지 않고 가는 이가 있다는 것이다. 용수 포구에서 절부암까지는 불과 수십 m에 불과한데 피곤해서일까, 전에 와 봐서일까. 그냥 일주도로로 가 버린다. 절부암, 별거 아닐 수 있지만 한 여인의 충절이 있는 곳이니 용수 포구에 왔다면 한 번쯤 들러 보라.

14 제주 마을에는 특별한 무언가가 있다
13코스 용수–저지 올레

걷기 난이도 ●●●○○
걷기 포인트 한가로운 중산간 길을 거슬러 올라가
저지오름에 오르기

코스&시간

14.8km, 4~5시간

용수 포구 → 용수 교차로(1.8km) → 용수 저수지
(2.6km) → 특전사 숲길(4.3km) → 고사리 숲길
(6.8km) → 낙천리 아홉굿마을 의자공원(8.1km)
→ 뒷동산 아리랑길(10.9km) → 저지오름 입구
(12km) → 저지예술정보화마을(웃뜨르美센터
14.8km)

교통

시외버스
서일주 이용, 제주/서귀포 시외버스터미널에서
승차, 용수리 하차. 용수 포구까지 도보 20분

승용차
제주시 → 1132번 일주도로 → 한림 → 용수리 →
용수 포구

서귀포시 → 1132번 일주도로 → 중문 → 대정 →
용수리 → 용수 포구

김대건 신부가 표착한 용수 포구

용수 포구의 낮은 언덕에는 절부암(節婦岩)이라는 글자가 새겨진 바위가 있다. 절부암은 차귀마을에 사는 고 씨 여인의 절개를 기리기 위한 것이다. 절부암 옆에는 김대건 신부 제주표착기념관도 있다. 고 씨 여인은 용수 앞바다에서 숨진 남편을 따라 저세상으로 갔으나 김대건 신부는 풍랑 속 용수 앞바다에서 구사일생으로 표착했다. 고 씨 여인은 남편을 사랑해서 따라 죽었고 김대건 신부는 하나님의 뜻으로 용수 포구에 표착해 목숨을 구했다.

김대건 신부는 1845년 중국 상해에서 사제 서품을 받고 프랑스 신부와 함께 조선으로 돌아오다 28일간 표류한 끝에 제주도 용수 포구에 표착했다. 그때만 해도 천주교는 박해의 대상이어서 프랑스 신부와 함께 밀항하는 것은 목숨을 거는 일이었다. 김대건 신부는 용수 포구에서 몸을 추스른 후 충청도 강경으로 잠입해 포교 활동을 시작했고, 1846년 백령도에서 선교사의 입국과 선교부와의 연락을 위한 비밀 항로를 개척하던 중 체포되어 순교하였다.

김대건 신부 제주표착기념관 마당에는 그가 중국에서 타고 온 목선 라파엘호가 놓여 있고, 제주표착기념관 안에는 당시 천주교도가 탄압당하던 상황이 그림과 자료를 통해 전시되고 있다. 조선에서의 천주교 포교는 김대건 신부가 순교한 지 40여 년이 지난 1886년 고종 23년에 조선과 프랑스 간에 맺은 조불수호통상조약으로 인해 자유로워졌다. 이렇게 고난을 당하던 천주교는 역으로 1901년에 프랑스 신부의 힘을 업고 관리와 결탁해 백성들을 핍박하다가 이재수의 난을 촉발하기도 했다.

김대건 신부가 제주에 표착했던 당시의 상황을 잘 살펴볼 수 있는 제주표착기념관

용수 포구 주변을 살펴보고 시작하는 올레 13코스

용수 포구에서 절부암과 김대건 신부 제주표착기념관을 구경한 뒤 1132번 일주도로 쪽으로 발길을 돌린다. 일주도로에서 용수 포구를 왔다갔다 하는 시간만 1시간이다.

  일주도로에 도착해 용수 저수지 쪽으로 발길을 돌리니 중산간 밭들이 나타난다. 일주도로에서 용수 저수지와 낙천리를 거쳐 저지오름까지 가는 동안에는 사람 볼 일이 거의 없다. 밭이나 감귤밭에서 일하는 주민을 만나면 행운이다.

탁한 물빛과 투박한 모습의 용수 저수지는 올레길을 통해 사람들에게 알려졌다.

바닷가 근처의 민물 저수지, 용수 저수지

용수 저수지는 제주도에 몇 개 없는 민물 저수지이나 물은 그리 맑지 않다. 용수 저수지 둑에 올라서려는데 근처 움막(?)에 있는 개들이 사납게 짖어댄다. 농사용 움막인지 용수 저수지를 관리하는 움막인지 몰라도 사람은 없고 개들만 풀어놓아 지나는 올레꾼만 낭패를 본다.

천 개의 의자를 만나는 낙천리 아홉굿마을

용수 저수지에서 특전사 숲길, 고사리 숲길 등을 따라 걷다 보면 낙천리 아홉굿마을에 도착한다. 특별히 볼 것도 없고 보이는 것이라고는 밭과 들

판뿐으로 1시간 30분에서 2시간이 걸리는 쓸쓸한 길이다. 길에서는 사람이 있으나 없으나 모두 무섭다. 길에서 마주치는 사람도 무섭고 뒤에서 따라오는 사람도 무섭다. 하지만 크게 걱정할 필요는 없다. 길에서 무서운 것은 당신만이 아니라 상대방도 마찬가지이기 때문이다. 가능하면 동행과 함께 걸어라.

천 개의 기묘한 의자가 있다는 낙천리 아홉굿마을에 도착하니 비로소 마음이 놓인다. 아홉굿에서 굿은 연못을 뜻하며 아홉굿이란 낙천리에 산재한 아홉 개의 연못을 말한다. 낙천리의 땅이 다른 곳과 달리 황토이고 예전에 이곳에 대장간이 여러 개 있어서 땅을 파낸 곳에 물이 고인 것이라고 한다. 낙천리 아홉굿마을에 천 개의 의자를 만든 것은 낙천리가 농촌 테마마을로 선정된 것을 계기로 마을을 홍보하기 위한 것이다. 2007년 공공미술가 양기훈 씨가 의자 아이디어를 내고 마을주민들이 천여 개의 의자를 만들어 의자공원을 조성했다.

의자공원의 기묘한 의자들을 구경하는 것도 재미있지만 의자마을 옆에 있는 울창한 숲을 돌아보는 것도 좋다. 숲은 그리 크진 않지만 숲에서 다양한 종류의 나무들을 볼 수 있고 숲 속 바닥에서 작은 너럭 돌이 얼기설기 쌓인 곶자왈의 형태도 확인할 수 있어 제주도의 숲을 체험하는 훌륭한 장이 되고 있다. 의자공원에는 올레꾼 쉼터가 있으므로 간단한 식사를 하거나 농산물, 기념품 등을 구입할 수도 있다.

송이의 바스락거림을 느끼며 걷는 저지오름 둘레길

낙천리에서 저지오름까지는 또 다시 적막한 길이 이어진다. 제주 중산간의 밭 사이로 난 길을 따라 전진하고 전진할 뿐이다. 한동안 앞으로 계속

숲과 길, 그리고 친구만 있다면 세상 누구도 부럽지 않은 여행을 할 수 있다.
저지오름에는 둘레길 코스가 있으므로 올레길에서 잠시 벗어나 걸어 봐도 좋다.

가다 보면 보이는 봉우리가 저지오름이다. 올레길은 저지오름 뒤쪽으로 연결되는데 차마 저지오름 하단을 한 바퀴 도는 둘레길을 걷기에는 힘들다. 이미 오랜 시간 걸어왔으므로 충분하다. 혹시 체력이 된다면 저리오름 하단의 둘레길을 걸어 보라. 여기저기서 지저귀는 새소리를 들으며 발걸음을 떼면 바스락바스락 송이 부서지는 소리가 난다. 저지오름 하단 둘레길을 한 바퀴 돌고 나면 오름으로 올라가는 일만 남는다. 오름에 올라가지 않고 직진하면 바로 저지마을이 나온다.

　오름에 올라가는 일은 오름 하단 둘레길을 한 바퀴 도는 것보다 힘들다. 한 걸음 한 걸음 천천히 올라가 보자. 정상의 분화구 끝에 서면 다시 분화구 둘레길이 나온다. 둘레길을 따라가니 저지오름 정상인 전망대가 나온다. 전망대에서는 용수 포구에서 저지오름까지 걸어 온 길을 아스라이 볼 수 있다. 뒤로 돌면 한라산과 그 사이에 있는 여러 오름이 눈에 들어온다. 전망이 좋다.

저지마을의 대표 올레 표지판, 저지마을회관

저지오름 정상까지 올랐으니 부지런히 내려갈 일만 남았다. 저지오름에서 내려와 조금만 나가면 최종 목적지인 저지마을회관이 있다. 저지마을에서 한경면 신창이나 모슬포로 나가는 버스 시간을 물어 본 뒤 느긋하게 덕마루가든에 들러 식사를 해도 좋다.

15 숲과 바다의 경계를 넘나들다
14코스 저지–한림 올레

코스&시간
18.9km, 5~6시간
저지예술정보화마을(웃뜨르美센터) → 큰소낭 숲길(2.4km) → 오시록헌 농로(3.9km) → 굴렁진 숲길(5.4km) → 새못교(8.5km) → 선인장 자생지 입구(10.2km) → 협재해수욕장(14.6km) → 옹포 포구(16.4km) → 한림항(비양도행 도선 대합실 18.9km)

교통
노형–중산간 버스
제주 시외버스터미널에서 승차, 저지마을회관 하차

서일주 시외버스
신창(한경면) 하차, 신창–모슬포 읍면순환선 타고 저지마을회관 하차

승용차
제주시 → 1132번 일주도로 → 한림 → 저지리
서귀포시 → 1132번 일주도로 → 중문 → 대정 → 저지리

걷기 난이도 ●●●●●
걷기 포인트 세계적 휴양지 못지않은 에메랄드빛 바다를 자랑하는
금능해수욕장과 협재해수욕장에서 해수욕 즐기기

※ 노형-중산간 버스

제주 → 상두거리 → 저지			저지 → 상두거리 → 제주		
제주	상두거리 도착/출발	저지	저지	상두거리 도착/출발	제주
06:40	07:38 /07:40	08:02	07:14	07:36 /08:00	09:08
07:40	08:38 /08:40	09:16	09:04	09:26	–
09:30	10:28 /10:30	10:52	10:04	10:26	
15:30	16:28 /16:50	17:12	11:54	12:16	
17:30	18:28 /18:30	18:52	13:54	14:16 /14:40	15:47
18:50	19:48 /19:50	20:12 제주 21:49	15:54	16:16 /16:40	17:47
–	–	–	18:04	18:26 /18:50	19:57
–	–	–	19:54	20:16	21:13

※ 서일주 시외버스

신창 → 저지			저지 → 신창		
신창	저지	모슬포	모슬포	저지	신창
06:25	06:33	07:35	06:48	07:38	07:51
07:07	07:20	07:44	07:40	08:02	08:15
09:10	09:23	09:47	09:00	09:57	10:10
10:10	10:26	11:15	10:10	10:32	10:48
11:00	11:13	11:37	11:30	12:22	12:35
12:00	12:13	12:37	12:55	13:52	14:05
13:20	13:36	14:25	14:20	14:42	14:55
14:50	15:03	16:00	15:00	15:52	16:05
15:40	15:53	16:24	16:30	17:22	17:35
16:40	16:53	17:17	17:50	18:12	18:25
18:10	18:23	19:20	18:45	19:42	19:55
19:04	19:20	19:44	19:50	20:12	21:15
20:57	21:10	21:41			

사통팔달로 통하는 관문, 저지리

제주 여행 중 한림 오일장에 가려고 택시를 탔더니 기사분이 대뜸 "올레길 오셨어요?" 라고 한다. "네, 14코스 저지-한림 올레길을 걷고 오는 길이에요." 저지라고 하니 기사분은 저지가 자신의 고향이라고 하며 아직도 부모님과 친척들이 살고 있다고 했다. 그리고 이어서 "조용했던 저지가 올레길 때문에 외지 사람들이 드나드는 곳이 되었네요." 라고 한다. 제주도 서남부 중산간에 위치한 저지는 여느 제주의 중산간 마을처럼 마을 사람이 아니면 돌아다니는 사람을 볼 수 없던 한가로운 마을이었다. 하지만 올레길이 생기면서 관광지도 아닌 저지에 외부 사람들이 찾아들고 있다. 저지로 가는 교통도 그리 좋은 게 아닌데 말이다.

저지에서 시작하거나 끝나는 올레길은 3개나 된다. 올레 출발지와 도착지로서는 최대가 아닌가 싶다. 13코스 용수-저지 올레, 14코스 저지-한림 올레, 14-1코스 저지-무릉 올레가 그것이다. 그만큼 저지가 아름다운 자연을 잘 간직하고 있다는 증거가 아닐까.

실제 저지리는 한경면에서 가장 높은 곳에 위치한 중산간 마을로 한라산에 가깝다. 그 때문일까. 저지 중심의 저지오름을 비롯해 주변에는 가메창, 송아오름, 마종오름 등이 있고 멀리는 북쪽으로 금악, 남쪽으로 모슬봉, 서쪽으로 수월봉과 당산봉이 아스라이 보인다. 그야말로 오름 속에 있는 중산간 마을이다.

저지 주변에는 올레길 외에 알려진 관광지도 많다. 우선 저지리 북동쪽에 있는 제주현대미술관에서는 연중 수준 높은 현대미술작품이 전시되고 있고, 그 주위에는 예술인을 위한 스튜디오가 있어 저지예술인촌을 형성하고 있기도 하다. 제주현대미술관에서 가까운 곳에는 제주의 온갖 야생식물을 전시하고 있는 방림원이 있어 반갑다.

14코스는 저지오름 옆으로 난 길을 따라가면서 시작한다.

저지마을을 찍고 출발하는 올레 14코스

14코스 저지-한림 올레는 전반부의 중산간 길과 후반부의 바닷길이 절반씩 섞인 길로 저지마을회관(복지)에서 시작한다. 올레길은 13코스 용수-저지 올레, 14코스 저지-무릉 올레, 14-1코스 저지-무릉 올레 등 여러 갈래로 나눠져 있으니 주의해서 가고자 하는 길을 선택한다. 14코스 저지-한림 올레는 저지리에서 저지오름을 오르지 않고 저지오름 옆 북서쪽 방향으로 가는 코스이다.

올레 14코스 초입의 대표적 이정표, 나눔허브제약

저지밭길을 지나면 낙천리로 가는 길 건너편이 나눔허브제약이다. 제약공장이라고 해서 육지처럼 대단위 공장이거니 하면 오산이다. 막상 가 보

무명천 산책길에서는 하늘과 맞닿은 길에서 우거진 수풀길까지 다양한 길을 만날 수 있다.

면 크지도 작지도 않은 공장과 사무실 건물이 있을 뿐이다. 나눔허브제약을 지나 저지잣길로 들어서면 온통 수풀이 우거져 지나기가 불편하고 어디에 올레 리본이 있는지 확인하기가 어렵다.

직선으로 쭉 뻗은 무명천 산책길

이후 큰소낭 숲길과 오시록헌 농로 등 작은 숲길과 농로를 번갈아 걸어가다가 무명천 산책길을 만나면 더 이상 길을 헤맬 필요가 없는 직선길이 나타난다. 잠깐 월령 숲길로 빠졌다가 다시 무명천 산책길을 따라 계속 내려가면 월령마을과 월령 포구에 다다른다. 저지에서 월령까지는 이렇다 할 슈퍼나 식당이 없으므로 걷기 전에 필요한 물품이나 간식거리를 준비해서 걷는 것이 좋다.

커다란 풍력발전기의 프로펠러와 선인장 군락이 보이면 월령 해안에 다다른 것이다.

선인장 군락으로 기억되는 월령 해안

월령리에 들어서니 색다른 풍경이 보인다. 도처에 있는 선인장이 그것이다. 제주도가 기상 이변으로 인해 아열대로 변하면서 미국 서부나 멕시코에서나 볼 수 있을 것 같은 선인장 군락이 있는 것이다. 월령리에 선인장이 있는 이유는 여러 가지로 분분하다. 어떤 이는 남방에서 바닷물에 흘러온 선인장 열매가 싹을 틔워 자리를 잡았다고 하고 또 어떤 이는 집 안에 뱀이나 쥐가 들어오는 것을 막기 위해 심은 것이 퍼졌다고도 한다. 어떤 이유로든 현재 월령리에는 선인장이 만발해 있고 급기야 월령리의 선인장은 천연기념물 제429호로 지정, 보호되고 있다. 선인장은 여름철에 노란 꽃을 피우므로 월령리를 지나는 올레꾼들에게 작은 위안이 되기도 한다.

곱고 흰 모래가 인상적인 금능해수욕장

월령 포구에서부터는 멀리 비양도가 보이고 바닷길을 따라 걷다 보면 어느새 금능 등대, 금능해수욕장에 다다른다. 예전에는 협재해수욕장이 붐비면 "이웃 금능해수욕장으로 가세요." 하고 안내를 해 주곤 했는데 요즘은 사람들이 협재해수욕장뿐만 아니라 금능해수욕장도 좋은 것을 알아 여름이면 협재해수욕장 못지않게 붐빈다. 그럼에도 여름 휴가철이 지난 한적한 금능해수욕장에서 홀로 앉아 비양도 풍경을 감상하는 건 놓치기 아까운 일 중의 하나이다.

제주 제일의 해안가, 협재해수욕장

금능해수욕장을 지나면 나오는 협재해수욕장은 제주도 제일의 해수욕장답게 넓은 백사장과 에메랄드빛 바다를 자랑하고 있고 앞바다의 비양도는 협재해수욕장의 아름다움의 정점이라 할 수 있다. 14코스 저지-한림 올레는 협재해수욕장에 다다라서 아름다운 풍경을 보며 올레길을 걸었던 모든 피로를 씻어 버리고 딱 끝나면 좋은데 종착지인 한림항까지는 아직 갈 길이 남았다. 옹포 포구를 지나 한림항으로 가는 긴 직선도로를 지나야만 비로소 14코스 저지-한림 올레의 종착지인 한림항 비양도 도항선 선착장에 도달한다.

(위) 검은 바위와 푸른 바다, 흰 모래, 초록의 수풀이 묘한 색의 조화를 이루는 금능해수욕장
(아래) 제주를 찾는 여행자들이 꼭 한 번 들르는 제주 제일의 해안, 협재해수욕장

16 숲의 향기에 취해 길을 서성이다

15코스 한림-고내 올레

걷기 난이도 ●●●●●

걷기 포인트 난대림 숲의 금산공원, 둘레길이 아름다운 과오름, 바다가 보이는 고내봉의 환상 코스 따라가기

코스&시간

19.2km, 6~7시간

한림항(비양도행 도선 대합실) → 대수 포구(0.7km) → 영새성물(2.9km) → 선운정사(6.5km) → 납읍초등학교 금산공원 입구(11.2km) → 백일홍길(12.3km) → 고내봉 입구(15.1km) → 하가리 갈림길(17.7km) → 고내 포구(우주물 앞, 19.2km)

교통

시외버스

서일주 이용, 제주/서귀포 시외버스터미널에서 승차, 한림 하차. 한림항까지 도보 5분

승용차

제주시 → 1132번 일주도로 → 애월 → 한림

서귀포시 → 1132번 일주도로 → 중문 → 대정 → 한림

올레길에서 만나는 동물들

어느 올레길이던가, 홀로 올레길을 걷던 중이었다. 허름한 농가가 있는 감귤밭을 구경하는데 닫힌 대문 아래로 흰 강아지와 복슬강아지가 나타났다. 두 마리의 강아지 중 흰 강아지는 마치 밖에서 일을 마치고 돌아온 주인을 맞이하듯 낯선 여행자인 나를 반겼다. 흰 강아지는 웃는 얼굴에 연신 꼬리를 흔들며 나에게 거리낌 없이 달려들었다. 반면에 복슬강아지는 여느 강아지라면 당연히 보일 만한 움직임을 보였다. 낯선 방문자인 나에게 날카로운 이를 보이면 사정없이 으르렁댔다.

흰 강아지는 복슬강아지에게 다가가 그러지 말라고 하는 것 같았다. 내가 주인과 닮았나, 아니면 지나던 올레꾼들이 귀여운 강아지들을 보고 빵 조각이라도 나누어 주어서일까. 한동안 흰 강아지를 안고 쓰다듬어 주다가 길을 떠났다. 흰 강아지는 길을 걷는 나를 따라오려고까지 했다. 내가 돌아가라고 손짓을 하자 그제야 아쉬운 듯 대문 밑으로 들어가 머리를 내밀고 내 뒷모습을 보았다.

홀로 걷는 올레길에서는 강아지가 참 반갑다. 올레길에서 보게 되는 개들은 대개 불청객을 향해 큰 소리로 짖어대거나 제주의 따스한 햇볕에 취해 올레꾼이 지나가든 말든 졸음에 빠져 있기 일쑤이다. 간혹 세상에 태어난 지 얼마 되지 않아 보이는 게 사람인지 같은 개인지 구별 못하는 정말 새끼 강아지만이 반갑다고 꼬리를 흔들곤 한다. 홀로 걷는 올레꾼을 반기든 반기지 않든 올레길에서 만나는 개들은 반갑다. 나를 향해 짖어도, 나를 무시하고 잠에 빠져 있어도 한적한 올레길에 나 혼자가 아니라는 생각이 들게 한다.

올레 15코스의 시작점에서는 멀리 비양도가 보인다.

바닷길에서 중산간으로 들어가는 15코스

15코스 한림-고내 올레는 처음에는 바닷길에서 시작하지만 대부분이 중산간 길이다. 한림항 비양도 도항선 선착장에서 출발한 15코스는 대림마을 안길을 거쳐 다시 바닷가 길을 조금 걷다가 도로를 건너가면 중산간 길로 접어든다. 여기서부터는 금산공원까지 나지막한 오르막길이나 걸어가면서 점점 높아지는 것을 인식할 정도는 아니다.

흔치 않은 제주의 연못, 영새성물

중산간 길에서 처음 만나는 영새성물은 집을 짓기 위해 이곳의 찰흙을 파낸 뒤에 물이 고여 생긴 것이다. 영새성물을 지나서도 작은 연못을 볼 수 있는데 연못에는 연꽃이 아름답게 피어 있고 옆 비닐하우스에는 탐스러

(왼쪽) 중산간 벌판에 있는 선운정사는 제주라는 공간만으로도 뭔가 특별함이 있다.
(오른쪽) 금산공원에서는 온갖 종류의 난대림을 보면서 산책을 즐길 수 있다.

운 토마토가 자라고 있다. 연꽃이 핀 연못은 맑은 날에는 보기가 좋지만 비 온 뒤에는 범람해 길가 징검다리를 건너가야 한다. 맑은 날에는 길가에 웬 징검다리가 있나 할지도 모른다.

중산간 벌판에서 만나는 선운정사

낮은 돌담 사이의 귀덕농로를 걸어가면 멀리 언덕 위로 보이는 절이 선운정사이다. 제주에서 보는 절은 좀 생경하다. 특히 중산간의 벌판에 외따로 있는 절은 더 그렇다. 주위에 민가도 없이 절 건물만 홀로 서 있다. 육지의 절처럼 지나가는 과객이 마실 샘물이 있는 것도 아니어서 웬만해서는 제주의 절에 들어가지 않게 된다.

올레길에서 삼림욕을 즐기는 금산공원

선운정사에서 버들못 농로를 거치고 길가의 혜린교회를 지나자 납읍의 금산공원이 보인다. 금산공원에 가 보지 않은 사람이라면 마을에 있는 낮은 오름으로 보일 수도 있다. 금산마을에 접어들어 납읍초등학교 옆 금산공원 표지판을 보아야 비로소 이곳이 난대림 숲이 있는 금산공원임을 알 수 있다.

금산공원에는 후박나무, 생달나무, 식나무, 종가시나무, 아왜나무, 동백나무 등 난대림이 연중 푸른 잎을 자랑하고 있다. 나무가 다 같아 보이는데 어떻게 구분할 수 있을까 겁먹을 필요는 없다. 금산공원 내의 나무에는 친절하게 이름을 붙여 놓았다. 금산공원을 도는 산책로는 우거진 삼림으로 인해 하늘이 잘 보이지 않을 정도이다. 금산공원의 산책로가 길지 않으니 걷다가 쉬다가 마음껏 난대림에서 발산하는 피톤치드를 들이 마셔 보자.

둘레길에서 바라만 봐도 좋은 과오름

금산공원의 한쪽에는 마을 제사를 지내던 포제단이 있고 금산공원을 나오면 납읍초등학교에서 뛰어노는 아이들을 볼 수 있다. 이어 납읍마을을 가로질러 과오름으로 향한다. 여기부터 종착지인 고내 포구까지는 슈퍼나 식당이 없으므로 간식을 준비하거나 식사를 하고 가면 좋을 것이다. 과오름은 지친 올레꾼을 고려해 다행히 오르진 않고 옆으로 간다. 오름 둘레길인 셈이다.

정상 탈환의 고달픔이 허망한 고내봉

과오름에서 도새기 숲길을 지나면 고내봉이 나타난다. 고내봉을 오는 길은 힘이 든다. 지금까지 걸어온 길이가 있고 또 고내봉을 오르는 길은 경사가 조금 있다. 숨을 헐떡이면서 천천히 오르니 중간에 체육시설과 운동하러 온 주민들이 보인다.

가볍게 눈인사를 하고 고내봉에 오른다. 고내봉 정상에는 통신시설만 자리 잡고 있고 막상 사방을 둘러볼 조망은 없다. 사람 키를 훌쩍 넘게 자란 나무들 때문이다. 동쪽 한라산은 고사하고 서쪽 고내 포구의 모습도 전혀 보이지 않는다. 고내봉 정상에 온 보람이 없다. 마침 관청에서 실시하는 공익사업으로 고내봉의 수풀을 베는 사람들이 보인다. 길가의 수풀은 베나 베지 않나 길이 넓어 다니는 데 무리가 없는데 애꿎은 수풀만 벤다. 그 대신 고내봉 정상의 조망에 대한 조사를 거쳐 정상의 나무를 좀 베면 어떨까 싶다.

꼬부랑길 끝에서 만나는 고내 포구

고내봉에서 고내 포구로 가는 길은 그야말로 갈 지(之) 자다. 이리저리 왔다갔다가 크게 길을 휘젓고 나서야 일주도로를 건너 고내 포구로 간다. 고내마을을 지나 고내 포구에 이르면 15코스 한림-고내 올레의 종착지에 다다른 것이다.

고내 포구는 이른 아침부터 쥐치, 뱅에돔 등을 낚는 전문(?) 낚시꾼들이 모이는 낚시 명소이다.

17 한적한 어촌 마을의 흔적을 좇다
16코스 고내–광령 올레

걷기 난이도 ●●●○○
걷기 포인트 신엄, 구엄의 신비로운 바닷길과 로맨틱한
수산 저수지 둑방길 걷기

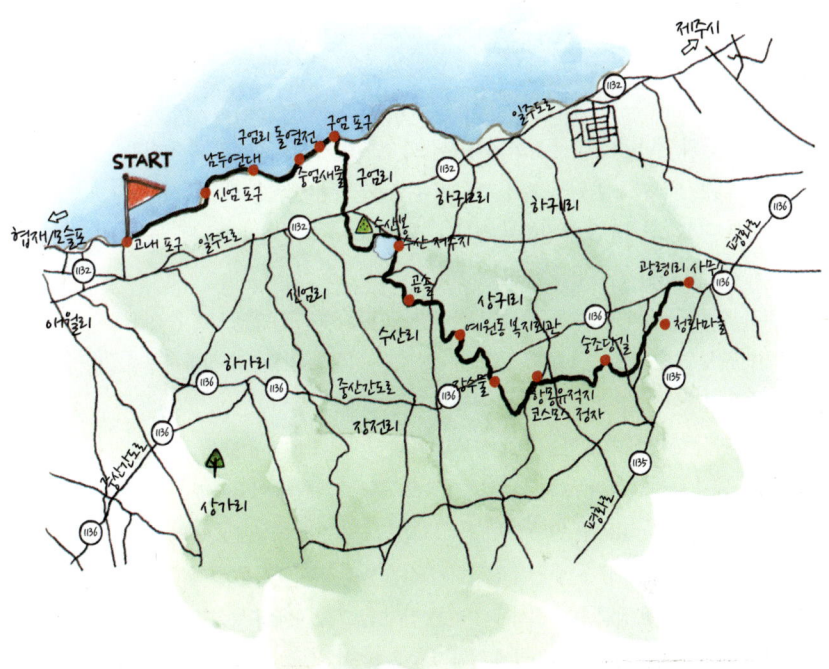

코스&시간

15.7km, 5~6시간

고내 포구 → 남두연대(2.9km) → 구엄리 돌염전 (4.6km) → 수산봉 정상(6.5km) → 수산 저수지 (7.2km) → 항몽유적지 코스모스 정자(11.6km) → 숭조당길(12.7km) → 청화마을(14.4km) → 광령1리 사무소(15.7km)

교통

시외버스

서일주 이용, 제주/서귀포 시외버스터미널에서 승차, 고내 하차. 고내 포구까지 도보 5분

승용차

제주시 → 1132번 일주도로 → 애월 → 고내 포구
서귀포시 → 1132번 일주도로 → 중문 → 대정 → 협재 → 고내 포구

제주의 삼별초 유적을 찾아서

고려시대 때 몽골의 원나라와 맞서 강화도와 전라도 진도를 거쳐 제주까지 와서 저항했던 삼별초(三別抄). 삼별초는 원래 고려 고종 때 무신정권의 수장이던 최우가 설치한 야별초의 좌우부대와 신기군을 통칭하는 것이다. 삼별초 최후의 근거지였던 제주도에는 삼별초와 관련된 유적이 많이 남아 있다.

14코스 저지-한림 올레의 옹포 포구, 넓게 한림항 일대는 예전에 명월포로 불렸다. 1270년 고려 원종 11년, 삼별초의 문경 장군이 선봉군을 이끌고 명월포로 상륙하면서 삼별초의 제주 항쟁이 시작되었다. 현재의 옹포 포구는 그때의 유적이 남아 있지 않으나 한림항 내륙에는 명월성이 있던 자리에 성문과 일부 성벽이 복원되어 있다.

16코스 고내-광령 올레의 항파두리는 삼별초가 옹포 포구로 상륙해 이곳에 토성을 쌓고 근거지를 만든 곳이다. 1271년 원종 12년 전라도 진도 근거지가 여몽 연합군의 공격으로 함락되고 수장이던 배중손 장군이 전사하자 김통정 장군이 새로운 수장이 되어 제주로 들어왔다. 김통정 장군은 명월성에 자리를 잡지 않고 그곳에서 북쪽인 항파두리를 택해 언덕과 하천을 따라 주위 15리에 걸쳐 토성을 쌓았다.

17코스 광령-산지천 올레의 외도는 항파두리에 자리 잡은 삼별초가 이용하던 포구였다. 삼별초는 항파두리에서 먼 명월포(옹포) 대신 항파두리에서 가까운 외도 포구를 주된 포구로 삼았다. 항파두리에 크고 높게 토성을 쌓은 것이 무색하게 1273년 원종 14년 여몽 연합군이 항파두리를 총공격해 함락되면서 전멸하고 말았다. 이후 100여 년간 제주도는 원나라의 부속지가 되어 소와 말을 키우는 목양지가 되고 말았다.

신엄 포구 앞바다는 깊이에 따라 전혀 다른 물빛을 자아내 신비롭다.

시골 어촌에서 시작하는 올레 16코스

16코스 고내-광령 올레는 전반부 바닷길과 후반부 중산간 길이 절반씩 있는 길이다. 시작은 한적한 시골 어촌인 고내 포구이다. 고내 포구에 와 보지 않은 사람이라면 올레 출발지이자 종착지 표시가 어디 있나 한참을 찾을지도 모른다. 고내 포구의 올레 출발지와 도착지는 고내 포구에 세워진 표지석(돌탑 비슷한)에서 북쪽으로 조금 걸으면 된다. 용천수가 나오는 곳 근처가 올레 출발지이자 도착지이다.

신엄 포구에서 해안길 따라 걷기

바닷가를 따라 길을 걸으면 이내 신엄 포구를 지나고 남두연대와 중엄새 물에 도착한다. 제주시에서 자동차로 여행을 하다 보면 만나게 되는 하

구엄 포구에서 볼 수 있는 용암 바위는 제주가 왜 화산섬인가를 잘 보여 준다.

귀-애월 해안도로의 중간을 걷게 되는 것이라고 생각하면 된다. 신엄과 중엄의 해안에는 용암이 녹아내려 굳은 기암괴석이 즐비해 자꾸 가던 길을 멈추게 한다. 이 해안도로는 제주에서 가장 아름다운 해안도로로 꼽히는 곳이니 급히 가지 말고 발걸음을 최대한 늦추는 게 좋다.

독특한 소금빌레를 엿보는 구엄 포구

구엄 포구에 있는 소금빌레는 해안가 넓은 돌판 위에 소금물을 가둬 놓고 돌소금을 생산하던 곳이다. 빌레는 제주어로 평평하고 넓은 바위를 뜻한다. 구엄 소금빌레의 넓이가 1,500평에 달한다니 제주도 최대의 소금 공

물안개가 자욱하게 낀 수산봉 둘레길과 둑방길을 걷다 보면 전혀 다른 세상에 온 듯한 느낌을 받게 된다.

장이었던 셈이다. 지금은 소금 생산하는 것을 볼 수 없어 아쉽다. 옛 문화 계승이나 관광객을 위해서라도 소금빌레에서 소금을 생산하는 모습을 보여 주면 좋지 않을까 싶다. 소금빌레에서 생산된 소금은 맛도 독특했다니 관광 상품으로도 좋을 듯하다.

올레꾼에게 허락된 호젓한 길, 수산봉 둘레길

올레길은 구엄 포구에서 갑자기 발길을 내륙 쪽으로 90도로 돌린다. 구엄 포구에서 "우향우!" 하여 일주도로를 건너 수산봉을 향해 간다. 수산봉 자락에는 제주의 다른 곳에도 있는 충혼묘지가 있다. 제주의 충혼묘지는 어

과연 이 세상에 존재하는 공간일까? 수산 저수지의 아련한 풍경은 감상에 젖게 한다.

디에 있든 충혼묘지라고 부르므로 어디의 충혼묘지인지 기억해 두는 게 좋다. 충혼묘지를 지나면 주위가 뿌옇다는 느낌이 든다. 수산 저수지가 멀지 않다는 증거이다.

물안개 낀 풍경이 아름다운 수산 저수지 둑방길

수산봉 아래에 있는 수산 저수지는 13코스 용수-저지 올레의 용수 저수지에 비해 잘 정비되어 있다. 넓은 저수지 주변은 깨끗이 정리되어 있고 제방길은 걷기에 좋다. 수산 저수지는 온통 물안개에 젖어 있어 그 끝을 보여 주지 않는다. 아스라이 먼 곳에서는 물안개가 피어나고 하늘로 올라가며 사라지곤 한다. 수산 저수지의 제방길을 거의 다 건널 무렵에야

항파두리 항몽유적지(왼쪽)와 항파두리 토성(오른쪽)을 가볍게 둘러보고 나오면 고성 숲길을 만난다.

수산 저수지를 감싸던 물안개가 거치며 수산 저수지의 전체 모습이 눈에 들어온다.

 넓다. 조용하다. 차갑다. 수산 저수지는 거울처럼 맑은 수면을 보여 준다. 넓은 수면은 실제 거울처럼 차게 느껴진다. 수산 저수지를 돌아가는 길, 구석진 곳에서 몰래 민물낚시를 하는 사람들이 보인다. 단단해 보이는 수면에 낚싯줄을 꽂고 언제 잡힐지 모르는 붕어를 기다리고 있다.

스러져 가는 옛 역사를 둘러보는 항파두리 항몽유적지

수산 저수지에서 항파두리로 가는 길은 조금씩 위로 올라가는 길이다. 이 길의 하이라이트는 높고 푸른 소나무가 일품인 곰솔길이다. 곰솔길은 다행히 차가 자주 다니지 않는 아스팔트길인데 솔잎이 쌓인 오솔길이면 더 좋았겠다는 생각이 든다. 곰솔길을 지나 조금 더 걷다 보니 길가에 언덕이 길게 보인다. "뭘까?" 하며 언덕 옆을 따라 올라가면 그것이 바로 항파두리의 토성임을 알게 된다. 토성에 올라가 보니 아래로 밭과 민가들이 보이고 멀리 외도까지 눈에 들어오는 듯하다.

항파두리 토성에서 아래로 내려가면 항파두리 유적지가 나온다. 항파두리 유적지라고 해서 거창한 것이 있는 것은 아니고 항몽유적비과 항몽 역사화, 유물이 있는 전시관이 전부이다. 항파두리 유적지 앞에는 당시 성문 대문에 쓰였을 법한 커다란 돌쩌귀가 놓여 있어 항파두리의 규모를 알 수 있게 한다.

청화마을 찍고 광령1리에서 마무리

항파두리를 지나서는 고성 숲길과 밭길 등을 거쳐 청화마을을 만난다. 청화마을과 광령초등학교를 거쳐 광령1리 시내로 들어서면 16코스 고내-광령 올레의 종착지인 광령1리 사무소가 멀지 않다.

18 올레의 묘미를 곱씹는 재미에 빠지다
17코스 광령-산지천 올레

걷기 난이도 ●●●○○
걷기 포인트 자연이 준 선물인 내도 알작지와 용두암을 걸어 보고
사람들로 북적이는 제주 시내 둘러보기

코스&시간

18.7km, 6~7시간

광령1리 사무소 → 무수천 트멍길(2.4km) → 외도월대(5.3km) → 이호테우해변(7.5km) → 도두봉 정상(10.2km) → 용담레포츠공원(14.4km) → 용두암(15.5km) → 관덕정(17.8km) → 동문로터리 산지천마당(18.7km)

※제주올레 18~21코스 개장
제주올레 18코스 산지천-조천 올레, 19코스 조천-김녕 올레, 20코스 김녕-하도 올레, 21코스 하도-종달 올레도 있다. 이 코스들은 제주 북부 해변의 풍광을 온전히 감상할 수 있어서 좋다. 18~21코스에 대한 자세한 내용은 제주올레 홈페이지(www.jejuolle.org)를 참고하면 된다.

교통

시내버스
887번 이용, 제주 시청이나 노형로터리에서 승차, 광령1리 하차

노형-중산간 버스
제주 시외버스터미널에서 승차, 광령1리 하차

평화로선, 중문고속화 시외버스
제주 시외버스터미널에서 승차, 무수천 삼거리 하차, 광령1리까지 도보 10분

승용차
제주시 → 1139번 1100도로 → 무수천 → 광령1리
서귀포시 → 1132번 일주도로 → 중문 사거리 → 1139번 1100도로 → 무수천 → 광령

누구 하나 알 작지에
내려서는 이가 없구나!

제주 여행을 하며 가 본 내도 알작지. 제주어로 알은 아래, 작지는 조약돌이니 알작지 하면 마을 아래에 있는 조약돌 정도가 되겠다. 화산섬 제주에 자갈밭 해안이 있는 것도 신기하지만 파도가 밀려오고 갈 때면 자갈들이 구르며 '자르르– 자르르–' 내는 소리는 가히 자연이 만들어 내는 오케스트라 소리라고 해도 부족함이 없으리라.

조약돌 또는 자갈은 화산돌이 굳어서는 생길 수 없는 것이라고 한다. 자갈은 강물에 돌들이 서로 부딪치며 깎여 동그랗게 되기 때문에 반드시 강변에 있다. 그래서인지 내도 주변에도 외도의 무수천이 있다. 한라산 장구목 서복 계곡에서 발원한 무수천은 25km를 달려 외도 앞바다에서 끝난다. 무수천(無水川)이라는 이름에서 알 수 있듯이 무수천은 평소에는 물이 없는 건천이나 비가 오는 날이면 한라산 자락의 물을 한 번에 모아 거세게 흘러내린다. 무수천의 정식 한자는 무수천(無愁川)으로 복잡한 인간사의 고민을 없애 준다는 철학적인(?) 의미를 담고 있다. 또한 무수천은 지류가 무수히 많아 무수천(無數川)이라 쓰기도 한다.

강변의 돌이 한 번 물에 쓸려 이웃 돌에 부딪쳤다고 해서 금방 둥근 조약돌이나 자갈이 되지는 않을 것이다. 투박하고 강한 돌이 물에 쓸리고 이웃 돌에 부딪쳐 둥근 자갈이 되려면 적어도 수십만, 수백만 년의 세월이 필요하지 않을까.

무수천이 끝나는 곳에 외도가 있고 외도 옆에 자갈밭 해변인 내도 알작지가 있다. 육지에서 온 사람이라면 화산섬 제주에서 내도 알작지의 자갈밭이 신기하게 여겨지기도 하겠는데 그냥 지나친다. 아쉽다. 자연이 만든 오케스트라, 내도 알작지가 내는 천상의 소리를 아무도 듣지 못하고 있다.

무수천 숲길을 걸을 때에는 나무도 보고 무수천도 보면서 느긋하게 걸어가 보자.

광령1리에서 떠나는 올레 17코스

17코스 광령-산지천 올레는 중산간 하천길과 바닷길, 오름길, 도시길로 나눠진 종합선물세트 같다. 광령1리 사무소에서 무수천 방향으로 출발한다. 제주에서 시외버스를 몇 번 타 본 사람이라면 알겠지만 무수천 삼거리는 평화로와 광령, 제주시로 가는 국도가 갈리는 지점이다.

숲도 보고 시원한 물에 발도 담그는 무수천 숲길

무수천을 지나는 광령교에 다다르면 무수천을 따라가는 숲길이 이어진다. 소나무, 삼나무가 높이 서 있는 길은 한적해서 걷기에 좋다. 무수천 길을 걸으면 간혹 나타나는 무수천을 보고 그냥 지나지 말고 아래로 내려가 보라. 무수천 바닥의 기암괴석과 무수천에 고인 시원한 물은 발을 담그지 않아도 즐거운 풍경이 된다. 무수천에 고인 물 중에는 깊은 곳이 있으니 함부로 들어가지는 말자.

창오교 다리 밑을 지나 외도로 향하다 보니 밭에 벼가 심겨 있다. 논이 아닌 밭에서 자란다는 밭벼이다. 보리가 아닌 벼가 물이 없는 밭에서 자라는 것이 신기하다. 지나던 제주도 분도 내가 밭벼를 촬영하고 있자 밭벼가 반갑다며 가까이 온다. 제주 사람들 말로는 밭벼의 밥맛이 논벼의 밥맛보다 좋다고 한다.

제주 선비들이 풍류를 즐기던 외도 월대

외도에 다 왔는지는 외도의 아파트촌이 보이는지의 여부로 알 수 있다. 제주시의 팽창으로 제주시 외곽 외도까지 아파트촌이 형성되어 있다. 아파트촌 옆에는 잔디 운동장과 외도 실내수영장이 보인다. 외도 실내수영장은 용천수를 이용한 수영장으로 제주 전역에서 유일하지 않나 싶다. 제주 둘레 해안에서 흔히 볼 수 있는 용천수는 현대에 이르러 그 용도를 잃고 그냥 바다로 흘러가고 있다. 그나마 제주의 청정 지하수가 생수로 팔리는 것은 제주 물 이용의 획기적인 성과이다. 제주에서는 용천수가 너무 흔해서인지 물 자원을 효과적으로 이용하지 않고 있다.

외도 실내수영장을 지나면 무수천가에 둥근 바윗돌 하나가 보이는데 외도 월대이다. 옛날 선비들이 모여 풍류를 읊던 곳으로 월대 옆 오래된 비석들이 그 역사를 증언하고 있다. 외도의 무수천은 은어가 뛰어노는 곳으로도 알려져 있으나 잔잔한 무수천 수면에서는 물고기의 움직임을 좀

제주에서는 논이 아닌 밭에서 자라는 밭벼를 만날 수 있다.

(위) 자갈 구르는 소리가 우렁차게 들리는 내도 알작지 해안
(아래) 제주 시내와 가까워 시민들의 쉼터로도 사시사철 인기가 높은 이호테우 해안

체 볼 수 없다. 또 외도 포구는 명월 포구, 지금의 옹포 포구로 상륙한 삼별초가 항파두리에 자리 잡은 뒤 포구로 이용한 곳이기도 하다.

'자르르' 소리가 즐거운 알작지 해안

외도 포구 옆에는 내도 알작지가 있다. 난데없이 화산섬 제주 해안에 둥근 자갈밭 해안이 펼쳐진다. 서건도 바다 산책길에서 본 자갈 해변보다 수십 배는 더 큰 자갈 해변이다. 당연히 '자르르- 자르르-' 하는 자갈 구르는 소리도 서건도 바다 산책길보다 더 크게 들린다. 내도 알작지에서 자갈 구르는 소리를 들으며 걷다 보면 해안가에 돌담이 둘러진 곳을 볼 수 있는데 그 안에 오색 줄이 걸려 있다. 바다에서의 안녕을 빌던 할망당이다. 사람들은 이곳도 그냥 '휙' 지나간다. 너무 바쁜 여행자들의 모습이 아쉽기만 하다.

제주 시내에서 가까운 이호테우 해안

내도 알작지를 지나면 이호테우 해안이다. 방파제에 붉은색과 흰색의 목마 등대가 있는 해수욕장으로 제주 시내에서 밤바다를 구경하기에 좋은 곳이다. 이호테우 해안에서는 도두항이 멀지 않다. 작고 예쁜 도두항에는 요트와 어선이 정박해 있고 제주시 앞바다를 한바퀴 도는 유람선도 있다. 도두봉에 오르면 제주 시내와 멀리 한라산이 한눈에 보이기도 한다.

도두봉에서 내려오면 잠시 밭길을 걷다가 용두암까지 바닷길을 걷게 된다. 슬슬 바닷길이 지겨운 사람은 어영소공원쯤에서 제주공항 뒤로 가

기괴한 형태의 용두암(왼쪽)과 용연을 지나 만나는 옛 제주 목사의 숙소인 제주목관아지(오른쪽)

는 밭길을 걸어도 좋다. 제주공항 뒤 길에서는 비행기가 머리 위로 날아간다.

바닷길과 안녕하는 용두암과 용연

용두암에 이르면 관광객으로 북적여 제주 시내에 들어온 느낌이 들고 신비로운 용연을 보면 바닷길이 끝난다. 피곤한 마음에 이쯤해서 걸음을 멈추면 어떨까 하는 생각이 들기도 한다. 용연 근처의 횟집에서 먹는 회 한 접시에 소주 한 잔이 그립다. 하지만 아직 갈 길이 남아 있다.

옛 제주 목사의 숙소, 제주목관아지

용연을 지나 제주 시내로 들어간다. 무근성 지역을 지나면 제주 목사가 머물렀던 제주목관아지가 있다. 제주목관아지는 일제강점기에 관덕정만 남은 것을 근래에 〈탐라순력도〉, 〈탐라방영총람〉 등을 참고해 일부 건

제주 유학을 발전시킨 학자를 기리는 오현단(왼쪽)과 옛 제주 성읍의 자취를 볼 수 있는 제주 성지(오른쪽)

물들을 복원해 놓았다. 제주목관아지를 보지 않은 사람이라면 한 번 들러 볼 만하다.

제주의 역사가 살아 숨 쉬는 오현단과 제주 성지

제주목관아지에 이르면 어떤 올레꾼들은 제주의료원 쪽을 거쳐 오현단과 제주성지로 향하지 않고 바로 동문시장 쪽으로 간다. 분명 육지 사람이 아닌 제주 시내 지리를 잘 아는 제주 사람이다. 그들은 오현단과 제주 성지를 생략하고 바로 동문시장 앞 산지천으로 갔다. 다른 올레꾼들은 올레 표시를 따라 제주의료원, 제주중앙천주성당이 있는 방향으로 발길을 돌려 오현단과 제주 성지로 향한다.

오현단은 제주로 유배되었거나 방어사로 부임해 제주의 유학 발전에 기여한 김정, 송인수, 김상헌, 정온, 송시열 등을 기리는 사당이 있는 곳이다. 오현단 옆 성벽은 제주성이 있던 자취로 일부 성벽이 남아 있다. 오현단에서 나오니 사람들로 북적이는 동문시장이고 이곳을 통과해 나오면 17코스 광령-산지천 올레의 종착지인 산지천이 보인다.

세 번째 길

+

제주의 오름 위에서
바다를 만나다

01 세계자연유산 위에 올라서다
거문오름

걷기 난이도 ●●●○○
걷기 포인트 거문오름 분화구 안 풍혈, 일본군 동굴진지와 제1용~제9용 봉우리 오르기

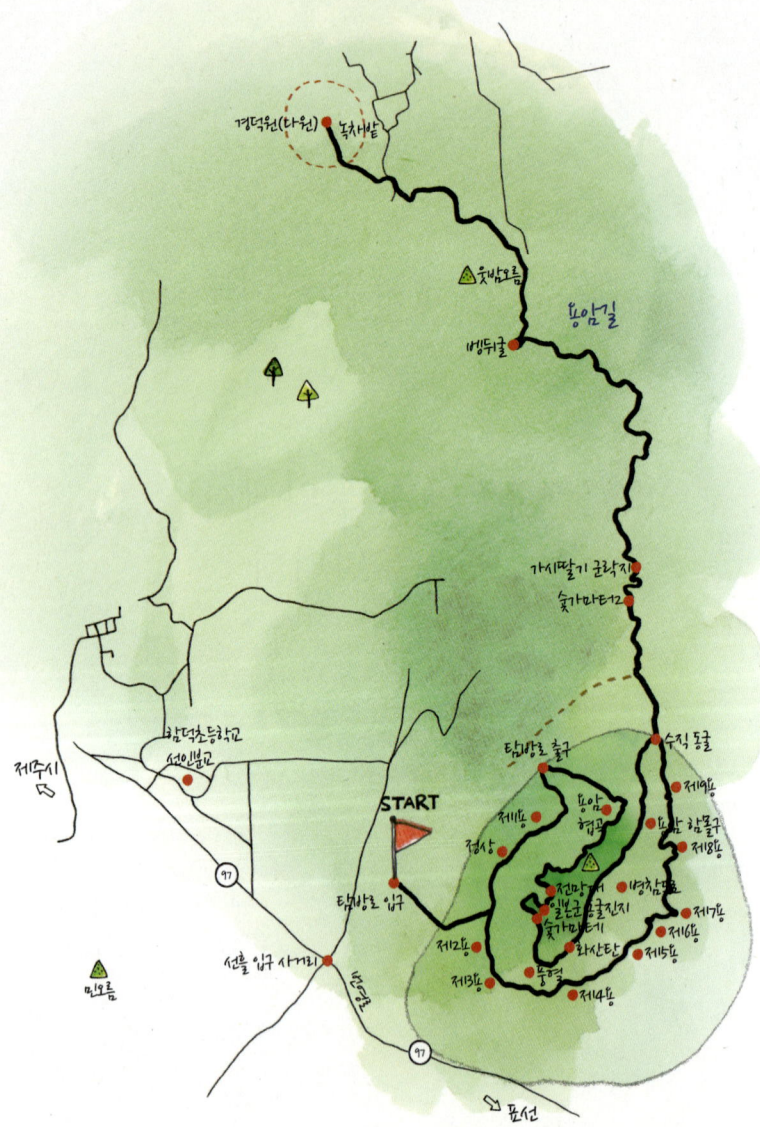

코스&시간

정상 코스: 약 1.8km, 약 1시간
탐방로 입구 → 정상 → 탐방로 출구

분화구 코스: 약 5.5km, 약 2시간 30분
탐방로 입구 → 정상 → 용암협곡 → 숯가마터 → 수직동굴 → 탐방로 출구

전체 코스: 약 10km, 약 3시간 30분
탐방로 입구 → 정상 → 용암협곡 → 숯가마터 → 수직동굴 → 일본군 갱도진지 → 탐방로 입구

※ 탐방 전, 전화 예약(064-710-8981) 및 인터넷 예약(wnhcenter.jeju.go.kr) 필수

교통

시외버스
번영로선 이용, 거문오름 입구 하차. 탐방 안내소까지 도보 15분

승용차
제주시 → 97번 번영로 → 도깨비 공원 → 선흘2리, 거문오름 입구 → 탐방 안내소

서귀포시 → 1132번 일주도로 → 표선 교차로 → 97번 번영로 → 대천동 사거리 → 선흘2리, 거문오름 입구 → 탐방 안내소

서귀포시 → 1131번 5·16도로 → 서성로 입구 삼거리 → 1119번 서성로 → 수망 교차로 → 1118번 남조로 → 교래 사거리 → 1112번 삼나무 숲길 → 대천동 사거리 → 97번 번영로 → 선흘2리, 거문오름 입구 → 탐방 안내소

세계자연유산인 거문오름에 서기

2007년 거문오름·한라산·성산일출봉은 거문오름 용암 동굴계로 세계자연유산으로 등록되었고, 이 중 거문오름은 천연기념물 제444호로 지정, 보호되고 있다. 거문오름에서 분출된 용암이 북동쪽으로 흘러 뱅뒤굴, 만장굴, 김녕굴, 용천 동굴을 지나 김녕 해안의 당처물 동굴까지 흘렀다. 이들 동굴은 모두 하나의 동굴인 셈이다. 이는 신생대 제3기와 제4기에 걸쳐 생긴 것으로 지금으로부터 약 200만 년 전이다.

거문오름은 제주시 조천읍과 서귀포시 남원읍, 표선면의 경계를 이루고 있고 북서쪽 방향의 말굽형 형태를 지니며 해발 456m, 높이 112m이다. 움푹 들어가 계곡처럼 보이는 분화구에는 용암 협계, 용암 함몰구, 수직 동굴 등 화산 활동으로 인한 용암 분출 상황이 생생히 남아 있다.

거문오름 길에서 만나는 풍혈은 곶자왈 비슷한 돌무더기 속에서 바람이 나오는 곳을 일컫는다. 겨울에는 좀 따뜻한 바람, 여름에는 좀 서늘한 바람이 나오는데 주위의 온도가 높거나 낮을 뿐 결국 풍혈에서 나오는 바람의 온도는 일정하다.

거문오름에는 관음사 코스에서 보았던 숯가마터를 볼 수 있다. 숯가마터가 있다는 것은 첩첩산중이었다는 얘기인데 제주시까지 숯을 팔러 가려면 꼬박 하루가 다 걸렸을 것이다. 거문오름의 분화구 안에는 모슬포 알뜨르 비행장이나 저지오름의 동굴진지와 같이 일본군의 동굴진지와 병참도로가 남아 있어 일본의 침략 흔적도 엿볼 수 있다.

거문오름 전망대에 올라 오름 아래 푸른 숲을 바라보면 가슴 속까지 뻥 뚫리는 기분이 든다.

거문오름을 오르는 1차 관문, 탐방 안내소

번영로선 시외버스를 타고 선흘2리 거문오름 입구에 내리면서 탐방이 시작된다. 거문오름 방향으로 10여 분을 걸으면 그냥 탐방 안내소만 있어도 좋을 텐데 이래저래 여행자들의 편의를 위해 자연 그대로의 모습이 사라져 가서 안타까울 따름이다.

 탐방 안내소에서는 지정된 시간이 되면 예약한 사람들에게 탐방 표찰을 나누어 준다. 거문오름 해설사가 시간대별 탐방객을 인솔해 주의사항을 전달하고 출발한다. 거문오름 내에서는 도시락이나 간식조차 먹을 수 없다. 쓰레기로 인한 오름 오염을 최소화하려는 조치로 보인다.

느긋하게 걷는 분화구 둘레길, 제1용~제9용

거문오름의 제1용~제9용은 얼핏 봐서는 산등성이처럼 보이는데 실제 거문오름의 분화구 둘레길이다. 우선 분화구 둘레길을 한 바퀴 돌고 나중에 분화구 안쪽으로 들어간다.

거문오름 입구에서 분화구 정상인 제1용까지는 경사가 그리 급하지 않은 산길이다. 때때로 사람들이 빠르게 걸으면서 해설사를 앞지르기도 한다. 주요 지점에서 해설사의 설명을 듣는 것은 뒷전이다. 거문오름을 탐방하러 온 것인지 경보를 하러 온 것인지 그저 황당할 뿐이다. 급기야 앞서 간 사람들 중에는 제2용, 제3용을 지나 쉼터에서 앞 팀과 만나기도 한다. 이럴 경우 쉼터에서 안내자가 앞 팀 해설사의 양해를 얻어 먼저 갈 사람에게 앞 팀에 피해가 가지 않도록 당부하고 보내곤 한다.

제1용에서 제9용에 이르는 거문오름 분화구 둘레길을 전체의 길음다. 느긋한 마음으로 오름의 정취를 만끽하며 걸어 보자.

거문오름 숲길은 보고 즐기며 천천히 가는 길이다. 때문에 오로지 완주를 위해 빠르게 앞만 보고 가는 사람들을 보면 안타까운 마음이 든다. 저렇게 빨리 걸어가면 거문오름이 세계자연유산이든, 강둑 산책로이든 상관없을 것이다. 숲길 걷기의 묘미를 모르고 지나치는 여행자들에게 거문오름의 아름다움이 아까울 뿐이다.

일제강점기의 슬픈 흔적, 일본군 동굴진지

일본군 동굴진지는 제8용의 오름 비탈면에 있다. 예전에는 동굴진지들이 서로 연결되어 있었으나 세월이 지남에 따라 일부가 무너져 지금은 다른 동굴진지로 가는 길이 막혔다고 한다. 동굴진지는 거문오름 여기저기에 구멍을 낸 채 오늘에 이르고 있다.

천연 에어컨이라 불리는 용암 함몰구, 풍혈

거문오름 분화구 안에서 볼 수 있는 용암 함몰구는 크고 작은 용암 동굴의 흔적이다. 용암이 땅속을 흐르며 만든 용암 동굴이 시간이 지나고 비와 눈 등에 의해 침식되어 천장이 무너져 만들어진 것이 바로 용암 함몰구이다. 풍혈이라는 것은 곶자왈에서 볼 수 있는 것으로 크고 작은 화산 돌 틈에서 공기가 새어 나오는 것을 말한다.

제주의 오름이 유명해지면서 오름을 찾는 사람들을 위해 길이 깨끗하게 정비되어 있다.
그러나 흙이 등히 깔려 있는 제주길의 특성은 여전하니 즐거운 마음으로 걸어 보라.

세계자연유산을 돌아보고 나오는 길

안내사의 설명을 들으며 차분히 걷다 보니 어느새 한 바퀴를 다 돌고 탐방 안내소로 되돌아와 있다. 급한 걸음으로 먼저 간 사람들이 지루한 듯 기다리고 있다. 단체 여행객들의 아쉬움이 바로 이런 것이다. 거문오름까지 와서 운동을 할 것도 아닌데 뭐가 그리 급해서 주변을 보지도 않고 앞만 보며 걷는단 말인가. 관광버스를 타고 휭 하니 빠져나가는 사람들의 모습에 한숨이 절로 나온다.

거문오름은 세계자연유산에 등재될 만큼 아름답고 곳곳에 생물이 자생하고 있다. 자연은 천천히 걸으면서 자세히 뜯어봐야 그 아름다움을 제대로 느낄 수 있다. 제발 천천히 걸으며 돌아보라.

02 하늘과 맞닿은 오름 위에 서다
아부오름

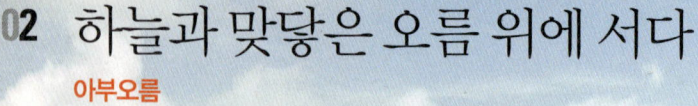

걷기 난이도 ●○○○○
걷기 포인트 아부오름에서 다양한 오름이 있는 풍경을 보고
아부오름 분화구 둘레길 걷기

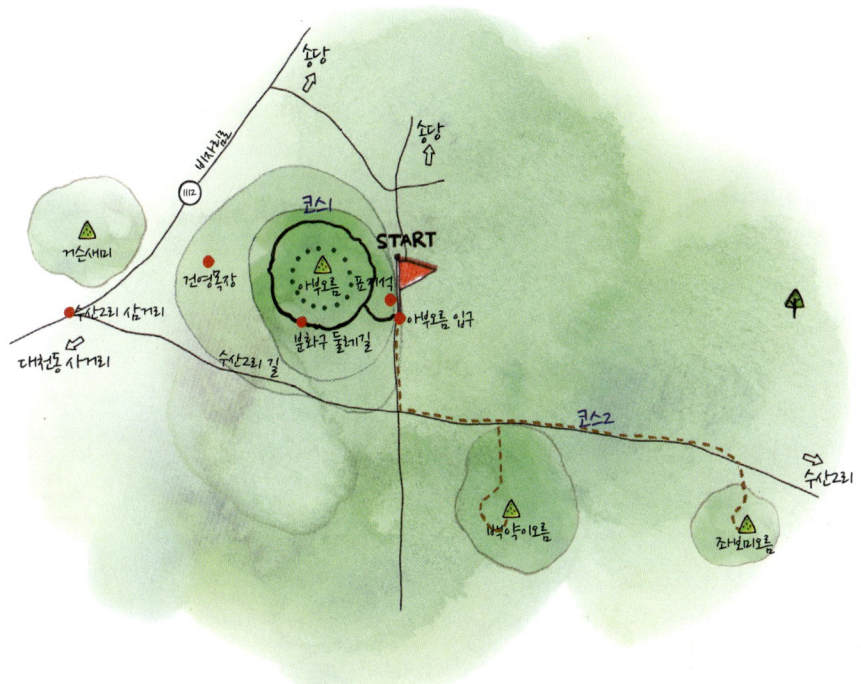

코스&시간

1. 아부오름 코스: 약 2.1km, 1시간
아부오름 입구 → 아부오름 정상 → 아부오름 분화구 둘레길 → 아부오름 입구

2. 아부오름-백약이오름-좌보미오름 코스: 약 7.3km, 3시간
아부오름 입구 → 아부오름 정상 → 아부오름 입구 → (수산2리 길) → 백약이오름 입구 → 백약이오름 정상→백약이오름 입구 → (수산2리 길) → 좌보미오름 입구 → 좌보미오름 정상 → 좌보미오름 입구

교통

시내버스
번영로선 이용, 대천동 사거리 하차. 대천동 사거리에서 김녕-덕천-송당-세화 순환선 이용, 1112번 비자림로와 수산2리 삼거리 하차. 아부오름까지 수산2리 방향으로 도보 30분

동일주 이용, 세화 하차, 김녕-덕천-송당-세화 순환선 이용, 1112번 비자림로와 수산2리 삼거리 하차. 아부오름까지 수산2리 방향으로 도보 30분

승용차
제주시 → 97번 번영로 → 대천동 사거리 → 1112번 비자림로 → 수산2리 길 → 건영목장 → 아부오름(첫 번째 좌회전)

서귀포시 → 1132번 일주도로 → 표선 사거리 → 97번 번영로 → 대천동 사거리 → 1112번 비자림로 → 수산2리 길 → 건영목장 → 아부오름(백약이오름 지나 우회전)

아부오름의 길목에서

길을 잃다

수산2리에서 출발해 좌보미오름, 백약이오름을 거쳐 1112번 비자림로와 만나는 삼거리까지 왔지만 아부오름은 보이지 않았다. 길가에는 눈을 씻고 보아도 아부오름 방향이란 표지판조차 없다. 좌보미오름과 백약이오름은 길가에서 보이는데 아부오름은 보이지 않는다. 이 길을 몇 번이나 왔다 갔다 했는지.

지도상으로는 1112번 삼나무 숲길과 수산2리 길이 만나는 동북쪽에 아부오름이 있어야 한다. 그런데 찾으려는 아부오름은 보이지 않고 삼나무 숲과 넓은 초지에 방목되는 소들만 시야에 들어온다. 아마 건영목장이 아닐까? 수산2리로 가는 길가에는 여러 오름과 농장들이 있어 딱 건영농장이라고 확신할 수도 없다.

제주의 오름 중에 영화 〈이재수의 난〉에 나왔던 아부오름이 그나마 인지도 높은 오름이다. 그래서 제주에 온 사람 중에 시간이 되면 한 번쯤 찾고 싶은 마음이 있는 곳이지만 막상 와 보면 어디에 있는지 도통 알 수 없는 지경에 빠진다.

정작 아부오름에 도착하니 커다란 표지석에서는 앞오름이라고 적혀 있다. 그래서 또 아부오름 길을 왔다갔다 한다. 앞오름이라고 쓴 커다란 표지석을 자세히 보니 작은 글씨로 앞오름이 변형되어 아부오름으로도 불린다는 내용이 있다.

아부오름은 수산2리 길에서는 표지판을 발견하기 힘들고 오히려 조금 먼 송당에서 볼 수 있다. 송당마을로 들어가 아부오름 표지판을 보고 길을 따라가면 아부오름까지 손쉽게 갈 수 있다. 앞서 말한 대로 오름 앞 커다란 표지석에는 앞오름으로 적혀 있으니 이 오름이 아닌가 하고 다른 오름으로 가지 말라. 앞오름이 아부오름이니까.

아부오름 표지판에는 '앞오름'이라고 적혀 있다.
오름에 대한 간단한 설명을 읽고 나서 오름 탐방을 시작한다.

제주민의 존경을 받는 아부오름

아부오름 앞 표지석에는 아부오름이라는 이름 대신 앞오름이라 적혀 있고 아부오름에 대한 유래가 작은 글씨로 쓰여 있다. 아부오름은 넓고 완만하며 타원형인 분화구가 마치 어른이 좌정한 모습 같다고 해서 아부악(亞父岳, 阿父岳)이라고 했다고 한다. 제주말로 '아부'는 아버지만큼 존경하는 대상을 뜻한다. 하긴 우리도 코흘리개 적에 아버지를 "아부지"라고 하지 않았는가.

들판 위의 소들이 반기는 아부오름 입구

수산2리에서 백약이오름을 지나 동북쪽으로 난 도로를 따라가면 아부오름 표지석이 보이고 주차된 렌트카도 보인다. 아부오름이 아닌 앞오름 표지석이 있는 입구에서 정상까지는 불과 10여 분이면 도달할 수 있다. 아부오름이 건영목장 방목장 안에 있는 까닭에 아부오름을 오르며 소가 나가지 못하도록 막은 철망을 두 개나 통과해야 한다. 아부오름으로 가는 길에는 도처에 소가 싸 놓은 소똥이 뒹굴고 있다.

　아부오름은 원형으로 해발 301.4m, 높이 51m이다. 아부오름 아래 건영목장의 지표가 이미 250m 정도는 되어 실제 올라가는 높이는 얼마 되지 않는다. 아부오름 정상에서는 수산2리 길에 있는 백약이오름과 좌보미오름, 한라산 풍경이 한눈에 들어온다. 이 밖에 수많은 이름 모를 오름들이 사방에 늘어서 있는 것이 흡사 오름의 바다 위에 선 느낌이다. 아부오름의 분화구는 둘레를 따라 한 바퀴 돌 수 있다. 분화구 북쪽에 건영목장의 축사가 보이고 몇 마리의 소들이 축사 근처 풀밭에서 어슬렁거린다.

영화 〈이재수의 난〉이 만든 삼나무 숲

아부오름 하면 분화구 한가운데에 동그랗게 심긴 삼나무가 인상적인데 밖에서는 보이지 않고 오름 분화구 정상에 올라야만 보인다. 그러니 밖에서 여러 오름을 보며 오름 분화구 안에 삼나무가 둥그렇게 심긴 아부오름을 찾아봤자 찾을 수 없는 게 당연하다. 이들 오름 분화구 안의 삼나무는 원래부터 있었던 것은 아니고 영화 〈이재수의 난〉을 찍으며 심은 것이다.

아부오름을 얘기할 때 빠지지 않는 것이 영화 〈이재수의 난〉이다. 현재 분화구에 원형으로 심긴 삼나무는 영화 촬영 당시 심은 것이다. 이 영화는 1901년 제주도에서 실제로 일어난 천주교인과 주민들 간의 충돌 사건을 다룬 것이다. 흥미로운 것은 당시에는 천주교인이 핍박받는 존재가 아닌 프랑스인 신부의 힘을 업고 백성들을 억압했다는 사실이다. 여기에 세금징수관의 횡포까지 더해져 백성들의 삶은 고달파지기만 했다. 결국 백성들은 천주교인과 관군에 대항해 들고일어났고 프랑스인 신부와 교인들이 총기를 사용하여 사태가 악화되었다. 이에 대정읍의 통인 이재수가 백성들과 함께 제주성에 있던 천주교인과 관군을 공격했고 제주성을 함락해 천주교인 등 700여 명을 죽였으나 끝내 체포되어 사형을 당했다.

아부오름 둘레길을 걸으면서 분화구 안 삼나무도 보고 주변의 다양한 풍경도 즐길 수 있다.

이재수의 난은 대한제국(1897~1910년) 당시 외세를 업고 들어왔던 천주교의 폐단을 잘 보여 준 사건이다. 이보다 불과 50여 년 전인 1845년 조선시대 말기에는 천주교를 서학이라 하여 탄압했다. 당시 김대건 신부는 상해에서 사제 서품을 받고 몰래 돌아오던 중 제주도 용수항에 표착하기도 했으니 수십 년 후에 천주교인의 득세로 일어난 이재수의 난이 새삼스럽기만 하다. 1886년 조선이 프랑스와 조불수호통상조약을 맺고 1887년 조약이 비준되자 천주교 포교가 자유로워졌다. 종교의 자유가 허용되자 그동안 억압받던 천주교는 프랑스라는 외세의 힘을 업고 백성들을 억누를 정도가 된 것이다.

산책하듯 거니는 아부오름 둘레길

아부오름 정상에서 분화구 안에 심긴 삼나무를 보며 천천히 분화구 둘레길을 걸어 본다. 소들이 분화구 위까지 올라왔는지 여지저기에 큼직한 소똥들이 보인다. 건영목장이 있는 쪽에는 분화구 능선에 소나무가 심겨 민둥산인 아부오름 정상과 대비가 된다. 아부오름 분화구 둘레길은 꽤 길어 아부오름 밑에서 아부오름 정상까지 올라온 거리를 넘는 듯하다. 아부오름 분화구 둘레길을 걸으면 주위의 크고 작은 오름들을 다양한 각도에서 볼 수 있어 좋다.

아부오름 분화구 둘레길을 한 바퀴 돌고 나면 내려가는 길은 아주 짧다. 길을 따라 조금만 내려가면 방목장 소를 가두는 철조망이 있고 철조망을 지나면 앞오름이라 적인 표지석이 있는 아부오름 입구에 도달한다.

03 제주의 슬픔 위를 걸으며 생각하다
다랑쉬오름

걷기 난이도 ●●●○○
걷기 포인트 다랑쉬오름에서 바다를 보고 다랑쉬오름 분화구 둘레길 걸어 보기

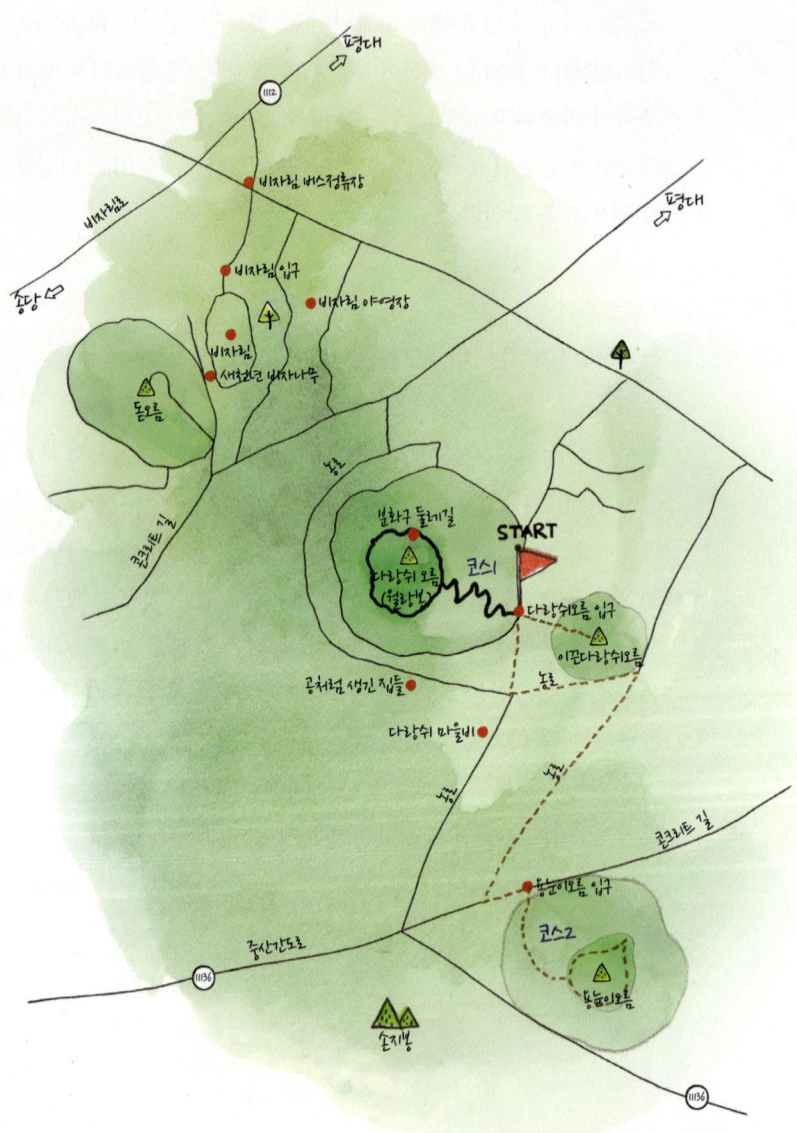

코스&시간

1. 다랑쉬오름 코스: 약 3.1km, 1시간 30분
다랑쉬오름 입구 → 다랑쉬오름 정상 → 다랑쉬오름 분화구 둘레길 → 다랑쉬오름 입구

2. 다랑쉬오름-용눈이오름 코스: 약 7.9km, 3~4시간
다랑쉬오름 입구 → 다랑쉬오름 정상 → 다랑쉬오름 입구 → 용눈이오름 입구 → 용눈이오름
※다랑쉬오름에서 용눈이오름으로 갈 때는 이끈 다랑쉬오름 옆 시멘트 길을 이용한다.
※다랑쉬오름이나 용눈이오름에서 대중교통을 이용하려면 비자림으로 돌아와야 한다.

교통

시외버스
동일주 이용, 세화 하차, 김녕-덕천-송당-세화 읍면순환선 이용, 비자림 하차. 비자림 안 새천년 비자나무 샛길에서 다랑쉬오름까지 도보 30여 분

승용차
제주시 → 1132번 일주도로 → 세화 → 비자림 → 다랑쉬오름
제주시 → 1132번 일주도로 → 97번 번영로 → 1112번 삼나무 숲길 → 1136번 중산간도로 → 다랑쉬오름

제주의 아픔,
4·3 사건 속으로

제주도를 평화의 섬이라고 부르는 배경에는 1948년 4월 3일에 일어난 제주 4·3 사건이 있다. 제주 4·3 사건이란 광복 직후인 1947년 제주도에서 좌익과 우익의 무력충돌을 빌미로 1948년 남한만의 대한민국 정부가 수립되자 정부군이 좌익으로 몰린 백성들을 공격해 큰 희생자를 만들어 낸 것을 일컫는다. 해방 직후인 1947년에는 미군정의 힘을 업은 전직 일본제국의 경찰이나 관리들이 군정경찰이나 관리로 변신해 부정부패를 일삼았다. 외지에 나가 있던 6만 명의 제주민이 일시에 귀국하고 흉년이 드는 등 사회가 불안해지자 3·1절을 계기로 시위가 일어났고 군정경찰의 발포로 다수의 사망자가 발생했다. 이에 좌익인 남로당 제주도당이 주도해 파업으로 맞섰고 군정 측에서는 우익인 서북청년단을 동원해 충돌을 일으켜 많은 희생자가 생겼다.

수세에 몰린 남로당 제주도당은 무장대를 조직해 1948년 4월 3일에 제주도 내 12개 지서와 우익 단체를 공격하고 경찰과 서북청년단의 탄압을 중지하도록 요구했다. 하지만 1948년 10월에 제주도 경비사령부가 설치되고 11월에 계엄령이 선포되는 등 무장대에 대한 토벌이 시작되어 중산간 마을의 95%가 불타 사라지고 수많은 사람이 살상되었다. 여기에 1950년에 한국전쟁이 터지며 1949년에 좌익인사의 전향을 목적으로 세워진 보도연맹 가입자와 관련자, 가족들이 대거 희생되었다. 제주 4·3 사건으로 희생된 수는 무려 2만5천~3만 명 정도였고 군인과 경찰은 300여 명이었다. 이후 제주 4·3 사건으로 실제 죄와 상관없이 희생자 가족들이 '빨갱이' 취급을 받다가 2003년 진상조사위원회의 조사에 따라 국가권력에 따른 무고한 희생이었음이 밝혀져 노무현 대통령이 유족과 제주도에 정식으로 사과했다.

제주 제일의 다랑쉬오름을 오르는 초입

다랑쉬오름은 제주의 오름 중 첫째가 아니라고 하면 섭섭할 오름이다. 다랑쉬오름의 모양은 원추형으로 정상에는 원형의 분화구가 있다. 분화구 모양이 달처럼 보인다고 해서 도랑이나 달랑쉬, 한자로 월랑봉(月郎峰)이라고도 한다.

다랑쉬오름은 해발 382.4m, 높이 227m로 등산로 입구에서 정상까지는 가파른 풀밭을 지그재그로 올라가야 한다. 다른 낮은 높이의 오름과 달리 오르는 맛이 있고 등산로가 풀밭이어서 오르는 동안 사방을 조망할 수 있어 좋다. 가파른 경사면을 따라 불어오는 바람 역시 무척 시원해 오르며 흐르는 땀을 씻어 준다.

빼어난 경치를 자랑하는 다랑쉬오름 정상

다랑쉬오름은 제주의 오름 중에서 꽤 높은 편에 속한다. 그래 봐야 오르는 데는 20~30여 분이 걸릴 뿐이다. 어느 오름이든 오르는 시간이 적게 걸린다는 것이 제주 오름의 큰 장점이다. 남녀노소 누구나 오를 수 있을 만큼 험하지 않은 것도 좋고, 오름에 서면 사방 경치가 한눈에 들어와 자꾸만 제주 오름을 찾게 된다. 제주 해안에 있는 오름은 바닷가 경치가, 중산간에 있는 오름은 한라산과 중산간 경치가 더할 수 없이 좋다.

다랑쉬오름 정상에 올라 분화구 둘레길을 걷다 보면 저 멀리 제주 해안과 중산간의 풍경까지 볼 수 있다.

시시각각 다른 풍경을 보여 주는 다랑쉬오름 분화구 둘레길

다랑쉬오름 정상에서는 북서쪽으로 비자림과 돗오름, 남동쪽으로 용눈이오름, 중산간의 풍력발전소 등이 잘 보인다. 멀리 제주의 북쪽과 동쪽 해안까지 아스라이 눈에 들어온다. 다랑쉬오름 분화구 정상에서는 둘레를 따라 한 바퀴 돌아볼 수 있다. 다랑쉬오름이 작지 않은 까닭에 오름 분화구 둘레길을 한 바퀴 도는 데는 시간이 좀 걸린다. 다랑쉬오름 정상의 반대쪽에서는 다랑쉬오름 정상에서 보이지 않는 풍경까지 볼 수 있어 걸어 볼 만하다. 다랑쉬오름의 반대쪽 정상 방향에는 아부오름이 있고 남쪽으로는 용눈이오름과 손지오름(손지봉)이 가깝게 보인다.

사라진 다랑쉬마을의 흔적을 찾아서

지금은 벌판인 다랑쉬오름 남쪽에는 20여 가구가 살던 다랑쉬마을이 있었는데 제주 4·3 사건에 휘말려 폐촌이 되었다. 다랑쉬 동굴에서는 당시 희생자의 유골이 11구나 발견되기도 했다. 제주 4·3 사건을 기리기 위한 제주평화공원 전시장에 가면 제주 4·3 사건의 전모와 이로 인해 폐촌이 된 다랑쉬마을에 관한 사연을 자세히 알 수 있다.

다랑쉬오름은 바람이 많이 부는 날이면 패러글라이딩을 하는 젊은이들이 즐겨 찾는다. 날씨가 좋을 때 다랑쉬오름에 가면 정상에서 불러오는 바람을 타고 하늘로 날아오르는 패러슈트들을 볼 수 있다. 색색의 패러슈트들은 하늘을 수놓은 오색의 코스모스처럼 아름답다.

04 김영갑 선생이 사랑한 길을 걷다
용눈이오름

걷기 난이도 ●○○○○
걷기 포인트 용눈이오름에 올라 김영갑 선생을 떠올리고 용눈이오름 분화구 둘레길을 거닐며 풍경 만끽하기

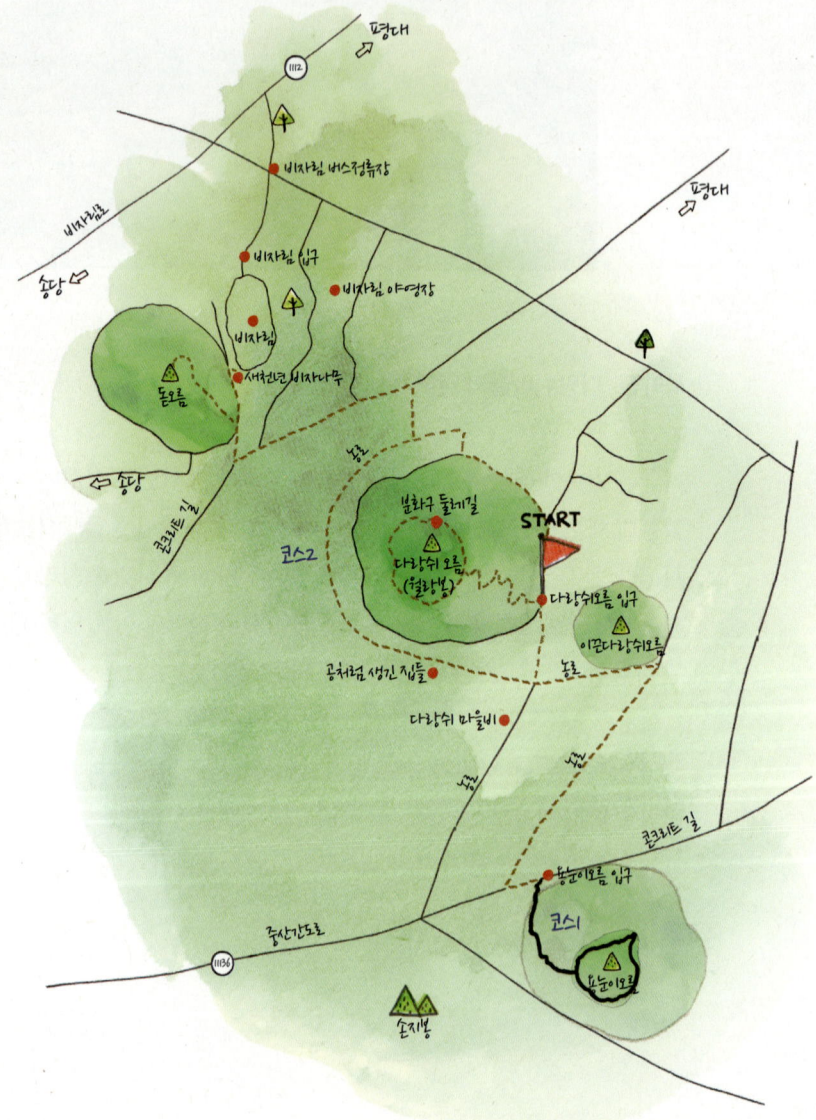

코스&시간

1. 용눈이오름 코스: 2.4km, 1시간
용눈이오름 입구 → 용눈이오름 분화구 둘레길 → 용눈이오름 정상 → 용눈이오름 입구

2. 비자림-다랑쉬오름-용눈이오름 코스: 약 13.6km, 4~5시간
비자림-돗오름 입구 → (콘크리트 길) → 다랑쉬오름 → (시멘트 길) → 이끈다랑쉬오름 → (시멘트 길) → 용눈이오름 입구 → 용눈이오름 정상

※도보로 비자림에서 돗오름, 다랑쉬오름에서 이끈다랑쉬오름을 거쳐 용눈이오름으로 갈 경우에는 경험자와 동행하는 것이 좋다. 승용차를 이용하면 1136번 중산간도로를 이용해 용눈이오름 앞까지 갈 수 있다.

교통

시외버스
동일주 이용, 세화 하차, 김녕-덕천-송당-세화 읍면순환선(약 1시간 간격) 이용, 비자림 하차. 비자림에서 다랑쉬오름을 거쳐 용눈이오름까지 도보 1시간

승용차
제주시 → 97번 번영로 → 대천동 사거리 → 1112번 삼나무 숲길 → 송당 사거리 → 1136번 중산간도로 → 손지봉 삼거리 → 용눈이오름

서귀포시 → 1132번 일주도로 → 남원 교차로 → 1118번 남조로 → 교래 사거리 → 1112번 삼나무 숲길 → 송당 사거리 → 1136번 중산간도로 → 손지봉 삼거리 → 용눈이오름

김영갑 갤러리, 두모악

김영갑 선생의 갤러리는 김영갑 갤러리 또는 두모악이라고 부르는데 여기서 두모악은 한라산의 옛 이름인 두무악(頭無岳)에서 온 것이다. 김영갑 선생은 손때 묻은 필름카메라로 20년 동안 무려 30만 롤을 촬영했다. 메모리 용량이 넉넉한 디지털카메라로 막 찍은 것도 아니니 엄청난 양이 아닐 수 없다.

김영갑 선생은 1982년에 우연히 제주에 들렀다가 제주의 매력에 빠져 1985년부터 제주에 정착해 2005년에 죽기 전까지 20여 년을 제주 사진만 찍었다. 김영갑 선생이 찍어서 바로 볼 수 있고 필름 걱정할 필요 없는 디지털카메라로 작업을 했다면 지금의 혼의 담긴 작품들이 나왔을까 하는 생각이 든다. 찍는 사진의 수가 한정되고 필름 가격이 만만치 않은 필름카메라에 비해 디지털카메라 작업은 부담이 덜할 수밖에 없다. 작가가 아닌 일반 사람은 더욱 신중함이 떨어진다. 김영갑 선생은 필름카메라를 사용했기에 온몸이 굳는 루게릭병을 앓으면서도 한 컷, 한 컷을 신중하게 찍어서 사진 속에 담아낼 수 있었을 것이다.

2002년에 폐교가 된 삼달초등학교 자리에 갤러리를 마련한 김영갑 선생은 끝내 병마와 싸워 이기지 못하고 2005년에 세상을 떠났다. 생전에 제주도를 사랑했고 제주도 사진만 찍었던 김영갑 선생은 죽어서 제주의 땅에 묻혔고 오늘도 그의 사진은 제주를 찾는 사람에게 제주의 참 모습을 보여 주고 있다. 그는 디지털카메라로 빨리 돌아가는 세상을 찍은 것이 아니라 필름카메라를 통해 우리에게 느리게 사는 세상을 보여 준 것은 아니었을까.

용눈이오름은 멀리서 보면 〈어린왕자〉의 보아뱀이 연상된다.

비자림에서 용눈이오름 초입에 이르는 길

김영갑 선생이 사랑한 용눈이오름. 행정구역상으로는 제주시 구좌읍 종달리에 있으나, 비자림 근처 다랑쉬오름 옆에 있다고 하는 것이 이해가 빠르다. 용눈이오름 옆 다랑쉬오름이 원추형의 잘 생긴 오름이라면 용눈이오름은 동향의 발굽형으로 못생긴 오름에 속한다. 김영갑 선생은 무엇 때문에 보잘것없는 용눈이오름을 사랑한 것일까.

용눈이오름까지 대중교통을 이용해서 가자면 제주시에서 동일주 시외버스를 타고 세화에 내려 비자림으로 가는 읍면순환선을 타야 한다. 세화에서 1시간이 넘는 배차 간격의 읍면순환선을 기다리는 것이 고역이다. 버스정류장에서 혼자 놀기의 모든 것을 하다 보면 읍면순환선이 온다. 희한하게 읍면순환선을 기다릴 때면 버스정류장에 아무도 없는데 버

소 방목장을 지나고 수풀이 넓게 펼쳐진 길을 걷다 보면 멀게만 느껴지던 용눈이오름에 어느새 다다른다.

스가 도착하는 시간이 되면 어디서인지 사람들이 모여든다. 대개는 시골에 사는 할망이나 하르방들이다.

용눈이오름에 가려면 비자림에서 내려야 한다. 용눈이오름 덕분에 비자림 숲길을 걸어 새천년 비자나무까지 간 뒤, 샛길로 빠지면 돌담이 나오고 돌담을 넘으면 시멘트 길이다. 시멘트 길 앞쪽에 있는 오름은 돈오름으로 쉽게 오를 수 있다. 시멘트 길을 나오면 콘크리트 길이 이어지고 길을 따라 서쪽으로 가면 다랑쉬오름이다.

다랑쉬오름으로 가는 샛길로 가서 다랑쉬오름을 오르거나 이끈다랑쉬오름 옆길로 가서 용눈이오름으로 간다. 비자림에서 용눈이오름 앞까지 오는 것만 해도 꽤 걸어야 한다. 용눈이오름으로 오르는 길에 철조망이 쳐진 것을 보니 이곳도 소나 말 방목장인가보다. 조심스레 철조망을 통과해 용눈이오름으로 오르기 시작한다.

느긋하게 걸어야 즐거운 용눈이오름 둘레길

용눈이오름은 두 개인지 세 개인지 구분이 잘 안 되는 분화구가 겹쳐 있고 길은 분화구를 따라 이어져 정상으로 향해 있다. 마음이 급한 사람은 용눈이오름 둘레길을 걷지 않고 바로 용눈이오름 정상으로 가기도 한다. 바쁜 일이 없다면 용눈이오름 둘레길을 따라 주위 경치를 구경하며 천천히 올라가는 것이 좋다.

김영갑 선생이 사랑한 용눈이오름 정상 오르기

막상 용눈이오름 앞에 서면 그리 높지 않음을 알 수 있다. 해발 247.8m이나 정작 올라가는 높이는 88m 정도이고 둘레는 2,685m이다. 용눈이오름 표지판 앞에서 보면 흡사 쌍봉낙타의 등처럼 부드러운 두 개의 봉우리로 보이기도 한다. 김영갑 선생이 촬영한 용눈이오름의 모습과 비슷하다. 다랑쉬오름은 오름 비탈과 그 아래로 삼나무가 빽빽하게 심긴 것에 비해, 용눈이오름에는 이렇다 할 나무 하나 없이 키 작은 들풀만 자라고 있다. 멀리서 보면 마치 초록의 카펫을 깔아 놓은 것 같다. 용눈이오름 표지판이 있는 곳에서부터 오름을 오르니 이내 낮은 철조망이 있고 그것을 넘으면 몇 기의 묘가 보인다. 제주에는 산이 없으니 오름에 가면 어디서나 묘를 볼 수 있다.

오름의 능선을 걷는 호젓한 기분

묘를 지나 낮은 봉우리의 능선을 따라 높은 봉우리의 능선으로 걸어 올라간다. 꽤 높은 다랑쉬오름에 비하면 용눈이오름에 오르는 것은 오른다고 말할 수도 없을 정도로 간단한 산책이다. 낮은 봉우리에서 높은 봉우리 쪽으로 가면 용눈이오름이 높이에 비해 둘레가 긴 이유를 알게 된다. 용눈이오름 정상 부근에 어림잡아 3개의 분화구가 있고 동쪽으로 열린 커다란 분화구가 보인다. 이러한 형상 때문에 동쪽의 말굽형 분화구라고 부르기도 한다.

용눈이오름의 북쪽에 다랑쉬오름이 있고 다랑쉬오름 서쪽에 이끈다랑쉬오름 또는 소월랑봉이 있으며 서쪽에 손지봉, 남동쪽 중산간에 풍력발전소가 보인다. 그리 뛰어난 조망이라고 할 수는 없다. 오히려 전체 조망을 보려면 이 근방의 최고봉인 다랑쉬오름에서 보는 것이 더 낫다. 그 대신 용눈이오름은 다랑쉬오름처럼 높은 곳에서 내려다보는 조망이 아닌 중간 높이에서 보는 편안한 조망을 누릴 수 있다.

용눈이오름에서 내려와 다시 용눈이오름을 보면 오름을 이루고 있는 선이 부드럽다. 보는 방향에 따라 다르지만 높고 낮은 쌍봉은 흡사 어머니의 젖가슴 같기도 하다. 이런 편안함이 김영갑 선생으로 하여금 용눈이오름을 사랑하게 만들었는지도 모르겠다. 비록 제주가 좋아 가족과도 인연을 끊고 살았지만 용눈이오름에서 어머니의 따스한 품을 그리워하지는 않았을까.

용눈이오름 둘레길과 능선을 걷기만 해도
제주의 푸르름이 몸속 가득 들어오는 듯하다.

05 신비로운 연못을 품은 오름에 오르다
물찻오름

걷기 난이도 ●●●○○
걷기 포인트 사려니 숲길 입구에서 물찻오름까지의 숲길을 걷고 물찻오름 연못에서 휴식 취하기

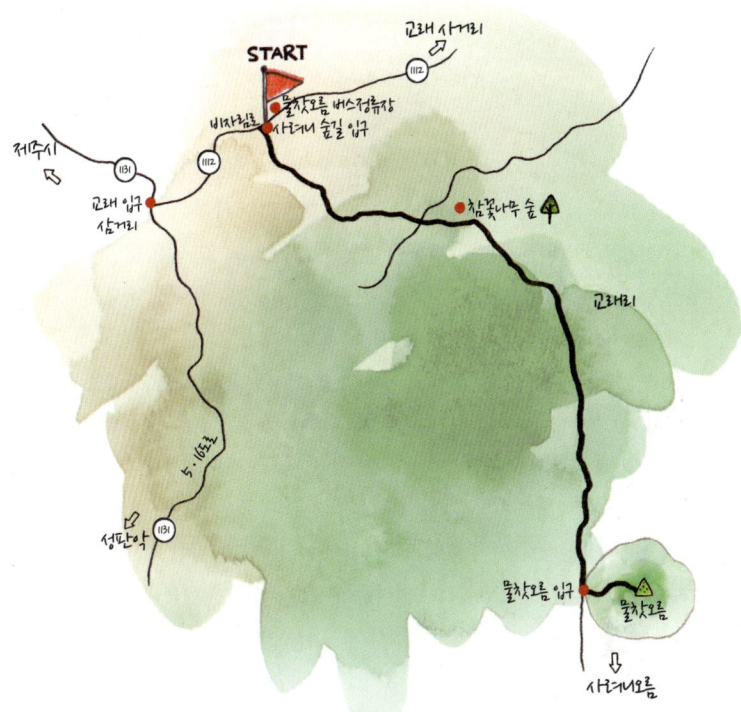

코스&시간

약 5.7km, 1시간 30분

사려니 숲길 입구 → 참꽃나무 숲(1.4km) → 물찻오름 입구(4.7km) → 물찻오름 정상 (5.7km)

※ 2018년 6월 30일까지 자연휴식년제로 인해 출입이 금지된다.

교통

시외버스

5·16노선 이용, 교래 입구 하차. 물찻오름 입구 버스정류장까지 도보 15분
번영로선 이용, 물찻오름 버스정류장 하차(교래 경유, 약 1시간 간격)

승용차

제주시 → 1131번 5·16도로 → 교래 입구 삼거리 → 물찻오름 버스정류장

서귀포시 → 1131번 5·16도로 → 교래 입구 삼거리 → 물찻오름 버스정류장

한라산 백록담보다 단아한 연못

TV나 신문에 나오는 한라산 정상의 연못인 백록담에는 항상 푸른 물이 가득 차 있다. 막상 큰맘 먹고 힘들게 한라산 정상에 올라 백록담을 보면 "어! TV에서 본 것과 다르잖아!" 하고 말하게 된다. 백록담의 물은 겨우 발목을 담글 수 있는 정도이고 깊은 곳이라야 무릎까지 올까 말까 한다. TV나 신문에서 보던 푸른 물이 출렁이는 백록담의 모습은 언제 볼 수 있는 걸까. 정답은 한여름 비가 많이 내린 다음날이다.

제주의 오름 중에는 백록담처럼 오름 정상에 물이 고인 오름들이 몇 개 있다. 이들은 물찻오름, 물장오리, 물영아리, 금오름, 동수악, 사라오름 등으로 전체 400여 개의 제주도 오름 중에서도 몇 개 되지 않는 귀한 오름들이다. 이 중 물장오리는 설문대할망의 전설을 품고 있어 흥미롭다. 설문대할망은 제주사람들이 자신의 소중이(속옷) 한 벌을 만들어 주면 육지까지 다리를 만들어 주겠다고 약속한다. 하지만 자그마한 인간들이 거대한 몸집의 설문대할망의 속옷을 만들기는 어려운 일이었다. 실망한 설문대할망이 물에 빠져 죽기로 결심하고 여러 곳을 돌아다닌 끝에 겨우 찾은 곳이 물장오리였다. 물장오리의 연못이 얼마나 깊은지 한라산을 베개 삼아 눕고 제주시 앞바다의 관탈섬을 빨래판 삼아 빨래를 발로 비벼 빨던 설문대할망을 빠져 죽게 했다.

물영아리는 물풀이 가득한 습지이고 사라오름은 물의 깊이나 면적이 백록담과 비슷하다. 물찻오름은 오름 연못의 물의 양이나 깊이, 면적만으로 보면 백록담보다는 낫다고 할 수 있다. 연못 주위에 황량한 분화구만 있는 백록담에 비해, 물찻오름에는 연못 주위로 빽빽한 삼림이 둘러싸고 있어 운치를 더한다. 때때로 물찻오름에는 노루 같은 동물들이 목을 축이러 오기도 한다.

우거진 수풀 사이로 비치는 햇살이 길에 비쳐 마치 새로운 세상 속으로 걸어가는 듯한 느낌을 준다.

물찻오름 걷기의 시작점, 사려니 숲길 입구

물찻오름에 가려면 5·16노선 시외버스를 타고 교래 입구 삼거리에서 내린다. 교래 경유 번영로선 시외버스를 타면 바로 물찻오름 정류장에 내릴 수 있으나 배차 간격이 1시간 정도여서 수시로 다니는 5·16노선 시외버스를 타는 것이 편하다.

교래 입구 삼거리에서 1112번 삼나무 숲길(비자림로)의 삼나무 숲을 따라가면 왼쪽에 절물 자연휴양림 후문이 나오고 조금 더 가면 물찻오름 버스정류장이 보인다. 사려니 숲길이 활성화되기 전에는 온전히 물찻오름 입구로 통했을 텐데 요즘은 사려니 숲길이 물찻오름보다 인기여서 물찻오름 버스정류장에서 삼나무 숲 속 주차장으로 가면 사려니 숲길이라고 적혀 있다.

봄철 숲길을 붉게 물들이는 참꽃나무 숲

물찻오름은 물찻오름 버스정류장에서 내려 사려니 숲길을 통해 가야 만날 수 있다. 사려니 숲길 입구에서 시멘트로 된 임도를 따라 걷는다. 길은 넓고 길게 뻗어 있어 느긋하게 숲과 하늘을 바라보면서 걷기에 좋다.

길 양쪽은 봄이면 붉은 꽃을 피우는 참꽃나무인데, 꽃이 피는 계절이 아니면 다른 나무와 별 차이가 없다. 참꽃나무는 3~6m 크기로 그리 크지 않고 가지 끝에 넓은 잎이 세 개씩 난다. 진달래목이니 봄인 5월에 붉은 꽃이 수술이 늘어진 모양으로 피는데 색은 붉다기보다는 핑크색에 가깝다.

관목은 소나무나 삼나무처럼 한 줄기 기둥처럼 나무가 자라는 것이 아니라 땅에서부터 여러 줄기의 가지째로 그리 높지 않게 자라는 나무를 뜻한다. 참꽃나무는 낙엽활엽관목이니 가을에는 잎이 진다. 참꽃나무는 사려니 숲길 입구의 참꽃나무 숲 주변에서 흔히 볼 수 있는 나무로 참꽃나무 중에는 이름표를 달고 있는 것이 있어 알아보기 쉽다.

이른 봄 복수초가 반기는 물찻오름 오르는 길

참꽃나무 숲을 지나 남쪽으로 내려가면 목적지인 물찻오름 표지가 보인다. 물찻오름은 원형의 화구호를 가지고 있고 해발 717.2m이나 실제 오르는 높이는 167m 정도이다. 물찻오름으로 오르는 길에는 참꽃나무 외에 산뽕나

무, 때죽나무, 좀작살나무, 산딸나무, 졸참나무, 서어나무, 꽝꽝나무 등이 자라고 있어 살아 있는 수목원 역할을 한다.

 이른 봄이면 길가에서 언 땅을 뚫고 샛노란 꽃이 피어나는데 바로 복수초(福壽草)이다. '원수를 갚는다'라는 의미의 복수가 아니라 복과 장수를 가져온다고 해서 복수초라고 한다. 복수초는 한방과 민간요법에서 진통제, 강심제, 이뇨제 등으로 사용하기도 하지만 독성이 있으므로 주의해야 한다.

오름 위 아름다운 연못, 물찻오름 정상

 얼마 동안 낮은 경사의 오르막을 올랐을까. 이내 물찻오름의 분화구 끝 정상에 선다. 정상에서 분화구 쪽으로 내려다보면 넉넉한 수량의 물찻오름 연못이 보인다. 발목이 잠길 듯한 사라오름 정상의 연못이나 습지인 물영아리의 연못과는 비교할 수 없이 확실한 연못의 모양을 갖추고 있다. 조금 과장하면 산정호수라 불러도 좋을 듯하다. 원래 물찻오름 같은 화구호에서는 화산 성분으로 인해 물이 산성을 띠고 영양 성분이 적어 어류가 살기 어려운데 근래에 이곳에 누군가가 붕어를 방류해 간혹 연못 위를 첨벙이는 붕어를 볼 수도 있다. 붕어 있는 곳에 낚시꾼이 없을 수 없어, 때로 낚시를 하러 오는 사람이 있다는데 물찻오름 보호를 위해 제발 자제할 일이다.

 물찻오름의 연못을 둘러보고 내려오는 길에는 사람들이 오가며 쌓은 돌탑들이 있어 돌 하나를 얹어 봐도 좋다. 돌탑을 이룬 돌 하나하나마다 귀한 소원이 담겼을 테니 행여 나의 돌로 인해 쓰러지지 않게 조심해야 한다. 돌탑이 당장 소원을 이루어 주지는 않더라도 소원하며 돌탑을 쌓았던 마음은 오랫동안 지속되지 않을까. 마음속에 소원이 있는 한 언젠가는 그 소원이 이루어질 수 있을 테니 말이다.

물찻오름의 정상 가운데에는 제주에서 쉽게 찾아볼 수 없는 넓은 연못이 있다.
간혹 물고기도 볼 수 있다고 하니 유심히 수면 위를 살펴보자.

06 아무것도 보이지 않는 산을 오르다

붉은오름

걷기 난이도 ●●●○○
걷기 포인트 사려니 숲길 입구에서 붉은오름까지 숲길을 걷고 붉은오름의 삼나무 숲에서 유유자적 거닐기

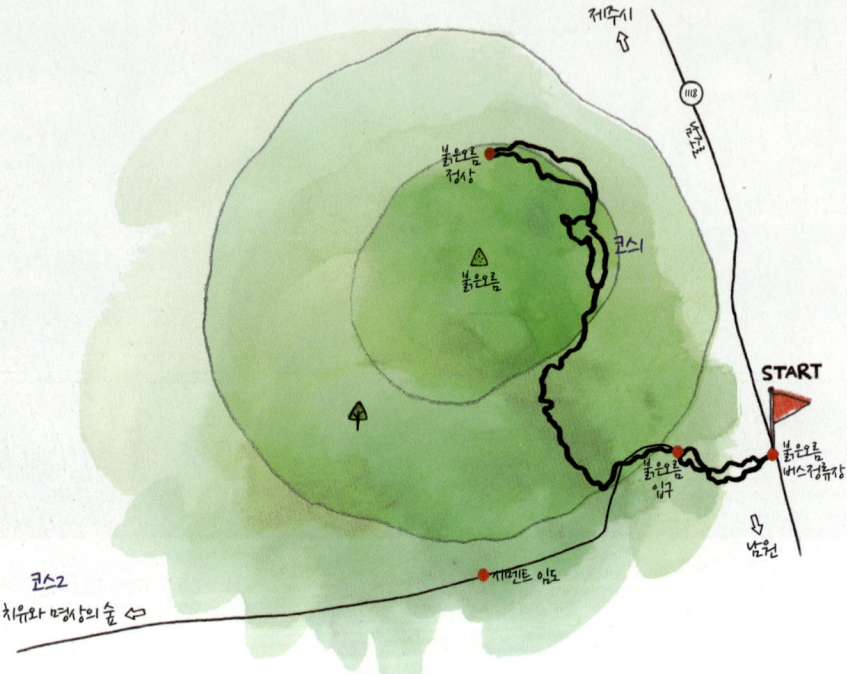

코스&시간

1. 남조로-붉은오름 코스: 3.87km, 1시간
붉은오름 버스정류장 → 붉은오름 → 붉은오름 버스정류장

2. 사려니 숲길-붉은오름 코스: 10.1km, 3~4시간
사려니 숲길 입구 → 참꽃나무 숲(1.4km) → 물찻오름 입구(4.7km) → 치유와 명상의 숲(6.6km) → 붉은오름(10.1km) → 남조로
※1파트 사려니 숲길 지도 참고

교통

시외버스
5·16노선 이용, 교래 입구 삼거리 하차. 물찻오름 버스정류장(사려니 숲길 입구)까지 도보 15분
번영로선 이용, 물찻오름 버스정류장 하차(교래 경유, 약 1시간 간격)
남조로선 이용, 붉은오름 버스정류장 하차(20분 간격)

승용차
제주시 → 1131번 5·16도로 → 교래 입구 삼거리 → 물찻오름 버스정류장
제주시 → 1118번 남조로 → 교래 사거리 → 붉은오름 입구
서귀포시 → 1131번 5·16도로 → 교래 입구 삼거리 → 물찻오름 버스정류장
서귀포시 → 1132번 일주도로 → 남원 → 1118번 남조로 → 붉은오름 입구

날마다 낯선 봉우리에 오르기

봉우리 하면 사방이 확 트여 멋진 경치를 볼 수 있겠다는 생각이 든다. 하지만 봉우리에 올랐다고 해도 예상과 달리 사방이 꽉 막혀 경치는 고사하고 아무것도 보이지 않을 때가 있다. 그렇다고 다시 다른 봉우리에 오르지 않는 것은 아니다. 우리는 날마다 봉우리를 오른다. 봉우리 정상에서 사방이 확 트인 멋진 경치를 꿈꾸며.

제주도에서 오름에 오르는 것은 우리가 꿈꾸는 삶의 봉우리를 오르는 것과 같지 않을까. 원하는 것을 하기 위해, 좋은 직업을 갖기 위해, 좋은 학교를 가기 위해, 젊어지기 위해, 돈을 많이 벌기 위해, 편히 쉬기 위해 노력하는 일 등이 삶의 봉우리를 오르는 것이다.

물론 큰 꿈이라는 봉우리는 한 번에 오를 수 없다. 큰 봉우리에 앞서 작은 봉우리들을 수차례 올라야만 제일 뒤에 있는 큰 봉우리에 오를 수 있다. 그러니 서두르지 말고 하나씩 낮은 봉우리부터 올라야 할 것이다. 차근차근 눈앞에 보이는 봉우리를 올랐다고 해서 항상 그 다음 봉우리가 더 높아지라는 법도 없다. 낮은 봉우리 다음에 더 낮은 봉우리가 나타날지도 모른다. 더 낮은 봉우리라도 그걸 넘지 않으면 앞으로 갈 수 없으니 힘이 빠지지만 넘어야 한다.

이렇듯 삶의 봉우리를 하나씩 넘어 전진하는 것은 목표를 향해 가는 과정이라고 할 수 있을 것이다. 때론 높은 봉우리를 만나 좌절하기도 하지만 우리 눈앞에 있는 봉우리를 외면할 수는 없다. 비록 올라보지 못해 불안할지라도 낯선 봉우리에 올라야만 우리가 원하던 것에 도달할 수 있다.

사려니 숲길에서는 몸과 마음을 치유하고 편안하게 명상을 즐길 수도 있다.

붉은오름으로 향하는 관문, 사려니 숲길 입구

붉은오름은 사려니 숲길 동쪽에 있다. 제주시 시외버스터미널에서 5·16 노선 시외버스를 타고 교래 입구 삼거리에서 내린다. 1112번 삼나무 숲길 또는 삼나무 숲을 따라가면 절물 자연휴양림 후문이 나오고 더 가면 물찻오름 버스정류장이 보인다. 여기서 삼나무 숲 속 주차장으로 가면 사려니 숲길 입구가 나온다.

걷는 것만으로도 건강해지는 치유와 명상의 숲

사려니 숲길을 걸어 내려간다. 참꽃나무 숲 포인트를 지나 진짜 물찻오름 입구 포인트를 거치면 치유와 명상의 숲이다. 치유와 명상의 숲이란 표시 아래에 작은 글씨로 월든(Walden)이라고 적어 놓았는데 미국의 사상가인 헨리 데이비드 소로우의 대표 산문집《월든》에서 따왔다. 이 책은 1845년에서 1847년까지 소로가 월든 숲 속에 살았던 것을 기록했다. 그는 숲 속에서 청빈한 생활을 했고 끊임없이 자연을 관찰하고 인생을 되돌아봤다. 세상에 대한 욕심 없이 자연에 동화되어 살아간 것이다.

간혹 은퇴 후 시골로 가서 자연에 순응한 삶을 사는 사람 중에 최소한의 것을 빼고 자급자족해 사는 사람들이 있다. 도시에 살면 공장에서 찍어 낸 공산품을 쓰지 않고는 하루도 살 수 없을 것 같은데 시골에서 자급자족하며 살다 보면 불편한 것은 불편한 대로 살아갈 수 있음을 알게 된다.

꼭 숲에 살지 않더라도 가끔 숲길을 걷는 것만으로도 세상의 욕심이 누그러지고 미워하는 마음이 줄어드니 한시라도 빨리 숲으로 갈 일이다. 물질이 많으면 많은 대로, 적으면 적은 대로 마음속 불만이 있다고 하는데 숲에 들어서면 물질을 많이 가진 사람이나 적게 가진 사람이나 하늘 아래 숲길을 걷는 한 사람일 뿐이다. 치유와 명상의 숲에서 소로우가 말하던 자연과 인생의 의미에 대해 되새기는 시간을 가져 보는 것은 어떨까.

붉은 땅이 만든 길을 따라가는 붉은오름 입구

치유와 명상의 숲에는 삼나무 숲 사이로 나무데크 산책로가 마련되어 있어 강력한 삼림욕장 역할을 하고 있다. 이곳에서는 말을 줄이고 묵언 속에 한 발짝 한 발짝 내디뎌 보자. 치유와 명상의 숲에서 동쪽으로 난 길로 가면 붉은오름이고 남쪽으로 난 길로 가면 사려니오름이 나온다. 치유와 명상의 숲 포인트를 뒤로하고 붉은오름 길로 접어들면 오가는 사람이 하나도 없다. 길 양쪽으로는 빽빽이 심긴 삼나무만 있을 뿐 곧게 뻗은 시멘

수목이 우거진 붉은오름을 걷기만 해도 피톤치드를 온몸으로 받아들일 수 있다.

트 임도는 휑하니 비어 있다. 대개 사려니 숲길을 찾은 사람들은 치유와 명상의 숲에서 발길을 돌려 되돌아간다.

오가는 사람도 없고 표지판은 치유와 명상의 숲 포인트에서 본 것이 전부여서 가는 동안 과연 붉은오름이 나타날지 불안한 마음이 든다. 얼마나 걸었을까. 길의 왼쪽에 사람들이 오름으로 올라간 흔적이 보인다. 누가 붉은오름 아니랄까 봐 벌써 드러난 땅이 붉다. 아쉽게도 공식적으로 붉은오름으로 올라가는 길은 없다. 길가에 앞서 왔다가 간 등산객이 매둔 리본이나 파헤쳐진 흙길이 올라가는 길임을 알려 줄 뿐이다. 사람이 오름으로 올라간 흔적이 산 위까지 이어진 곳을 찾아 붉은오름으로 향한다.

소로우의 말처럼 아무리 원시의 숲이라도 사람이 몇 번 다니면 길이 생기고 만다는데 붉은오름 정상으로 향하는 숲 사이에도 길이 나 있어서 붉은 땅이 드러나 있다. 붉은오름으로 오르는 길은 삼나무 숲을 이리저리 왔다 갔다 해야 한다. 삼나무가 심긴 능선을 벗어나면 크고 작은 나무들로 빽빽하다. 숲길을 가는 여행자를 제 멋대로 자란 나뭇가지가 잡아끈다. 마치 급히 가지 말라는 듯 말이다. 능선을 타고 가는 길부터 삼림이 울창해 하늘이 보이지 않는다. 그래서 붉은오름으로 가는 길은 조금 어둡다. 능선의 끝에는 붉은오름의 분화구 끝이나 사방에 나무들이 많아 구분이 잘 되지 않고 분화구 안에도 나무가 가득 차 있어 깊이를 알 수 없다.

허망한 조망을 선사하는 붉은오름 정상

이제 막바지 경사를 따라 올라가면 붉은오름의 정상이다. 정상 바닥에 거리 좌표가 적혀 있다. 정상이라는 측량점인지도 모르겠다. 붉은오름의 정상에 있는 땅은 오름 아래와 같은 황톳빛 붉은색이다. 하늘은 땅의 붉은색과 대비되는 파란색이다. 구름 한 점 없는 파란색 하늘은 막대기로 쿡 찌르면 파란 물이 똑똑 떨어질 것만 같다.

정작 붉은오름 정상에서는 보이는 것이 없다. 정말 하나도 보이지 않는다. 붉은오름 정상을 둘러싸고 있는 나무들이 빽빽해서인 듯하다. 관목들이 정상의 조그마한 땅만 남겨 두고 붉은오름을 다 차지하고 있다. 지도상으로는 붉은오름 서쪽으로 물찻오름, 동쪽으로 남조로가 보여야 한다. 그런데 붉은오름 정상에서는 허망하게 아무 것도 보지 못하고 내려간다.

다시 잡목이 우거진 숲길을 헤치고 내려와 시멘트 임도에 도착한다. 시멘트 임도를 따라 동쪽으로 더 가니 작은 초소가 보이고 남조로가 바로 앞이다. 남조로 길가에 서면 비로소 붉은오름의 봉우리가 한눈에 들어온다.

붉은오름 숲을 거닐며 만나는 이름 모를 풀과 나무가 걸음을 더욱 가볍게 만들어 준다.

07 노루가 놀다 간 습지에서 쉬다
물영아리

걷기 난이도 ●●●○○
걷기 포인트 물영아리의 울창한 삼나무 숲에서 삼림욕을 즐기고 물영아리 정상의 습지 탐방하기

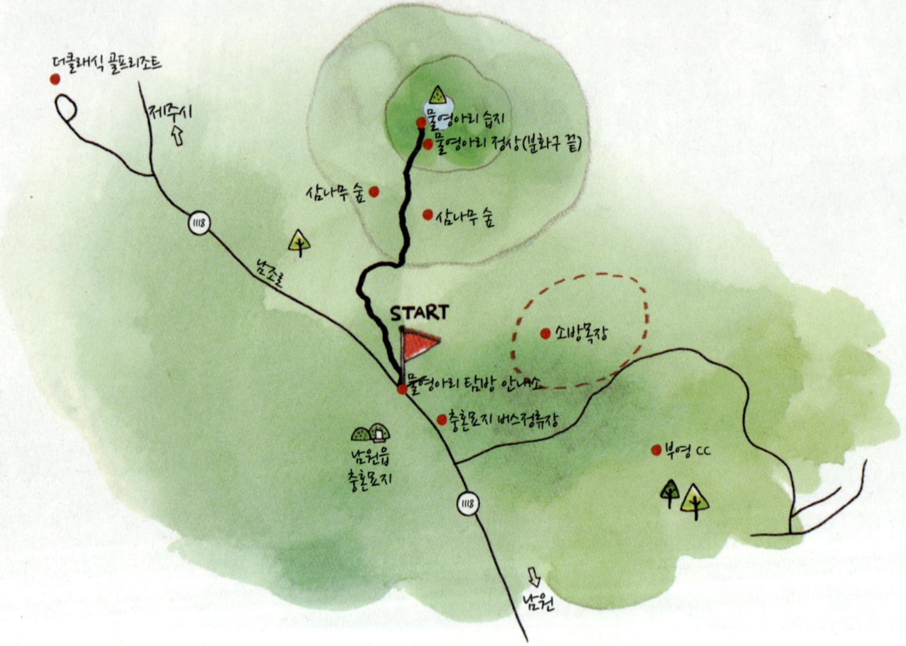

코스&시간
약 3.6km, 1시간 30분
물영아리 입구 → 물영아리 정상 → 물영아리 습지 → 물영아리 정상 → 물영아리 입구

교통
시외버스
남조로선 이용, 충혼묘지 하차. 물영아리까지 도보 5분
승용차
제주시 → 97번 번영로 → 남조로 교차로 → 1118번 남조로 → 교래 사거리 → 물영아리
서귀포시 → 1132번 일주도로 → 남원 → 1118번 남조로 → 물영아리

사슴은 어디 가고 노루만 있나

한라산 백록담(白鹿潭)이라는 이름에서 백록은 흰 사슴을 말한다. 제주도에 와서 한라산에 오를 때마다 '백록담, 백록담' 하고 외치지만 정작 사슴은 보이지 않고 노루만 보인다. 백록담 이름의 유래처럼 옛날 선인이 흰 사슴인 백록으로 술을 담가 마신 까닭에 사슴이 없어진 걸까. 1702년 조선 숙종 때 제주 목사 이형상이 만든 《탐라순력도》〈비양방록(飛揚放鹿)〉에 생포한 사슴을 비양도에 풀어놓은 것을 그린 그림이 있으니 그때만 해도 제주도에 사슴이 있었나 보다. 현재 비양도에는 숙종 때 풀어놓은 사슴은 흔적을 찾아볼 수 없고 비양봉 정상 부근에 방목 중인 산양만 볼 수 있다.

사슴(Deer)은 소목 사슴과 동물로 갈색 털에 흰 점이 박혀 있는 것이 특징이고 수컷의 머리에는 뿔이 난다. 사슴의 뿔은 늦봄인 4~5월에 떨어져 새로 나는데 이를 녹용이라고 한다. 녹용은 혈관이 많아 칼슘이 풍부하고 한방에서 귀한 약재로 친다. 노루(Western roe deer)는 사슴과 같은 소목 사슴과로 흰 점이 없는 갈색 털로 덮여 있고 수컷의 머리에 뿔이 난다. 노루의 뿔은 초겨울인 11~12월에 떨어져 새로 자라기 시작하고 5~6월에 완전한 뿔이 된다. 사슴의 뿔은 녹용으로 불리며 귀한 약재로 쓰이는 반면 노루의 뿔은 그냥 뿔일 뿐이다.

근래에 제주시 봉개동에 노루생태관찰원이 생겨 산속이나 들판에서만 자라는 노루를 가까이에서 볼 수 있고 먹이를 줄 수도 있게 되었다. 노루생태관찰원의 방사장인 거친오름에서는 자연에서 뛰노는 노루를 볼 수 있는데 워낙 낯을 가리니 조심스럽게 다가가야 한다.

충혼묘지에서 물영아리를 보며 천천히 걸어가면 어느새 입구에 닿는다.

충혼묘지에서 물영아리로 이르는 길

제주시 시외버스터미널에서 1118번 남조로선 시외버스를 타고 물영아리로 향한다. 버스기사에게 물영아리에 대해 물어도 대부분 제대로 답해주지 못한다. 제주도 사람, 아니 제주도 버스기사라도 덜 알려진 곳에 대해서는 잘 알지 못하는 경우가 많다. 모른다고 뒤에서 너무 탓하지 말자. 물영아리에 가려면 충혼묘지에서 내리면 된다. 제주도에는 충혼묘지가 곳곳에 있어 헷갈리는 경우가 있으니 주의가 필요하다. 물영아리 부근의 충혼묘지는 더클래식골프리조트를 지나는 길에 있다.

    충혼묘지에서 내려 천천히 물영아리 입구까지 걸어간다. 입구에 있는 작은 사무소에서 방문객들을 관리한다. 물영아리가 우리나라에서 다섯 번째로 람사조약이라 불리는 국제습지조약에 가입되어 있어 보호되고 있기 때문이다.

물영아리 정상으로 오르다 보면 흙길에서 나무데크길까지 다양한 길을 만날 수 있다.

울창한 삼나무가 숲을 이룬 물영아리 정상

물영아리는 해발 508m이나 실제 오르는 높이는 128m이다. 원형의 습지인 화구호를 가지고 있고 습지의 면적은 0.309km²인데 지하수가 흘러나온 것이 아니라 하늘에서 내리는 비가 고여 습지가 된 것이라니 더욱 신기하다.

 물영아리 입구를 지나 숲길로 접어든다. 숲길은 이내 삼나무 숲길로 이어진다. 물영아리 오름으로 올라가는 길은 나무데크로 만들어져 있다. 나무데크길 중간에는 쉼터가 있어 잠시 쉬면서 땀을 닦고 발을 쉬게 해 준다. 나무데크길을 걸어 분화구 끝에 올라도 조망할 것이 별로 없다. 울창

국제 람사조약에 의해 보호되고 있는 물영아리는 제주를 빛내는 아름다운 풍경 중 하나이다.

한 삼나무 숲으로 인해 시야가 가려진 탓이다. 분화구 안쪽 역시 나무들로 가득 차 있다. 분화구 안쪽으로 걸어 내려가면 나무는 사라지고 넓은 원형의 습지가 보인다.

세계인이 놀란 제주의 숨은 보물, 물영아리 습지

원형 습지에 마련된 산책로로 가면 습지에서 물을 먹던 노루가 인기척에 놀라 숲으로 사라지는 모습을 종종 볼 수 있다. 한라산이나 들판에만 살 것 같은 노루가 오름에도 살고 있다. 물영아리에는 습지가 있으니 노루가

습지 둘레로 나무데크길이 만들어져 있어서 편리하게 물영아리 습지를 살펴볼 수 있다.

살기에 최적지가 아닌가 싶다. 물영아리는 람사조약에 가입되어 보호되고 있으니 이곳의 노루도 덩달아 보호되는 것이다.

물영아리의 습지 관찰사무소 지붕에 까마귀가 앉았다가 날아가기도 한다. 까마귀 역시 물영아리 습지의 터줏대감이다. 이곳의 습지는 까마귀의 먹이가 되는 양서류와 수생 곤충의 천국이다. 멸종 위기종 2급인 물장군과 맹꽁이, 물여뀌 등 47종의 곤충과 8종의 양서류, 파충류 등이 있고 210종의 습지식물이 자라고 있다.

물영아리의 습지에서 분화구 끝으로 올랐다가 내려간다. 곧게 뻗은 삼나무 숲은 언제 보아도 좋다. 삼나무의 기상이랄까. 굽힘 없는 모습이 보기 좋다. 삼나무는 해가 지나면 낡은 껍질을 벗고 새 옷을 입는다.

물영아리 입구로 내려와 물영아리를 바라보니 도무지 오름 위에 습지가 있을지, 노루가 물을 마시러 올지 상상이 되지 않는다. 물영아리는 일반적인 오름의 모습을 가지고 있으나 오름 정상에 습지와 노루, 까마귀, 온갖 곤충, 양서류까지 가득한 신비의 오름이라고 할 수 있다.

기상관측 기구가 실시간으로 날씨를 관측한다.

08 불타는 새별오름을 바라보다
새별오름

걷기 난이도 ●●●○○
걷기 포인트 새별오름에서 보는 오름이 있는 풍경과 인접한 이달봉, 이달이촛대봉 오르기

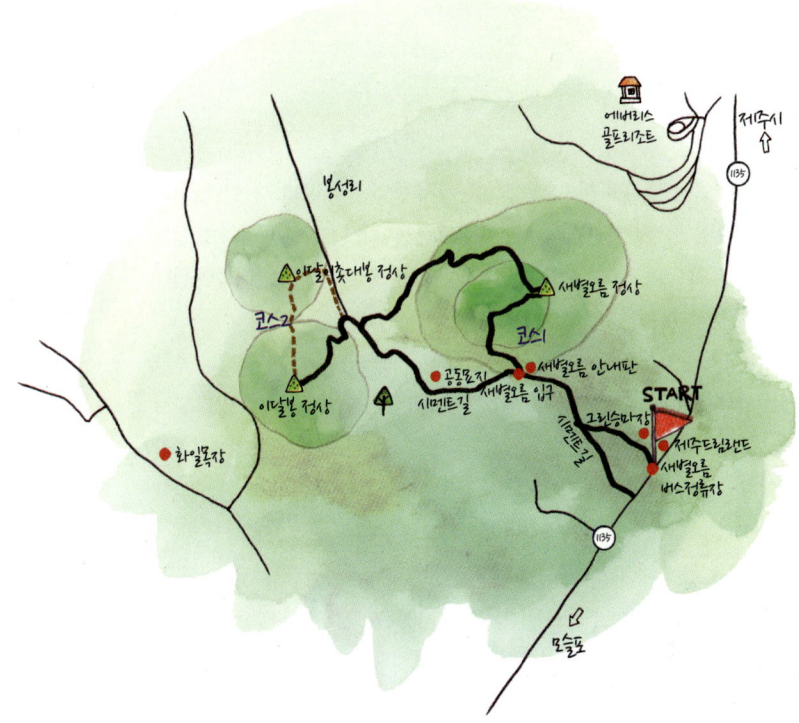

코스&시간

1. 새별오름-이달봉 코스: 약 5.9km, 3시간
새별오름 버스정류장 → 새별오름 입구 → 새별오름 정상 → 이달봉 → 새별오름 입구 → 새별오름 버스정류장

2. 새별오름-이달이촛대봉 코스: 약 7.9km, 4시간
새별오름 버스정류장 → 새별오름 입구 → 새별오름 정상 → 이달봉 → 이달이촛대봉 → 새별오름 입구 → 새별오름 버스정류장

교통

시외버스
평화로선 이용, 제주/모슬포에서 승차, 새별오름 하차

승용차
제주시 → 1135번 평화로 → 무수천 삼거리 → 새별오름
서귀포시 → 1132번 일주도로 → 창천 삼거리 → 1116번 도로 → 동광 → 1135번 평화로 → 새별오름

몽골 목부가 머물던 곳

1135번 평화로 중간쯤을 달리면 서쪽으로 보이는 원추형 오름이 새별오름이다. 고려 말기 새별오름에는 몽골에서 파견된 목부인 목호(牧胡)들이 소나 말을 방목하며 살고 있었다. 몽골 사람들이 고려 땅하고도 탐라도까지 온 것은 몽골이 중국을 정복해 원나라를 세우고 일본을 친다는 구실로 고려를 침공했기 때문이다.

1270년 고려 원종(11년)은 강화도로 피해 몽골과 항쟁했으나 당시 아시아 최강의 몽골에 맞서기에는 역부족이어서 굴복하고 개경으로 환도했다. 이를 받아들이지 않고 맞서 싸운 것이 군사조직인 삼별초였다. 삼별초는 강화도에서 진도를 거쳐 제주도를 최후의 항전지로 삼았다. 애월의 항파두리 성에서 김통정을 수장으로 하여 몽골과 관군 연합군에 맞서 싸웠으나 1273년 원종 14년에 끝내 토벌되고 말았다.

이후, 몽골은 일본 원정에 대비해 제주도에 탐라총관부를 두고 목마장을 만들어 몽골 목부인 목호로 하여금 소나 말, 양 등을 기르게 했다. 1368년 원나라가 명나라에 밀려 북방으로 쫓겨난 후에도 목호들은 여전히 제주도에 머물렀다.

1372년 공민왕 21년과 1374년 공민왕 23년에 조정에서 명에 보낼 말을 차출하려 하자 목호들은 자신들의 적인 명에 말을 보낼 수 없다며 난을 일으켰다. 이것이 목호의 난이다. 조정에서는 최영 장군을 수장으로 하여 전함 314척, 2만5천여 명의 군사를 보내 목호의 난을 토벌했다. 토벌군의 규모가 2만 명이 넘으니 제주도에 살던 목호들의 수가 적지 않았음을 알 수 있다. 목호의 난 이후 살아남은 몽골 사람이 있었다면 아마 제주도 사람으로 동화되지 않았을까 싶다.

새별오름 걷기의 출발점인 입구에서 숨을 크게 한 번 들이마시고 힘찬 걸음을 내디뎌 보자.

평화로에서 만나는 새별오름

평화로선 시외버스에서 내려 새별오름을 향해 걸어간다. 버스를 타고 평화로를 오가며 새별오름을 볼 때는 잘 모르지만 막상 버스에서 내려 새별오름을 향해 걸어가다 보면 생각보다 훨씬 더 크고 높게 보인다. 새별오름은 원추형으로 해발 519.3m, 높이 119m이다. 새별오름에서의 들불놀이는 아마 몽골의 목부들이 이곳에서 방목을 하던 시절부터 전하는 것일 듯싶다. 여름내 새별오름에서 방목을 하고 겨울이 되면 잔풀들을 불에 태워서 동면하는 해충을 없애며 타고난 재는 여름철에 다시 자랄 풀의 비료로 사용한다.

제주도에서는 1997년부터 정월대보름을 전후로 새별오름에서 들불축제가 열린다. 현대의 들불축제는 목부들의 방목장 관리라는 본래의 목적

새별오름에서 이달봉으로 가는 길은 수풀이 밟혀자락 있어서 걷기에 편하다.
하늘 아래 보이는 것이라고는 온통 푸른 색뿐이다.

에서 벗어나 축제 온 사람들의 소원 성취, 풍년과 풍어를 기원하는 새해 맞이 축제로 변화되었다. 들불축제 때는 마상무예도 선보인다니 그 옛날 몽골 목부들이 이곳에서 살았던 것을 기억해서일까. 실제 들불축제의 내용을 보면 풍물놀이와 전통민요 한마당, 청소년 댄스경연대회 등 여느 축제와 다를 바가 없다. 다만, 축제의 하이라이트로 새별오름에 불을 놓아 온 오름을 활활 타오르게 한다.

새별오름 정상에서 바라본 한림 앞바다와 한라산

새별오름 입구에서 새별오름에 오르는 것은 그리 어렵지 않다. 다만, 길가에 높이 자란 들풀들이 바람에 흔들리며 여행자를 툭툭 친다. 새별오름으로 난 길을 걸어 오름으로 오르면 이내 정상이 나온다. 오름은 밖에서 보면 하나의 원추형 같지만 막상 정상에 오르면 여러 개의 오름이 합쳐진 복합 오름으로 느껴진다.

새별오름의 정상에서는 서쪽으로 한림 방향의 바다가 아스라이 보이고 동쪽으로는 한라산의 전경이 눈에 들어온다. 북쪽과 남쪽으로는 길게 뻗은 평화로가 시원하다. 오름 자체로는 오르거나 내려가기도 심심한 형태이지만 정상의 조망은 막힌 가슴을 단번에 뚫어 주기에 충분하다.

소나무와 삼나무를 지나 오른 이달봉

새별오름 정상에서 남쪽으로 보니 새별오름과 연이은 오름이 있다. 이달봉과 이달이촛대봉이다. 새별오름에서 서쪽으로 이어진 분화구를 따라 내려가면 이달봉에 닿는다. 새별오름에서 이달봉까지는 들풀이 웃자란 길을 걸어 오름 아래까지 내려간 뒤 다시 오름으로 올라가야 한다.

 소나무와 삼나무가 있는 이달봉 오름길을 따라 이달봉으로 향한다. 들풀만 있던 새별오름과는 다른 숲길을 걷는 느낌이 든다. 얼마 걷지 않아 이달봉 정상에 오르니 앞으로 보이는 새별오름의 풍경이 아름답다. 이달봉에서는 평화로에서 보이지 않는 새별오름의 뒷모습을 볼 수 있다. 이달봉 서쪽으로는 이달이촛대봉이라는 오름이 또 하나 있다. 이달봉에서 들풀이 자란 길을 따라가면 이달이촛대봉에 이른다.

옛 몽골 목부가 뛰어놀던 새별오름 아래 승마장

새별오름에서 내려와서는 오름 입구 근방에 있는 승마장에서 옛 몽골의 목부들을 떠올리며 말을 타 보아도 좋다. 새별오름에서 더 이상 몽골 목부인 목호는 볼 수 없어도 그때 기르던 말의 후예인 제주마가 편안히 등을 내주며 승마장을 한 바퀴 돌아보라 유혹하고 있다.

09 새와 숲, 하늘을 만나는 오름에 오르다
저지오름

걷기 난이도 ●●●○○
걷기 포인트 저지오름 아래 둘레길과 저지오름 분화구 둘레길 걸어 보기

코스&시간

약 5.2km, 1시간 30분

저지마을회관 → 저지오름 입구 → 저지오름 아래 둘레길 → 오름길 → 저지오름 분화구 둘레길 → 저지오름 정상(전망대) → 저지오름 분화구 둘레길 → 오름길 → 저지오름 아래 둘레길 → 저지오름 입구 → 저지마을회관

교통

시외버스

노형-중산간 버스 이용, 제주 시외버스터미널에서 승차 (06:40, 07:40, 09:30, 15:30, 17,30, 18:50), 저지마을회관 하차
서일주 이용, 신창(한경면) 하차, 신창-모슬포 읍면순환선 타고 저지마을회관 하차. 저지오름 입구까지 도보 5분

승용차

제주시 → 1132번 일주도로 → 명월리 → 1120번 도로 → 월림 → 1136번 중산간도로 → 저지마을회관
서귀포시 → 1132번 일주도로 → 창천 삼거리 → 1116번 도로 → 금악 사거리 → 1136번 중산간도로 → 저지마을회관

제주도에서는 까마귀가 조류의 왕

저지오름을 오르는 동안 울창한 삼림 속에서 쉼 없이 지저귀는 새 소리가 들린다. 어디에서 들리는 소리인가 싶어 가던 길을 멈추고 주위의 나무를 살펴보니 한 마리 작은 새가 '파드득' 하고 날아간다.

한국에 435종의 조류가 있고 그중 제주도에 320종이 있다니 결코 적은 수가 아니다. 제주도에는 팔색조, 큰오색딱따구리, 삼광조 등의 조류가 한라산과 중산간에 분포하고 있는데 이 중에는 울릉도와 일본의 새와 중복되는 것이 많다고 한다. 이는 제주도에 텃새뿐만 아니라 계절에 따라 이동하는 철새가 많아서이다. 제주도는 섬이어서 제주도에 사는 새들도 물새와 산새로 나눌 수 있다. 제주도의 물새는 171종, 산새는 149종으로 물가에서 사는 새가 조금 더 많다. 계절별로는 겨울 철새가 96종, 통과 조류가 66종, 여름 철새가 53종, 텃새가 42종, 기타 63종으로 나눌 수 있다. 제주도가 외딴 섬이기 때문에 검은 해오라기, 열대 붉은 해오라기, 검은 머리 흰 따오기 등 10여 종이 한국에서 처음 발견되었고 천연기념물로 지정된 먹황새, 황새, 저어새 등 54종도 제주도에 잠깐 들렀다가 간다.

이렇듯 제주도에 새가 많이 있으나 정작 제주도에서 가장 인상 깊게 볼 수 있는 새는 까마귀이다. 까마귀는 참새목 까마귀과로 제주도를 대표하는 텃새이다. 여름철에는 한라산이나 중산간의 높은 곳에 살다가 겨울철이 되면 민가 근처 저지대로 내려온다. 한때 까마귀가 과일이나 농작물을 먹어 해로운 새로 알려지기도 했으나 농작물보다는 주로 쥐 같은 설치류, 조류, 양서류, 곤충 등을 먹이로 해 누명을 벗었다.

저지마을을 굽어보는 저지오름

저지오름은 원추형 모양으로 해발 239.3m, 높이 104m이다. 마을 뒷길이 저지오름 입구로 향한다. 저지오름이 원추형이라고는 하나 좌우가 같지 않은 두루뭉술한 원추형이다. 저지리에서 저지(楮旨)라는 이름은 예전 이곳에 닥나무가 많아서 닥몰 또는 닥모로라고 한 것을 한자화한 것이다. 닥나무 저(楮), 맛있을 지(旨)를 썼다. 닥몰 또는 닥모로라는 말은 당몰 또는 당모루로 변형이 되기도 했다. 저지오름은 새오름 또는 당오름이라고도 한다.

저지오름 초입부터 무리하지 말고 천천히 걷는다.

낙천리 의자공원을 지나 저지오름 오르기

제주시 시외버스터미널에서 서일주을 타고 한경면 신창에 내려 저지로 가는 읍면순환선을 기다린다. 여느 읍면순환선과 같이 저지행 읍면순환선 역시 약 1시간에 1대의 뜸한 배차 간격을 가지고 있어 버스정류장에서 인내심을 가지고 기다려야 한다. 기다리다 지쳐 근처 가게에라도 갈라치면 언제 읍면순환선이 '횡' 하고 왔다가 갈지도 모른다. 배차 시간은 긴데, 버스정류장을 지나는 시간은 찰나보다 짧다.

저지오름 아래 둘레길에는 송이가 쌓여 있어서 걷는 맛이 쏠쏠하다.

저지행 읍면순환선을 타고 가다 보면 낙천리 의자공원이 나온다. 올레길로는 낙천리 의자공원을 지나 저지오름까지 갈 수 있다. 낙천리 의자공원에는 각양각색의 의자가 있으니 시간이 되면 한 번쯤 들러 보라. 낙천리에서 조금 더 가면 저지리에 도착한다.

제주만의 '걷는 맛'이 있는 저지오름 아래 둘레길

저지오름 입구에는 여느 오름에서는 볼 수 없는 화장실이 있다. 다른 오름에도 이런 깨끗한 화장실이 있었으면 하는 생각이 든다. 제주의 오름은

중간 중간 이정표를 확인하면서 페이스를 맞춰 걸어야 내려올 때도 편하다.

대중교통으로 가기도 힘든데 막상 가면 생리 현상을 해결할 마땅한 곳조차 없는 경우가 많다.

   저지오름을 오르자마자, 길은 오름을 한 바퀴 돌게 되어 있다. 오름 아래 둘레길을 따라 한 바퀴 도는 산책로이다. 좌우 길이가 조금씩 차이가 나지만 어느 길로 가도 제자리로 오는 것은 마찬가지이다. 원형 산책로에는 낙엽과 작은 화산 부산물인 송이들이 수북이 쌓여 천연 쿠션을 깔아 놓은 듯하다. 사뿐사뿐 걷기에 좋다.

저지오름의 또 다른 산책로, 분화구 둘레길

여기저기서 지저귀는 새소리를 들으며 저지오름 아래 원형 산책로를 한 바퀴 돌면 오름 뒤쪽에 오름으로 올라가는 길이 보인다. 여느 오름처럼 곧바로 올라가는데 올라가는 오름 높이가 얼마 되지 않으니 어렵거나 힘들지는 않다. 그래도 오르막에서 힘든 사람이 있다면 조금씩 쉬면서 올라가면 된다.

  경사진 오름길을 다 오르면 오름 분화구를 한 바퀴 도는 둘레길이 나온다. 저지오름에는 오름 아래와 위에 두 개의 원형 산책로가 있는 셈이다. 오름 분화구 길은 아래 산책로와 달리 울퉁불퉁한 산길이다. 산길을 걸어 한 바퀴 돌아가면 공터가 나오고 나무로 된 2층 전망대가 있다.

최고의 전망을 자랑하는 저지오름 정상

2층 전망대에 오르면 왜 오름 분화구 안이 보이지 않는지 알 수 있다. 분화구 안에 빽빽이 나무들이 차 있기 때문이다. 잡목이 너무 많아 차마 분화구 안으로 내려갈 수는 없다. 분화구 안은 제쳐두고 고개를 들어 사방의 조망을 보니 남서 제주도 일대가 한눈에 들어온다.

  서쪽으로는 신창리 풍력발전소가 있는 바닷가, 동쪽으로는 한라산과 크고 작은 오름들, 북쪽과 남쪽으로는 여러 오름과 밭이 보인다. 저지나 낙천 같은 곳들은 크고 작은 오름들로 둘러싸인 분지 형태를 띠고 있다. 저지리의 동쪽으로는 방림원, 제주현대미술관, 생각하는 정원, 유리의 성, 평화박물관, 오설록까지 가 볼 곳도 많다. 서쪽으로는 앞서 말한 낙천리 의자공원, 바닷가 수월봉, 자구내 포구, 차귀도 등이 발길을 끈다.

  저지오름에서 내려와 신창으로 나가는 읍면순환선을 기다릴 일이 고역이긴 해도 새 소리가 들리는 저지오름과 한가한 저지리의 풍경은 다시 저지오름으로 오게 하는 매력이 아닐까 싶다. 저지에서 읍면순환선을 기다리기에 지쳤다면 저지에서 신창으로 가는 길목에서 히치하이킹을 시도해 보아도 좋다. 단, 렌트카 번호를 단 승용차가 아닌 제주 번호를 단 제주 사람의 승용차가 더 잡기 쉽다.

저지오름 정상에서는 남서 제주도 일대가 한눈에 들어와 훌륭한 조망을 선사해 준다.

10 서귀포 앞바다 풍경을 내려다보다
솔오름(미악산)

걷기 난이도 ●●●○○
걷기 포인트 솔오름에서 보는 한라산 전경과 서귀포 풍경에 취하기

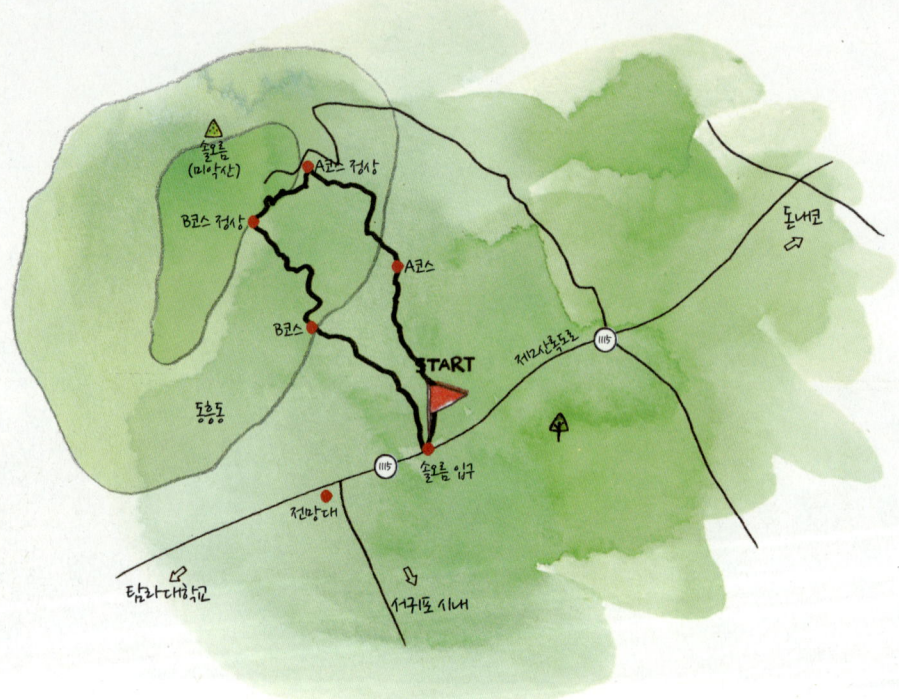

코스&시간

약 3.7km, 2시간

솔오름 입구 → A코스 정상 → 연결로 → B코스 정상 → 솔오름 입구

교통

시내버스

6번 이용, 서귀포 중앙로터리 동쪽 정류장 승차, 동흥초등학교 하차. 택시 이용해 솔오름 입구 하차

승용차

제주시 → 1131번 5·16도로 → 성판악 → 돈내코 입구 삼거리 → 1115번 제2산록도로 → 제2산록도로 삼거리 → 솔오름

서귀포시 → 동흥동 → 1115번 제2산록도로 → 솔오름

서귀포 앞바다에서 펼쳐지는 섬의 향연

부산 앞바다의 오륙도는 섬이 다섯 개인지, 여섯 개인지 헷갈린다고 해서 이름 붙여졌다. 서귀포 앞바다의 섬은 세 개일까, 네 개일까. 정답은 네 개이다. 여기서 서귀포는 구서귀포와 신서귀포 정도를 말한다. 서귀포항에서 제주 전통배인 테우를 닮은 다리로 연결된 섬인 새섬, 새섬 남쪽에 문섬, 문섬 서쪽 법환동 앞바다에 범섬, 문섬 동쪽 보목 포구 앞바다에 섶섬이 있다. 이 밖에 쇠소깍 앞바다에는 지귀도, 강정 유원지 앞바다에는 썩은 섬 또는 서건도, 산방산 앞바다에는 형제도 등이 있다. 모슬포와 송악산 앞바다의 가파도와 마라도는 익히 알려진 섬이므로 여기서는 생략한다.

그중에서 새섬은 서귀포항 앞에 있는 무인도로 천연 방파제 역할을 하고 있다. 예부터 새섬에는 초가지붕을 덮을 때 쓰는 새라고 하는 억새가 많아 새섬이라는 이름이 붙여졌다. 서귀포항 안쪽 천지연 폭포 계곡에 난대림이 우거진 것처럼 새섬에도 난대림 숲이 있고 해안은 구불구불한 해식애(파도와 바람에 의해 침식되어 만들어진 해안 절벽)를 이루고 있다.

낚시꾼들이 많이 찾는 낚시 포인트로 썰물 때는 걸어서 들어갈 수 있다. 최근 서귀포항과 새섬을 잇는 새연교가 건설되어 언제고 손쉽게 드나들 수 있게 되었다. 새섬의 해발은 불과 17.7m이고 섬 둘레는 대략 1.2km여서 산책로를 따라 섬을 한 바퀴 도는 데 20여 분이 소요된다. 밤 10시까지 섬을 개방하니 서귀포에서 숙박을 한다면 새섬으로 밤마실을 나서도 좋을 것이다.

솔오름 위에 오르면 서귀포 시내를 비롯한 서귀포 앞바다 풍경까지 살펴볼 수 있다.

솔오름의 또 다른 이름, 미악산

서귀포에서 솔오름을 찾으려면 아무리 지도를 뒤져도 어디에 있는지 찾을 수가 없다. 솔오름은 서귀포 동흥동 북쪽 1115번 도로 위쪽의 미악산을 말한다. 지도에는 미악산, 미악산 앞 안내판에는 솔오름으로 쓰고 있다. 서귀포 미악산 외에 대정 상모리의 송악산의 옛 이름도 솔오름이었다.

솔오름은 남동 방향의 말굽형 오름으로 해발 567.5m, 높이 113m이다. 솔오름이 있는 1115번 도로 근처가 이미 서귀포 시내에서부터 상당히 올라온 곳에 있기 때문에 실제 오름을 오르는 것은 얼마 되지 않는다. 1115번 도로가의 쉼터에서 서귀포 시내나 앞바다를 조망하는 데 아무런 문제가 없다.

솔오름 A코스 정상에서는 멀리 한라산까지 볼 수 있다.

한라산과 서귀포 앞바다가 보이는 A코스 정상

솔오름 입구에서 정상으로 가는 길은 A코스와 B코스로 나뉜다. 어느 코스로 가든 대략 1.5km 정도 걷는다. 우선 오른쪽의 A코스를 선택한다. 어느 코스든 솔오름을 오르는 동안 뒤를 돌아보면 언제라도 서귀포 앞바다를 바라볼 수 있고 앞쪽으로는 한라산 전경이 펼쳐진다. 솔오름으로 오르는 길이 그리 멀지 않으므로 경사길이 무리가 된다면 조금씩 쉬며 올라도 좋다.

솔오름의 A코스 정상에 서면 서귀포 시내와 앞바다가 한눈에 들어온다. 서귀포항 앞에 새섬과 문섬, 법환의 범섬, 보목의 섶섬이 손에 잡힐 듯하다. 신서귀포에 있는 서귀포 월드컵 경기장의 흰 돛 모양의 경기장 지붕도 뚜렷이 보인다. 이렇게 가깝게 보이니 설문대할망이 발가락으로 범섬에 해식쌍굴을 뚫어 놓았다는 상상을 할 수 있는 것은 아니었을까. 언제나 뿌연 스모그에 휩싸인 서울 같은 대도시에서는 상상할 수도 없는 전설이다.

패러글라이딩을 즐길 수 있는 B코스 정상

전망대가 마련된 A코스 정상에서 연결로를 따라 B코스 정상으로 향한다. B코스 정상에는 통신 중계 시설과 군 레이더 시설 같은 것이 있다. B코스 정상에서의 조망은 A코스의 정상에서 보는 것과 별반 다르지 않다. 뒤로는 한라산 전경, 앞으로는 서귀포 일대와 서귀포 앞바다 풍경이 한눈에 들어온다. B코스 정상에 머물고 있으니 몇 명의 사람들이 오는 게 보인다. 어깨에 맨 것은 패러글라이딩을 하기 위한 패러슈트이다. 바람 부는 날이면 솔오름에서 패러글라이딩을 즐길 수 있다.

솔오름에서 돌아가기

솔오름에서 내려오면 1115번 도로를 만난다. 1115번 도로에는 대중교통이 없으므로 남쪽으로 난 길을 따라 한참 내려가야 동흥동 사거리가 나오고 그곳에서 비로소 시내버스나 택시를 볼 수 있다. 동흥동에 왔다고 해서 택시를 쉽게 잡을 수 있는 것이 아니므로 서귀포 콜택시 번호를 미리 알아 두면 기다리는 시간을 줄일 수 있다. 반대로 솔오름에 올 때에도 동흥동 사거리까지 간 뒤 걸어서 1115번 도로까지 가거나 택시를 이용해야 하는 번거로움이 있다. 그러므로 동흥동 사거리부터 걷기 코스라고 생각하면 큰 무리가 없다.

날씨가 좋고 바람이 알맞게 부는 날에는 패러글라이딩을 즐기는 사람들을 많이 볼 수 있다. 제주의 시원한 바람을 가르며 하늘을 나는 기분을 느껴보고 싶다면 패러글라이딩에 도전해보라.

11 숲길 사이를 유유자적 거닐다
새미오름(삼의악)

걷기 난이도 ●●●○○

걷기 포인트 새미오름에서 보는 한라산과
제주 시내 풍경 바라보기

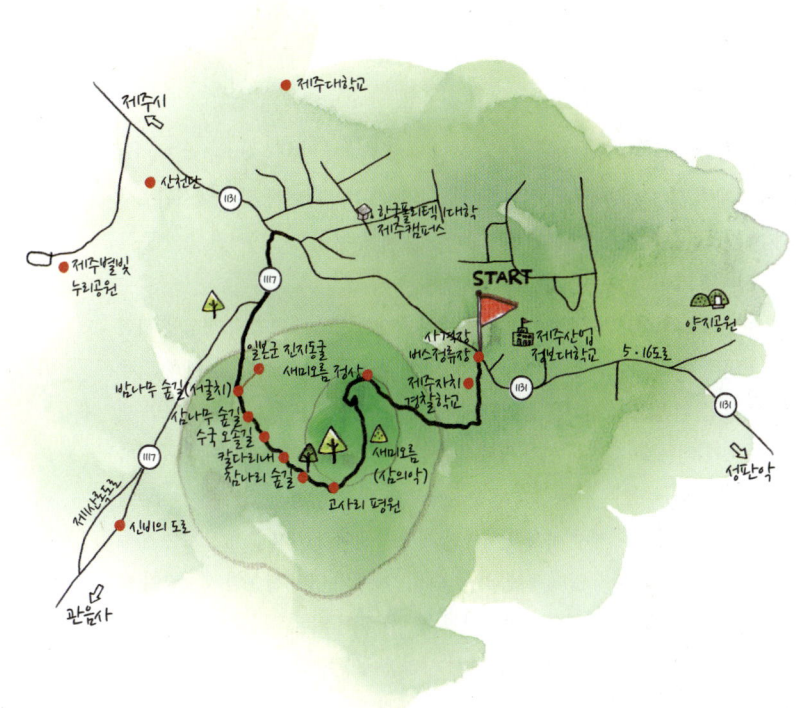

코스&시간

약 5.3km, 2시간

아라-새미오름 입구 → 아라-새미오름 정상 → 고사리 평원 → 참나리 숲길 → 칼다리내 → 수국 오솔길 → 삼나무 숲길 → 밤나무 숲길(서굴치) → 일본군 진지동굴 → 밤나무 숲길 → 1117번 5·16도로

교통

시외버스

5·16노선 이용, 제주/서귀포 시외버스터미널에서 승차, 사격장 하차. 새미오름 트래킹 코스까지 도보 5분

승용차

제주시 → 1131번 5·16도로 → 제주산업정보대학교 → 사격장

서귀포시 → 1131번 5·16도로 → 성판악 → 교래입구 → 사격장

제주 시내를 내려다보는 느낌

제주도의 수도라 할 수 있는 제주시. 제주시 하면 행정구역 상으로는 제주도의 절반을 뜻하나 실제 제주 시내는 구제주와 신제주를 말한다. 제주의 나머지 절반은 서귀포시이다. 제주시 중 구제주는 대략 탐라 계곡과 방선문 계곡, 용연으로 이어진 축의 동쪽을 말하고 신제주는 서쪽을 말한다.

새미오름은 구제주와 신제주의 남쪽 높은 곳에 위치한 오름으로 오름의 정상에 서면 제주 시내가 한눈에 내려다보인다. 새미오름 바로 앞인 북쪽에는 넓은 제주대학교 캠퍼스가 보이고 좀 더 앞으로 시선을 돌리면 제주시청 번화가가 있다. 이곳을 지나면 제주도민의 시조가 되는 고·양·부 씨가 땅에서 솟았다는 삼성혈이고 그 옆에 제주민속자연사박물관이 있다. 여기에서 동쪽으로 눈을 돌리면 제주국립박물관이다. 삼성혈에서 앞쪽으로 시선을 옮기니 제주 목사가 머물던 제주 목관아가 있고 그 앞으로는 제주의 앞바다가 있는 탑동이 멀지 않다. 탑동의 동쪽에는 제주의 바다 관문인 제주항이 보이고 서부두 근처에는 제주 최대의 재래시장인 동문시장이 있다. 동문시장에서 시선을 동쪽으로 돌리니 제주 시내 동쪽에 우뚝 선 사라봉에 닿는다. 해질녘 사라봉에 오르면 제주항 너머로 지는 해가 아름답다. 사라봉과 연결된 오름은 별도봉이다.

탑동의 서쪽에는 용연과 용두암이 있고 좀 더 서쪽으로 시선을 옮기면 비행기가 날고 지는 제주국제공항이다. 제주국제공항 남쪽, 탐라 계곡과 방선문 계곡, 용연의 서쪽이 신제주이다. 신제주에는 제주특별자치도청이 자리 잡고 있고 대단위의 아파트 단지가 세워져 있어 제주의 강남이라 할 만하다.

오름을 오르다 보면 말을 많이 볼 수 있다. 푸른 초목의 들판이 있는 오름을 뛰노는 말의 힘찬 모습에 힘을 내 본다.

새미오름을 오르는 길, 아라-새미 트래킹 코스

제주 산업정보대학교 근처에 있는 아라-새미 트래킹 코스. 그런데 버스 정류장의 명칭은 사격장이다. 왜 그런가 했더니 버스정류장에서 아라-새미 트래킹 코스로 가는 길에 제주지방 경찰학교가 세워져 있다. 아마 경찰학교에 사격 훈련장이 있어 사격장이라는 명칭이 붙었나 보다.

굳게 닫힌 경찰학교를 지나 오름 쪽으로 걸어가면 말을 키우는 방목장이 보인다. 아라-새미 트래킹 코스는 방목장으로 이어져 있다. 철망 사이로 들어가 새미악으로 향한다. 새미악은 삼의악으로 불리는 것을 그대로 쓴 것이다. 여느 제주도의 오름처럼 빽빽한 삼나무가 심긴 새미악으로 올라간다. 이들 삼나무는 수십 년 전 박정희 대통령 시대 때 심은 것이다.

새미오름 정상에서는 제주 시내의 전경을 한눈에 볼 수 있다.

제주의 바다와 시내를 한꺼번에 보는 아라-새미오름 정상

초입에 나무데크로 만들어진 계단이 있어 편하게 오름을 오를 수 있고 중반부터는 검붉은 흙이 드러난 길이다. 여느 오름처럼 오름 정상까지 오르는 시간은 20~30분에 불과하니 오르막에서 힘들면 쉬었다가 올라도 좋다. 마지막 언덕을 오르면 아라-새미오름의 정상이다.

　들풀이 자라고 있는 정상에는 오래전에 폐쇄된 산불감시초소가 있고 발 아래로 제주 시내가 한눈에 들어온다. 눈앞으로 제주대학교와 제주시청 번화가, 삼성혈, 탑동이 이어지는데 탑동 앞의 푸르스름한 것은 제주 앞바다이다. 새미오름의 정상에서는 앞으로 보이는 푸른색이 하늘인지 바다인지 구분이 잘 되지 않을 정도이다.

넓은 들판 가득 고사리가 자라는 고사리 평원(왼쪽)을 지나면 참나리 숲길(오른쪽)에 다다른다.

푸른 고사리가 들판을 이룬 평원 걷기

정상에서 발길을 돌려 고사리 평원으로 향한다. 고사리 평원은 새미오름의 분화구인 듯한 곳에 펼쳐진 넓은 초지로 들판에는 고사리가 만발하고 있다. 이곳은 말이나 소의 방목장이기도 해서 고사리 평원 주위로는 철조망이 쳐져 있다. 이 때문에 고사리 평원을 지날 때에는 본의 아니게 개구멍 철망을 지나야 한다.

참나리와 수국에 취해 걷는 숲길

고사리 평원을 지나면 참나리 숲길이라 이름 붙여진 숲길이 나오고 좀 더 걸으면 말라붙은 시내가 나온다. 칼다리내다. 건천에는 이렇다 할 다리가 보이지 않는데 칼다리라니, 칼다리에 다른 뜻이 있는 것일까. 건천을 지나 수국 오솔길을 걷는다. 아라-새미 트래킹 코스에는 사람이 없어 좀 무서운 생각이 든다, 수국 오솔길은 꽃이 필 무렵인 6~7월에 와야 제격이다. 이 밖의 계절에는 다른 나무나 수풀에 숨어 진면목을 숨기고 있다.

일제강점기의 슬픈 흔적, 일본군 진지동굴

이어지는 삼나무 숲길은 새미오름을 오는 동안에도 실컷 볼 수 있다. 좀 더 지나면 밤나무 숲길이 나타난다. 길바닥에 나뒹구는 밤송이 껍질로 주위의 나무가 밤나무임을 짐작할 수 있다. 밤나무 숲길에서 오른쪽 계곡으로 내려가는 길에는 일본군 진지동굴이 있다. 시냇물이 흐르는 계곡에 내려가 고개를 들면 계곡 한쪽에 사각의 구멍이 뚫린 것을 볼 수 있다. 일본군 진지동굴의 크기는 가로세로 각각 1.5m 정도 된다. 일본군은 뭐하려고 인적이 드문 새미오름 주변에까지 동굴을 뚫어 놓은 것일까. 1945년 제2차 세계대전 당시, 일본은 일본 본토를 방어하기 위해 제주에서 '결7호 작전'을 실시했는데, 그 결과 중에 하나가 제주 도처에 뚫어놓은 진지동굴이다. 이는 제주도에서 연합군에 맞서 게릴라전을 하려는 속셈이었다.

　일본군 진지동굴을 보고 다시 밤나무 숲길로 돌아와 가던 길을 재촉하면 새미오름 아래쪽인 도로로 나오게 된다. 이 도로에서 남쪽으로 가면 관음사, 북쪽으로 가면 산천단 방향이다. 산천단 방향으로 조금 걸어가면 5·16도로가 나오고 길가에 버스정류장이 있다.

12 한라산에 한 걸음 더 가까워지다
어승생악

걷기 난이도 ●●●○○
걷기 포인트 어승생악에서 보는 한라산과 주위의 오름 구경하기

코스&시간

2.6km, 1시간~1시간 30분
어승생악 입구 → 어승생악 정상 → 어승생악 입구

교통

시외버스
1100노선 이용, 제주/중문에서 승차, 어리목 입구 하차. 어리목 광장까지 도보 15분

승용차
제주시 → 1139번 1100도로 → 어리목
서귀포시 → 1132번 일주도로 → 중문 사거리 → 1139번 1100도로 → 영실 → 어리목

이 봉우리가 아니면 어떠하리

제주도의 모태가 되는 한라산으로 오르는 길 중의 하나인 어리목 코스. 그 앞에 어승생악으로 오르는 길이 있다. 여건이 된다면 당연히 어리목 코스로 한라산에 오르는 게 좋겠지만 시간이 없거나 체력이 달리는 사람이라면 한라산 앞의 어승생악에 올라도 좋다.

제주도에서 제일 높은 한라산에 오르면 사방팔방 제주도의 모습을 한눈에 돌아볼 수 있다. 눈물, 콧물 흘리며 힘들게 오른 보람이 있다. 힘들게 오른 만큼 한라산에서의 기억은 오래간다. 하지만 한라산에 오르면 제주도의 모습을 잘 보일지 몰라도 한라산 자체의 모습은 잘 알 수 없다. 한라산을 오르다 뒤를 돌아보면 이제까지 올라온 길만 보일 뿐이다.

한라산 앞 어승생악을 오르면 제주도의 북서쪽이 한눈에 들어오고 동쪽으로는 한라산의 모습이 보인다. 어승생악은 제주도의 여러 오름 중에서 한라산에 가깝게 있어 한라산의 모습을 보기에 좋다. 제주도의 해안에서 볼 수 있는 한라산의 전체 실루엣이 아닌 한라산의 굴곡진 능선과 계곡을 볼 수 있다. 구름이나 안개가 걷힌 날 보이는 한라산 백록담은 한라산 위 윗세오름이나 진달래밭 대피소에서 보는 것과 또 다른 느낌을 준다. 한라산이 아닌 어승생악을 올라야 할 이유가 여기에 있다.

어승생악의 북동쪽으로는 아흔아홉곡이 보인다. 눈으로 계곡의 숫자를 다 셀 수는 없지만 그만큼 많은 계곡이 얽히고설킨 곳이다. 아흔아홉골 중심의 깊은 계곡에 있는 것이 석굴암이다. 어리목 못미처 석굴암 입구에서 내려 고개를 넘고 넘으면 은밀한 계곡 안에 숨어 있는 석굴암이 보인다.

어리목 버스정류장에서 길을 따라 올라가면 어리목 광장에 다다른다.
본격적인 산행에 앞서 간단한 운동을 한 후에 어승생악에 오른다.

어리목 광장을 통해 어승생악 오르기

어리목 버스정류장에서 1100노선 시외버스를 이용해 어리목 광장으로 향한다. 버스정류장에서 어리목 광장까지 걷는 길은 삼림이 우거져 걷기에 좋은 코스이다. 나무데크가 어리목 광장까지 이어져 있다. 어리목 광장에 들어서면 동쪽에 어리목으로 올라가는 코스 입구가 보인다. 대부분의 사람은 어리목 광장에서 등산화 끈을 고쳐 매고 매점에서 커피 한 잔을 마신 뒤 어리목 코스로 향한다. 어리목 광장에서 사제비 동산까지는 줄곧 오르막길이다. 대부분의 사람들이 이 구간에서 힘들어하고 간혹 오르기를 포기하기도 한다. 사제비 동산까지 오르면 그 다음은 만세 동산으로 이어지는 능선길이다. 하지만 능선은 쉽게 끝나지 않으니 윗세오름 대피소가 멀게만 느껴질 수 있다.

한라산의 자연을 그대로 느끼는 어승생악 오름길

어리목 광장에서 북쪽으로 눈을 돌리면 어승생악(1,169m)으로 오르는 길이 보인다. 어승생악으로 향하는 길은 북쪽 입구에서 이내 북서쪽으로 꺾여 왼쪽으로 갔다가 오른쪽으로 갔다가 구불구불거리며 위쪽으로
향한다. 어승생악으로 오르는 길은 잘 정비되어 있어 오르기에 편하고 단번에 정상까지 올라가는 급한 경사길이 아니어서 맘 편히 오를 수 있다.

가끔은 곧바로 정상으로 가는 길 대신 어승생악처럼 이리저리 돌아가는 것이 좋을 때가 있다. 자연을 즐기며 오르기에 아주 좋은 길이다. 어승생악만 해도 한라산 바로 옆에 있어서인지 제주도 중산간에 있는 오름처럼 인공 조림된 삼나무 숲 대신 자연적으로 자란 상수리나무, 팽나무 등이 가득 차 있다. 한라산에 오르지 않아도 한라산의 자연을 보고 즐기기에 충분하다.

어승생악 정상까지는 하늘을 가리는 숲 터널을 걷는 기분이다. 울창한 삼림으로 인해 피톤치드가 팍팍 나와 저절로 삼림욕을 하게 된다. 무성한 나무들이 따가운 햇볕을 가리니 태양을 피하려고 쓴 챙 넓은 모자는 어느새 배낭 속에 들어가 있다. 오히려 나무 사이로 간간히 새어 들어오는 햇볕을 맞으며 가는 것이 재미있다. 어느덧 길가에 나무가 적어지고 풀밭이 나온다. 어승생악 정상에 다 온 것이다. 정상에는 어승생악의 높이인 1,169m 표시가 보인다. 여느 오름처럼 많이 오른 것 같지 않은데 이렇게 높았나 싶다. 하긴 어리목 광장의 높이가 거의 1,000m쯤 되니 실제 오른 것은 약 100m에 불과하다.

어승생악 정상에 오르면 사방으로 푸른 숲의 물결이 이어져 한 폭의 동양화를 연상케 한다.

오름이 만든 비경을 보는 어승생악 정상

어승생악에서 고개를 한라산 쪽으로 돌리니 어리목 계곡과 사제비 동산, 만세 동산, 윗세오름, 백록담으로 이어진 한라산의 서쪽 능선과 계곡이 보인다. 한라산 중턱에 걸려 있는 구름과 안개가 걷히면 좀 더 뚜렷한 풍경이 보일 것이다. 어승생악의 북쪽으로는 크고 작은 수많은 능선이 겹쳐진 아흔아홉곡이 보인다. 그 속에 천왕사와 제주도의 석굴암이 자리 잡고 있다. 어승생악에서 서쪽으로는 애월 방향의 중산간 풍경이 눈에 들어온다. 중산간에는 애월을 향해 여러 오름이 겹쳐 있어 한 폭의 동양화를 연

출한다. 저 오름들 끝에 애월이 있고 애월 앞에는 푸른 바다가 있겠지.
  어승생악 바로 아래에는 용천수가 솟는 샘이 있었다고 하는데 지금은 말라 버렸고 울타리가 쳐져 가 볼 수도 없다. 샘이 솟을 때는 근처에 사는 노루가 왔다 갔을지도 모르겠다. 어승생악을 오르내릴 때 숲 속에 부스럭거리는 소리가 들리는 것을 보면 말이다.

네 번째 길

✛

섬 속의 섬이 품은
길을 찾아 떠나다

01 제주도 안의 파라다이스에 머물다
1-1코스 우도 올레

걷기 난이도 ●●●●●
걷기 포인트 에메랄드빛 바다가 있는 홍조단괴해빈과 하고수동해수욕장,
우도의 상징 우도봉까지 느긋하게 둘러보기

코스&시간

11.7km, 3~4시간

천진항A → 홍조단괴해빈해수욕장(2.1km) → 하우목동항B(3.2km) → 산물통 입구(4.2km) → 파평 윤씨 공원(5.4km) → 하고수동해수욕장(6.4km) → 연자마(7.8km) → 우도봉 입구(8.7km) → 천진항(11.7km)

교통

시외버스

동일주 이용, 제주/서귀포 시외버스터미널에서 승차, 성산 경유, 성산항 입구 하차

우도행 정기여객선

성산항에서 수시로 운행, 우도 천진항이나 하우목동항에서 하선

에메랄드빛 바다와
벗이 되는 순간

새하얀 백사장을 자랑하는 홍조단괴해빈해수욕장이나 에메랄드빛 바다가 아름다운 하고수동해수욕장은 제주도 속에서도 특히나 이국적인 풍경을 자아낸다. 새하얀 백사장이나 에메랄드빛 바다가 새로울 게 없는 제주도 사람들에게도 우도는 제주도 속에서 제주도의 옛 모습을 가장 잘 간직하고 있는 고향으로 여겨진다. 관광객이 늘면서 개발이 많이 된 제주도는 제주도 사람들조차 더 이상 옛 제주의 모습을 찾기 어려워졌다.
관광객들이 즐겨 찾는 산호사 해수욕장으로 불리던 홍조단괴해빈해수욕장은 산호가 바스러진 백사장이 아닌 흰 홍조류 분비물과 조가비 조각으로 된 백사장임이 밝혀졌다. 산호든 더 작은 홍조류든 조가비든 얼마나 많이 모여야 백사장을 만들어 낼까. 얼마나 오랜 시간이 흘러야 백사장을 이룰까. 홍조단괴해빈해수욕장의 바다는 바다의 새하얀 백사장으로 인해 푸른 바닷물이 더 푸르게 보인다. 홍조단괴해빈은 오랫동안 우도의 자연이 만든 걸작이라는 생각이 든다.
홍조단괴해빈해수욕장의 반대쪽에 있는 하고수동해수욕장은 그야말로 흰 백사장을 가진 곳이다. 어떤 이는 제주도의 사이판이라고 너스레를 떨기도 한다. 완만한 백사장은 아이들이 놀기에 좋고 바닷물은 정말 에메랄드빛으로 빛난다.

우도에서는 저 멀리 제주도가 바라다보인다.

우도 천진항에서 시작되는 1-1코스

1-1코스 우도 올레는 우도 바닷길과 밭길, 우도봉에 오르는 오름길이다. 공식적으로 우도 올레는 길이가 16.1km로 시간은 5시간 정도 소요된다. 태양을 가릴 만한 것이 전혀 없어 하루 종일 내리쬐는 햇볕과 맞서야 한다. 우도 천진항에서 출발하며 우도행 정기여객선이 요일에 따라 우도 천진항이 아닌 하우목동항으로 가는 경우도 있다.

우도 천진항에서 바닷길을 조금 가다가 밭길로 접어들면 나오는 곳이 쇠물통 언덕으로, 방목 중인 소를 볼 수 있다. 소는 줄에 매여 있으므로 안심하고 지나도 된다.

에메랄드빛 바다와 대조되는 흰색의 해변을 자랑하는 홍조단괴해빈해수욕장(왼쪽)과
제주의 사이판이라 불리는 하고수동해수욕장(오른쪽)

우도 속 휴양지, 홍조단괴해빈해수욕장

쇠물통 언덕을 지나면 홍조단괴해빈해수욕장이다. 새하얀 백사장에 들어서면 절로 바다로 뛰어들고 싶어진다. 신발을 벗고 맨발로 백사장을 걸어 보면 어떨까. 백사장은 모래가 아닌 홍조류 분비물과 조가비 깨진 것으로 이루어져 있으므로 발에 닿는 느낌이 색다르다. 특히 이곳의 바닷물 색은 흰 백사장과 대비되는 푸른 에메랄드빛이어서 신비롭다.

느긋한 여유가 있는 항구, 하우목동항

홍조단괴해빈해수욕장을 뒤로 하고 걷다 보면 하우목동항을 만난다. 배가 들어오는 날이 아니면 항구는 한산하다. 간간히 올레꾼들만 대합실 주변 그늘에 앉아 쉴 뿐이다. 여기서 하고수동해수욕장까지는 슈퍼마켓이

없으므로 하우목동항 주변에서 간식거리를 준비하면 좋다.

　길은 바닷가를 따라 이어지고 주흥동을 지나면 바닷길에서 벗어나 밭길로 접어든다. 우도의 북쪽 끝 답다니탑과 등대는 멀리서 볼 수 있을 뿐이다. 올레길로는 우도의 북쪽 끝까지 가지 않는다. 밭길을 벗어나 다시 우도의 반대편 바닷길을 만날 무렵이면 하고수동해수욕장에 다다른다.

물놀이를 하며 쉬어 가는 하고수동해수욕장

하고수동해수욕장은 홍조단괴해빈해수욕장에 비해 수심이 완만하므로 바지를 걷고 바다 쪽으로 한참이나 들어갈 수 있다. 땀을 흘린 다음이라 시원하다. 이쯤에서 점심을 사 먹어도 좋을 것이다. 우도 바다에서 잡은 문어나 멍게, 해삼 등을 맛보아도 즐겁다. 걷기의 제일 조건은 배가 불러야 한다는 것이다. 배고프면 잘 걷기가 힘들다.

우도만의 특별함이 있는 비양도

하고수동해수욕장에서 멀지 않은 곳에는 비양도가 있다. 협재해수욕장 앞 비양도가 아닌 우도의 비양도이다. 올레길은 비양도 안으로 이어진다. 비양도의 펜션 뒤로 가서 봉수대를 보고 등대까지 다녀오면 비양도를 다 돌아본 것이다. 비양도의 등대는 바닷물이 빠지는 썰물일 때만 갈 수 있다.

투박한 멋이 있는 검멀레해수욕장

비양도에서 나오면 서서히 힘이 들기 시작한다. 힘을 내서 조일리 영일동을 지나 검멀레해수욕장으로 향한다. 검멀레해수욕장과 동안경굴은 제주도로 수학여행이나 단체여행을 온 사람들이 우도에서 꼭 들르는 곳이다.

우도 올레길을 걸으며 검멀레해수욕장에 다다를 때쯤이면 아래 해변까지 내려갔다가 오는 길이 힘겹게 느껴질지도 모른다. 하지만 언덕 위에서 검멀레 해변을 보는 것보다 실제 해변에 내려가 걸어 보는 것이 더욱 좋은 것은 두말 할 필요가 없다. 좀 힘들더라도 검멀레 해변까지 내려가 보자.

(왼쪽) 우도의 비양도 등대로 향하는 길
(가운데) 우도봉 아래에 있는 검멀레 동굴
(오른쪽) 검붉은색이 인상적인 검멀레해수욕장

우도의 사방을 내려다보는 우도봉

우도봉을 빼고는 우도 여행을 생각할 수 없다. 비탈길이 조금 힘들기는 하지만 천천히 올라보자. 오르면서 뒤를 돌아보면 아래로 검멀레해수욕장, 멀리 하고수동해수욕장까지 한눈에 들어온다. 또 우도봉 비탈길로 불어오는 시원한 바람은 여행길의 든든한 벗으로 삼아도 좋다.

우도봉 능선에 서면 우도봉 안쪽에 우도 주민들의 식수원인 저수지가 보인다. 우도봉 안쪽 들판에 방목중인 소들도 재미있는 볼거리이다. 올레 길은 우도봉 능선 아래로 보이는 저수지 쪽으로 가는 것이지만 웃자란 들풀들로 인해 올레 표시가 잘 보이지 않아 그냥 우도봉으로 가는 사람도 있다. 우도봉 정상에는 우도 등대박물관이 있어서 여러 나라의 옛 등대가 아이들의 호기심을 자극한다. 우도봉에서 우도 전경과 바다 건너 성산일출봉을 살펴보고 내려온다.

우도의 숨은 비경, 톨칸이

길은 우도봉 아래 버스정류장에서 곧장 내려가지 않고 왼쪽을 꺾인다. 우도봉에서 북적이는 사람들을 보다가 갑자기 찾아온 들길의 한적함이 어색하다. 불과 몇 분밖에 지나지 않았는데 말이다. 들길을 조금 더 가면 제주어로 여물통이란 뜻의 톨칸이 해변이 있고 계속 전진하면 1-1코스 우도 올레의 종착지인 우도 천진항에 다다른다.

우도봉 아래의 타원형을 이루는 바다인 톨칸이는 우도만의 특별한 풍경이다.

02 바람에 흔들리는 섬을 거닐다
마라도

걷기 난이도 ● ○ ○ ○ ○
걷기 포인트 가장 작은 학교인 마라분교, 남쪽 바다의
길잡이 마라도 등대의 풍경에 빠져들기

코스&시간

약 2.3km, 30여 분
자리덕 선착장(대문바위) → 마라분교 → 자장면 거리 → 대한민국 최남단비 → 장군바위 → 마라도 등대 → 살레덕 선착장 → 할망당(아기업개당) → 자리덕 선착장

교통

마라도행 정기여객선
모슬포 여객터미널에서 수시로 출발

마라도행 유람선
송악산 선착장에서 수시로 출발

바람에 부대끼며 걷는 걸음

한 사람에게 정착하지 못하고 이 사람 저 사람에게 집적거리는 사람에게 바람기가 많다고 한다. 한곳에 있지 못하니 바람기를 다른 말로는 방랑기라고도 할 수 있지 않을까. 사람이라는 숲에서 이리 저리 떠돌아다니는 사랑의 방랑자.

여행 글을 쓰는 사람은 자주 낭만적인 것을 찾으니 바람기가 있을 것 같고 이리 저리 돌아다니니 방랑기까지 있다고 생각하기 쉬운데 실은 그 반대인 경우가 많다. 여행 글을 쓰는 사람이 자주 낭만적인 것을 찾는 이유는 여행 글을 읽는 사람을 위해 미리 경험을 해보기 위한 것이다. 정작 함께한 사람도 없으면서 누군가 함께 있는 것처럼 자기최면에 빠지는 것이다. 이건 바람기가 아닌 헛바람이다.

여행 글을 쓰는 사람은 일상적이고 자잘한 여행을 빼고는 여행 글을 쓸 때에만 큰 여행을 위해 움직이고 대부분 한자리를 지키는 편이다. 여행 글을 쓰는 사람은 여행을 떠났다고 해도 예정된 시간에 돌아올 것이기 때문에 돌아올 기약이 없는 방랑기와는 다르다.

멀리서 보이는 마라도는 바람에 흔들리고 있었다. 진짜 바람에 마라도가 흔들리는 것인지, 바람기 많은 사람들이 마라도를 흔들고 있는 것인지. 아니면 바람기 많은 마라도가 사람들을 흔들고 있는지 모르겠다. 마라도에 내린 사람들은 마라도에게 연애를 걸자고 수작을 부리고 마라도는 못 이기는 척 손을 내민다. 마라도에 선 사람들은 마라도가 손을 내밀어 주었다고 좋아하지만 실은 마라도가 사람들을 품에 안고 흘리고 있다. 마라도를 돌아보는 사람은 마라도의 풍경에 얼이 빠진 모습이다. 마라도가 사람들을 흔들리게 한다.

일명 고래 콧구멍이라 불리는 대문바위를 보는 것으로 마라도 여행이 시작된다.

마라도 여행의 첫 관문, 대문바위

예전에는 마라도를 찾는 사람이 적어 작은 연락선으로 마라도 북쪽 살레덕 선착장에 내렸지만 지금은 관광객이 많아 큰 연락선으로 마라도 북서쪽 자리덕 선착장에 닿는다. 마라도행 연락선은 모슬포뿐만 아니라 송악산 선착장에서도 떠나는 배가 생겼다. 마라도행 연락선이 떠나는 곳이 한 곳에서 두 곳으로 늘어났을 정도로 여전히 마라도를 찾는 사람은 많다.

연락선이 자리덕 선착장에 닿기 전에 보이는 해식쌍굴은 대문바위이다. 마라도의 대문바위뿐만 아니라 우도의 검멀레 동굴도 동굴이 두 개여서 고래 콧구멍이라 불리고, 법환 앞 바다 범섬의 해식쌍굴도 두 개이다. 모두 먼 옛날 용암이 솟구쳐 나온 흔적이다.

마라도의 새로운 명물, 자장면 거리

자리덕 선착장에서 마라도에 오르면 여러 대의 골프카트가 호객을 하는 모습이 보인다. 마라도는 면적이 $0.3km^2$에 불과하며 최고점은 39m, 해안선 길이는 4.2km이다. 천천히 마라도를 한 바퀴 걸어도 30~40분이 걸리지 않는데 골프카트를 타고 구경한다면 호사도 이런 호사가 없을 것이다.

골프카트 호객꾼을 뒤로 하고 산책로를 따라 시계 반대 방향으로 걷기 시작한다. 산책로에서 제일 먼저 보이는 것은 자장면 거리로 자장면집은 4~5곳 정도가 된다. 인터넷 검색창에 '마라도' 하고 치면 '자장면'이 연관 검색어로 나온다는 것이 다소 의아하다. 푸른 바다로 둘러싸인 마라도의 특성과는 달리 뭔가 생뚱맞은 느낌이다.

아련한 정이 느껴지는 마라분교

자장면 거리 서쪽에 있는 태극기가 걸린 작은 건물이 마라분교이다. 예전에 연말연시 때면 TV 방송에서 어김없이 마라분교 스케치가 나오곤 했다. 선생님 한 명에 학생 두 명이 오순도순 학업을 이어간다는 내용이다. 자장면 거리의 성황으로 마라분교 학생 수가 좀 늘었을까. 푸른 바다를 배경으로 아담하게 지어진 건물이 정겹다.

이어도에 자리를 내준 대한민국 최남단비

마라분교를 지나 남쪽으로 걸어가면 절과 초콜릿 캐슬이 나온다. 섬 속의 섬이라 자연만 볼 수 있을 것이라 생각했다면 오산이다. 곳곳에 음식점과 펜션 등이 자리하고 있다. 관광객이 많아지면서 지금의 마라도에는 여백이 없다. 초콜릿 캐슬을 지나니 대한민국 최남단비가 보인다. 근래에 마라도 남서쪽 149km에 이어도 해양과학기지가 세워졌으니 어쩌면 마라도의  대한민국 최남단비는 맞지 않는 것인지도 모른다. 마라도에 최남단비가 있다는 것은 이어도를 부정하는 것이기도 하기 때문이다.

대한민국 최남단비 옆 바닷가에 불쑥 솟아 오른 바위는 장군바위이다. 장군바위는 천신과 지신이 만나는 장소로 해신제를 지내는 성소로 여겨지고 있다. 예전에는 장군바위에 함부로 오르면 큰 풍랑이 인다고 생각했는데 지금은 아무 거리낌 없이 장군바위에 다가가고 있으니 장군바위의 영험함이 사라진 것일까. 아니면 사람들의 믿음이 사라진 것일까.

마라도의 바다를 밝히는 마라도 등대

장군바위에서 등대로 가는 길은 약간 오르막이다. 바다 쪽 오르막 길가에는 억새가 바람에 흔들리고 그 뒤로 푸른 바다가 펼쳐져 장관을 이룬다.

(위) 마라도의 정상에 위치한 마라도 등대
(아래) 마라도에서는 저 멀리 송악산과 산방산까지 볼 수 있다.

마라도 등대는 1915년에 설치되었고 1955년 유인 등대로 전환되었다. 마라도 등대의 불빛은 무려 38km를 간다고 하니 제주도 남쪽 바다를 오가는 배들에게는 귀중한 길잡이가 아닐 수 없다.

아기업개를 기리는 할망당

마라도 등대에서 북쪽으로 가면 살레덕 선착장과 할망당이 보인다. 살레덕 선착장은 자리덕 선착장에 마라도 제일 부두의 자리를 물려 주고 소형 고깃배의 부두로 격하되었다. 할망당은 둥글게 쌓인 돌담 안에 작은 제단이 있는 당으로 바다의 안녕을 빌고 풍어를 기원하는 곳이다.

할망당은 아기업개당 또는 처녀당이라고도 하는데 전설에 따르면 마라도에 입도한 해녀들이 나갈 때 아기를 돌보던 아기업개를 제물로 바쳐서 무사히 섬을 빠져나갈 수 있었다. 이후 해녀들은 자신들 대신 희생당한 아기업개에 대한 제를 지냈다고 한다. 제주도에 아기업개에 대한 전설이 심심치 않게 보이는 것은 여성들이 간난아기를 돌볼 아이를 구해서라도 일에 매달려야 했기 때문이다. 제주 여성들의 고달팠던 삶이 엿보인다. 살레덕 선착장에서 남쪽으로 발길을 돌리면 자리덕 선착장이 보인다.

03 청보리 들판에 서서 바람을 마주하다
10-1코스 가파도 올레

걷기 난이도 ●●●○○
걷기 포인트 푸르게 넘실대는 청보리밭과 푸른 바다
감상하기

코스&시간

기본 코스: 4.3km, 1~2시간
상동 포구 → 냇골챙이 앞(1.6km) → 가파초등학교(2km) → 개엄주리코지(2.9km) → 큰옹짓물(3.4km) → 하동 포구(가파 포구 4.3km)

저자 추천 코스
상동 포구 → 상동 할망당 → 개엄주리코지 → 큰옹짓물 → 가파(하동) 포구 → 하동 할망당 & 까메기 동산 → 냇골챙이 → 고인돌 유적 → 가파초등학교 → 상동 포구

교통

가파도행 정기여객선
모슬포 여객터미널, 09:00, 11:00(마라도 경유) 14:00, 16:00(마라도 경유), 17:00

청보리 넘실대는 들판에 서기

봄이면 푸른 청보리 물결이 가파도를 뒤덮는다. 청보리는 흔히 보리쌀이라고 하는 혼식으로 먹는 쌀보리가 아닌 맥주의 원료가 되는 주정용 보리이다. 보리의 종류는 종자에 붙은 껍질이 있느냐의 여부에 따라 겉보리와 쌀보리로 나뉘고, 이삭이 달린 씨알의 줄 수에 따라 두 줄 보리와 여섯 줄 보리로 나누기도 한다. 보리의 용도에 따라 주로 식용으로 쓰이는 겉보리와 쌀보리, 맥주 주정으로 쓰이는 맥주보리가 있다.

보리의 재배 역사는 매우 길다. 기원전 5000년 이라크 북부 자르모에서 두 줄 보리가 발견되었고 기원전 2700년 중국 신농시대에 보리가 오곡의 하나로 들어가 있어 이미 재배되고 있었음을 알 수 있다. 중국과 인접한 한국에서는 고대부터 보리를 재배했으리라 보고 있다.

맥주보리는 고대 바빌로니아의 설형문자에서 이미 제빵은 물론 맥주 양조에 대해 말하고 있으므로 맥주보리가 재배되고 있었음을 알 수 있다. 눈에는 눈, 이에는 이라는 함무라비왕 시절에는 대규모의 맥주 양조장이 여러 개 있어서 맥주를 판매하기도 했다고 한다.

제주도에서 맥주보리를 재배하기 시작한 것은 일제강점기인 1933년에 OB맥주의 전신인 소화기린맥주의 영등포 공장이 설립되고부터이다. 모두 그런 것은 아니겠지만 OB맥주에서 생산되는 맥주 중 일부는 제주도 맥주보리를 이용해 만든 것이다.

정작 가파도에서는 제주산이나 가파도산 맥주를 볼 수 없어 아쉽다. 어쩌면 일제강점기 이래로 가파도에서 맥주 원료가 되는 맥주보리인 청보리를 생산하고 있는데 원산지에서는 맥주를 볼 수 없다니……. 관광용 '제주도 맥주', '가파도 맥주'를 만들면 안 될까.

가파도에서는 멀리 송악산 일대까지 볼 수 있다.

호젓한 상동 포구에서 시작되는 10-1코스

가파도는 마라도의 명성에 가려 빛을 덜 보고 있어서 찾는 사람이 그리 많지 않다. 찾는 사람이 많지 않으니 눈에 거슬리는 펜션이나 식당이 적고 다른 편의시설도 부족하다. 외부 사람들을 위한 인위적인 시설이 없이 그냥 가파도 주민들이 사는 그대로라고 생각하면 된다.

가파도는 넓이가 0.9km²이고, 최고 높은 곳은 20.5m, 섬 둘레는 4.2km 이다. 마라도에 비해 넓이는 3배 정도인데 섬 둘레는 4.2km로 거의 같다. 그만큼 가파도가 단순한 모양의 섬임을 짐작할 수 있다. 마라도가 전복 모양의 섬이라면 가파도는 마름모꼴의 섬이라고 할 수 있다.

모슬포에서 출발한 연락선은 상동 포구에 도착한다. 출항날의 기상 상태에 따라 상동 포구 대신 하동 포구에 도착하는 경우도 있다. 최근 상동 포구에 선착장을 건설하고 있어 상동 포구로 일원화될 것으로 보인다. 상동과 하동 중 가구 수나 민박, 가게는 하동이 조금 더 많아 가파도의 변화가는 하동이라고 할 수 있다.

고양이만이 반기는 상동 할망당

상동 포구 옆에는 할망당이 있다. 여느 바닷가의 당처럼 낮은 돌담이 있고 그 안에 작은 제단이 있다. 할망당에 음식을 올리면 해신이 다 먹는 것이 아니라 실은 동네 고양이의 차지가 된다. 매번 어김없이 동네 고양이 한 마리가 당 돌담에 올라 방문객이 뭘 바치는지 쳐다보고 있다.

가파도 둘레길은 시멘트로 포장되어 걷기에 편하다.

상동 할망당을 나와 해안 산책로를 따라 시계 방향으로 걷는다. 탁 트인 가파도 앞바다에서 시원한 바람이 불고 파도가 쉴 새 없이 밀려와 해안 바위를 친다. 길을 걷다가 뒤를 돌아보면 멀리 송악산이 손에 잡힐 듯 들어오고 송악산 서쪽은 연락선이 출발한 모슬포, 동쪽은 산방산이다. 산책로가 가파도의 들판에 비해 약간 낮아 들판은 보이지 않는다.

산책로를 가는 동안 오가는 사람이 없어 마라도와는 또 다른 한적함, 고립감을 느끼게 된다. 마라도에서는 섬이 아닌 테마파크에 온 게 아닐까 하는 생각이 드는데 가파도에서는 정말 작은 섬에 왔구나 하는 느낌을 갖게 된다.

옛날 제단집에서는 가파도 앞바다의 평온을 기원했다.

마을의 안녕을 비는 제단집

얼마를 더 걸어 마름모꼴의 첫 꼭짓점에 다다르면 제단집이 보인다. 제단집은 할망당보다 큰 공식 당집이다. 제단집에서는 매년 음력 1월 중 날짜를 택해서 마을 남자로 구성된 제관들이 3박4일 합숙하고 몸을 정결히 해서 마을의 안녕과 풍어, 풍년을 빌었다. 제단집 부근에는 제관들이 묵던 제관 숙소도 남아 있다.

제단집에서 하동마을까지는 안쪽으로 움푹 들어간 호를 이루고 있고 호 중간에는 용천수 샘인 고망물이 있다. 아쉽게도 수도가 놓이면서 역할을 다한 고망물은 방치되어 자연으로 돌아가고 있다.

동화 속 모습 그대로인 하동 포구

고망물을 지나면 바로 하동마을과 포구이다. 시간이 나면 하동마을을 돌아보아도 좋은데 집집마다 대문이 없어 제주도가 삼무(三無)인 것이 실감나고 골목의 담벼락마다 해녀나 바닷가 그림이 그려져 있어 동심을 자극한다.

하동 포구에서 등대가 있는 방파제 쪽으로 가면 하동 할망당과 까메기 동산이 있다. 하동 할망당은 상동 할망당과 같은 마을 당이고 까메기 동산은 마라도의 장군바위처럼 성스러운 곳이다. 예전에는 까메기 동산에 함부로 가면 바다에서 큰 풍랑이 일어난다고 믿었다고 한다.

마라도의 장군바위나 가파도의 까메기 동산 같은 성소를 보면 공통적으로 섬에서 가장 바람이 센 곳임을 알 수 있다. 이 때문에 장군바위나 까메기 동산에 서면 그 날의 바다 일기를 짐작할 수 있지 않았을까. 성소에서 바람의 세기를 보고 바다 일기를 관측하던 곳이니 자연스럽게 이들 장소가 성소로 여겨진 것은 아닌가 싶다.

선사시대의 흔적이 남은 고인돌 유적

까메기 동산을 나와 마름모꼴의 제일 아래 꼭짓점으로 향한다. 이쯤 되면 비로소 가파도의 들판이 보이기 시작한다. 마라도가 서쪽이 낮고 동쪽이 높은 것에 비해 가파도는 전체적으로 높은 곳이 없이 평평하다. 들판의 끝에 서면 온 들판이 다 보인다.

겨울에는 황토색을 드러내지만 겨울이 지나 새봄이 오면 청보리로 가득 찬다. 황토밭 가운데에 흰 바위들이 드문드문 박혀 있는데, 가까이 가서 보면 번호가 적혀 있다. 이 바위들은 가파도의 고인돌 유적이다. 가파도의 면적에 비해 고인돌이 많이 있는 것으로 보아 선사시대부터 많은 사람이 가파도에 살았음을 짐작할 수 있다. 가파도는 다른 섬과 달리 용천수가 있어서 농사짓기에 좋고 사람이 살기에도 적합하다.

순수한 동심이 있는 가파초등학교

마름모꼴 세 번째 꼭짓점 부근에 다다르면 섬 중앙으로 향하는 산책로를 볼 수 있다. 이는 근래에 가파도 청보리 축제 등을 위해 만든 길이다. 산책로를 따라가면 섬 가운데에 있는 중동마을을 만난다. 이곳에 있는 가파초등학교는 마라분교의 본교이다.

가파초등학교 옆 작은 공원에는 가파도 출신의 독립 운동가이자 교육자인 김성숙 선생의 동상이 있다. 김성숙 선생은 서울에서 3·1 운동에 참가한 뒤, 고향인 가파도에 내려와 신유의숙이라는 교육기관을 설립하였고 이것이 가파초등학교의 전신이다.

푸르름이 넘실거리는 청보리 들판

중동에서 상동으로 난 길을 따라 걸으니 가까이에는 가파도의 들판이 펼쳐져 있고 멀리는 상동 앞바다와 송악산까지 보인다. 가파도에 오면 눈이 호강한다. 눈앞을 가리는 인공 구조물로 가득 찬 도심에서 벗어나 탁 트인 가파도에서는 가까운 곳은 물론 볼 수 있는 가장 먼 곳까지 다 볼 수 있다. 가파도에서 파란 하늘과 푸른 바다는 덤이다.

상동 포구에 도착해 돌아갈 연락선을 기다리면서 상동에 하나뿐이 슈퍼에 들러 군것질 거리를 뒤적이다 보면 어느새 연락선을 타려고 나온 주민들을 볼 수 있다. 아이스크림을 하나 물고 선착장에서 푸른 바다를 바라보며 느긋하게 배를 기다리자.

가파초등학교에서는 쉬는 시간에 운동장에서 강아지와 노는 아이들을 마주칠 수 있다. 천진한 모습에 절로 미소가 지어진다.

가파도의 명물인 청보리밭은 보기만 해도 가슴이 뻥 뚫리는 기분을 만끽할 수 있다.

04 비양봉 능선에서 제주를 내려다보다
비양도

걷기 난이도 ●●●○○
걷기 포인트 신비로운 코끼리바위와 용암기종, 비양도의 중심에 있는 비양봉까지 느긋하게 둘러보기

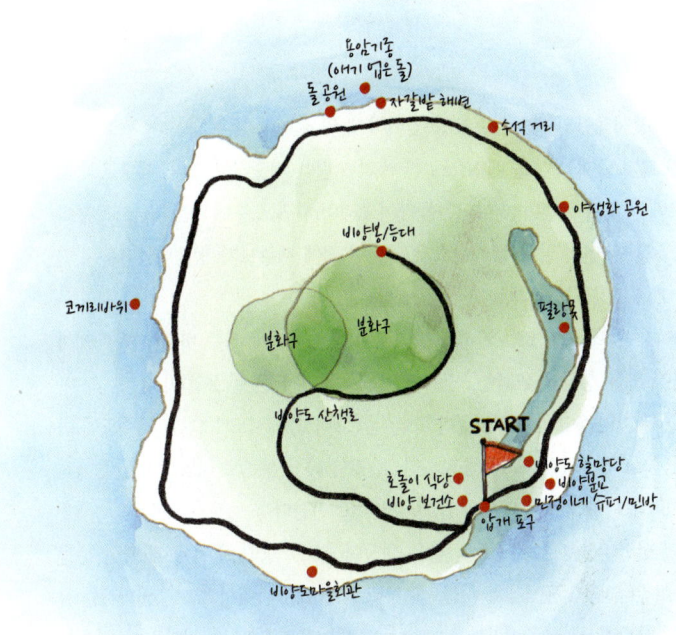

코스&시간

약 6.1km, 2시간

압개 포구 → 코끼리바위 → 돌 공원 → 자갈밭 해변 → 펄랑못 → 압개 포구 → 비양봉 → 압개 포구

교통

비양도행 연락선

한림항에서 1일 3회 운행(09:00, 12:00, 15:00)

화산이 만든 천혜 비경의 유혹

비양도는 제주도 서해안의 협재해수욕장 앞바다에 있는 아름다운 섬이다. 원추형 모양이며 에메랄드빛 협재 바다를 배경으로 한 폭의 그림을 연출하고 있다. 제주도의 지질 중 가장 오래된 것이 신생대 제3기 말 플라이오세의 서귀포 층이지만 지금으로부터 약 6,500~200만 년 전의 일이다. 적어도 200만 년 전에 제주도가 형성되었다는 것인데 협재 앞바다의 비양도는 불과 1천 년 전에 만들어졌다.

《신증동국여지승람》에 보면 1002년 6월 고려시대 목종 5년에 제주 바다 가운데에서 산이 솟아 나왔고 산 정상에 4개의 구멍이 있어 5일 동안 붉은 물(용암)이 흘러나와 바닷물에 닿으면서 기와(용암바위)가 되었다고 한다. 《고려사》에서도 1002년 제주도에 화산 폭발로 '서산(瑞山)'이 생겼다고 전하고 있다. 1002년 화산 분출로 비양도가 만들어진 후, 1007년에도 제주 해상에서 화산 분출이 있었다고 전한다.

원래 섬이었던 성산일출봉은 비양도와 같은 해상화산으로 중기 홍적세 때 화산 분출로 인해 만들어졌다. 중기 홍적세는 지금으로부터 약 200만 년에서 1만 년 전까지를 말하니 제주도의 다수를 이루는 서귀포 층이 만들어진 이후라고 할 수 있다. 성산일출봉은 고작 1천 년에 불과한 비양도와는 비교할 수 없이 오래전에 생성된 것이다.

비양도에 전하는 전설에 따르면 비양도는 원래 중국 쪽에서 떠돌아다니는 섬이었다. 어느 날 섬이 조류에 밀려 제주도 해안까지 오게 되었고 마침 임신한 해녀가 섬을 발견해서 소변을 보자 섬이 움직이지 않게 되었다고 한다.

비양도의 압개 포구는 소박하면서도 활기찬 기운이 넘쳐 여행의 시작부터 설레게 한다.

비양도의 얼굴, 압개 포구

비양도는 한림항 선착장에서 불과 3km 정도 떨어져 있어 연락선을 타고 잠깐만 가면 닿는다. 비양항이라고도 불리는 압개 포구는 비양도에 하나뿐인 포구이다. 압개 포구 선착장을 나서니 비양보건소가 눈에 띈다. 그 앞에는 TV 드라마 〈봄날〉 촬영 기념물이 세워져 있다. 극중 고현정과 조인성이 시골 보건소를 배경으로 연상연하 커플로 나왔던 드라마이다.

비양보건소 부근에 세워진 비양도 지도를 보니 섬 둘레로 나 있는 산책로를 따라 시계 방향으로 가든 그 반대로 가든 상관없을 것 같다. 여기서는 시계 반대 방향으로 걸어 본다. 압개 포구에 세워진 작은 고깃배와 등대를 보고 비양마을회관을 지나 해안도로로 접어든다. 한적하다. 비양도로 향하는 연락선도 비양도 주민 외에 비양도를 보겠다는 관광객은 거의 없는 듯 한가롭기만 하다.

비양도 바다를 지키는 코끼리바위

해안도로를 따라 걷다 보면 바닷가에 코끼리 모양의 바위가 보인다. 모양 그대로 코끼리바위라고 부르며 그 위는 물새들이 실례한 흔적이 켜켜이 쌓여 흰색으로 보인다. 주위는 뱅에돔, 감성돔, 황돔 등이 잘 잡히는 낚시 포인트라고도 하는데 낚시를 하는 사람은 거의 찾아볼 수 없다.

자연미가 돋보이는 돌 공원

코끼리바위를 지나면 기암괴석이 늘어서 있는 돌 공원이 나온다. 비양도 자체가 화산 분출로 인해 생긴 섬이니 찾아보면 어찌 기묘한 돌이 없겠는가. 용암이 굳은 돌을 모아 장식대 위에 고이 세워 놓았다. 비양도를 찾는

해안길을 따라 돌 공원(왼쪽)도 보고 슬픈 사연이 깃든 용암기종(오른쪽)도 만나볼 수 있다.

사람이 보아도 그만, 보지 않아도 그만이지만 제주도 평지에 인위적으로 조성한 돌 공원보다 자연스럽고 공원을 조성한 이들의 정성이 담겨 있다.

슬픈 전설이 깃든 애기 업은 돌

돌 공원을 지나 만나는 자갈밭 해변에는 아기 업은 모습을 한 용암기종이 세워져 있다. 그 모습 때문에 용암기종을 '애기 업은 돌'이라고도 하는데 천연기념물 제439호로 지정, 보호되고 있다. 애기 업은 돌에는 슬픈 전설이 깃들어 있다. 130여 년 전, 김녕리의 해녀들이 비양도에 물질을 하러 왔는데 아기가 있는 해녀만 남편이 데리러 오지 않아 망부석으로 변했다는 것이다.

제주 해녀들은 가까운 곳은 걸어서 물질을 나가지만 섬이나 먼 곳은 마을 남자나 남편이 데려다 주곤 했다. 실제 압개 포구에서도 작은 고깃배를 타고 물질을 나가는 해녀들을 볼 수 있다. 바다에 나간 해녀들은 바다에서 태왁(해녀가 수면에서 몸을 의지하거나 이동할 때 사용하는 도구)에 의지

펄랑못은 사방이 막힌 연못이지만 그 안에 담긴 물은 민물이 아닌 바닷물이다.

해 해초나 전복을 따다가 시간이 되면 다시 고깃배를 타고 돌아온다. 해녀가 데리러 오는 사람 없이 바다나 섬에 혼자 남았다면 한이 서린 귀신이 되거나 망부석이 되고도 남을 듯하다. 애기 업은 돌을 지나 해안도로를 걸으면 길가에 무너진 방사탑이 보인다. 액운을 막자고 세웠을 텐데 무너진 방사탑을 보니 액운이 왔을까 겁이 난다. 이왕 만들어 놓은 것이면 유지 보수는 해야 하지 않을까.

바다가 만든 신비로운 연못, 펄랑못

방사탑을 뒤로하면 거의 비양도를 한 바퀴 도는 셈이다. 이제 마을이려니 했더니 눈앞에는 염습지인 펄랑못이 펼쳐진다. 펄랑못은 바닷물이 고여 연못이 된 것으로 고인 바닷물이 땅속으로 들어가 밖의 바닷물과 순환이 된다고 한다. 비록 염습지이나 비양도에서 멋진 연못을 보면 기분이 새롭다.

신비한 효험이 아스라이 사라져 가는 비양도 할망당

펄랑못의 끝에는 비양도 할망당이 있다. 가지가 많은 나무 앞에 작은 제단이 있고 둘레는 낮은 돌담으로 싸여 있다. 여느 할망당처럼 비양도 할망당도 썰렁하긴 마찬가지이다. 한쪽에서는 제에 쓰고 간 제물이 쓰레기가 되어 있다. 오랫동안 바다에서 풍어와 안녕을 빌어 주던 할망당의 효험이 사라진 것일까. 점차 할망당을 찾는 사람이 적어지는 듯하다.

소박하지만 정겨운 비양분교

비양도 할망당을 지나면 비양분교가 나온다. 비양분교는 마라분교보다 규모는 크나 학생 수는 비슷하다. 운동장에 들어서니 선생님 한 명과 학생 한 명이 집게를 들고 쓰레기를 줍고 있다. 선생님이 뒷짐을 지고 쓰레기 있는 곳을 가리키면 학생이 달려가 쓰레기를 줍는다. 참 정겨운 모습이다. 비양분교를 나오면 바로 비양마을인데, 오직 압개 포구 쪽에만 있는 유일한 마을이다. 집집마다 사람이 사는지 안 사는지 인기척이 들리지 않고 졸던 개만 낯선 여행자에게 말을 건다. 비양마을 중간에 비양봉으로 가는 길이 있다.

비양도의 든든한 버팀목, 비양봉

한라산이 제주도의 전부인 것처럼 비양봉은 비양도의 전부이다. 비양봉은 원추형으로 해발 114m, 높이는 104m이다.《신증동국여지승람》에서 설명한 것처럼 4개의 구멍에서 용암이 흘러 나왔으므로 4개의 분화구가 있어야 하지만 실제 비양봉에 올라 보면 커다란 2개의 분화구만 보일 뿐이다. 아마 2개씩 합쳐진 것이 아닐까 싶다.

비양마을 길과 풀밭 길을 지나면 비양봉으로 오르는 계단이 보인다. 계단은 나무데크로 되어 있어 오르기에 편하고 오르는 동안 뒤로 돌아서면 비양도 앞바다 풍경을 볼 수 있다. 동쪽으로는 한림항, 동남쪽으로는 협재해수욕장이 한눈에 들어온다. 경사진 계단길을 오르면 남쪽 분화구 끝에 도착한다. 분화구 안은 빽빽이 들어찬 나무들로 인해 도무지 내려갈 엄두를 내지 못하게 한다. 북쪽 분화구 끝이자 정상인 비양봉은 능선을 따라 걸어야 한다. 능선 동쪽으로 한림항이 확연히 보이고 능선에는 사람 키만큼 자란 수풀이 무성해 바람 따라 흔들리고 있다.

능선의 끝에 비양봉이 자리하고 있다. 비양봉에는 작은 무인 등대도 있는데 시설이 매우 낡아 작동이 되는지 의심스럽다. 비양봉 아래 북쪽 분화구 안에도 나무들로 가득 차 있다. 그중에는 한국에서 유일하게 비양도에서만 볼 수 있는 비양나무도 있다. 비양나무는 쐐기풀과 낙엽관목으로 난대림에 속하며 일본 규슈나 시코쿠 등에서 볼 수 있다고 한다.

비양봉 주변에서는 방목 중인 흑염소들도 볼 수 있다. 비양봉의 조망은 동서남북으로 거침이 없다. 서쪽은 망망대해, 동쪽은 한림항과 한라산, 북쪽은 애월 해안, 남쪽은 협재와 금능해수욕장이 보인다. 비양봉에서 보는 하늘도 멋지다. 하늘은 구름 한 점 없이 파랗기만 하다. 비양봉을 내려와 식당에 들러서 보말죽 한 그릇을 먹으면 피로가 싹 사라지는 듯하다.

비양봉 정상에 우뚝 서 있는 비양 등대. 그 아래로는 흑염소 가족이 한가롭게 풀을 뜯고 있다.

05 온전히 섬에 몸을 맡기고 걷다
18-1코스 추자도 올레

걷기 난이도 ●●●●●
걷기 포인트 봉글레산, 처사각에서 본 추자항, 추자 등대,
모진이 몽돌 해안의 절경에 빠져들기

코스&시간

기본 코스: 18.2km, 6~8시간
상추자항 → 추자 등대(3.1km) → 묵리 교차로(5.5km) → 신양항(7.9km) → 황경헌의 묘(9.3km) → 엄바위 장승(12.1km) → 돈대산 정상(13.3km) → 추자교(16km) → 상추자항(18.2km)

간편 코스: 11.8km, 4~5시간
추자항 → 최영장군 사당 → 봉글레산 입구 → 봉글레산 정상 → 천주교 추자공소 → 순효각 입구 → 처사각 → 나바론 절벽 정상 → 추자 등대 → 추자교 → 추자교 삼거리 → 묵리 고갯마루 → 묵리 교차로(5.8km) → 돈대산 정상 → 돈대산 입구 → 엄바위 장승(8.2km) → 담수장(10km) → 추자교 → 영흥 쉼터 → 추자항(11.8km)

교통

핑크돌핀호
제주 ↔ 추자/진도/목포 운항. 제주 → 추자 09:30, 추자 → 제주 16:10

한일카페리3호
제주 ↔ 추자/완도 운항. 제주 → 추자 13:40, 추자 → 제주 10:30

추자도 마을순환버스
오전 7시~오후 9시, 1시간 간격
대서리(추자항) → 영흥리 → 묵리 → 신양2리 → 신양1리 → 예초리 → 신양1리 → 신양2리 → 묵리 → 영흥리 → 대서리

억발장사의 전설이 깃든 섬

수월봉 앞바다의 차귀도가 하나의 섬이 아닌 것처럼 추자도 역시 사람이 사는 상추자도, 하추자도, 추포도, 횡간도 등 4개의 섬과 사람이 살지 않는 38개의 섬을 뜻한다. 그냥 추자도가 아닌 추자군도라고 불러야 옳은 듯하다. 추자도의 여러 섬 중에 사람이 많이 사는 섬은 가장 큰 상추자도와 하추자도이다.

제주도에 돌하르방이 있다면 추자도 예초리에는 억발장사가 있다. 억발장사는 엄바위 장승으로도 불리는데 여느 장승보다는 후덕하고 강인한 인상을 준다. 엄바위 장승의 모양은 꼭 남성의 성기같이 생겼다. 거대한 엄바위는 예초리마을을 지켜주는 수호신으로 여겨지고 있고 억발장사는 엄바위 밑에서 태어난 것으로 알려져 있다. 억발장사는 기골이 장대하고 힘이 좋아 앞바다의 장사공돌을 가지고 공기놀이를 할 정도였다. 그러나 추자도에서 횡간도를 뛰어 넘다가 그만 물에 빠져 죽고 말았다. 이때부터 예초리와 횡간도 사람 간에 혼인을 하면 청상과부가 된다는 이야기가 전해져 온다.

억발장사는 전라도의 변강쇠를 떠올리게 한다. 변강쇠는 억발장사와 마찬가지로 기골이 장대하고 힘이 좋았던 까닭에 숱한 여인들을 울리고 다녔다. 변강쇠 이야기가 억발장사와 다른 점은 변강쇠는 자신만큼 힘이 좋은 옹녀를 만나 잘 살았다는 해피엔딩이라는 점이다. 아쉽게도 추자도에서는 억발장사의 짝이 될 수 있는 옹녀 비슷한 여인을 만나기에는 사람이 너무 적었다. 제주도의 감귤 대신 추자도 멸치, 조기가 나고 제주도의 돌하르방 대신 엄바위 장승이 있는 섬, 추자도. 제주도에 속하지만 전라도 느낌이 강한 곳이다. 하지만 추자도를 돌아보면 추자도는 제주도도, 전라도도 아닌 추자도일 뿐이라는 것을 느끼게 된다.

활기가 넘치는 추자항에서 시작하는 18-1코스

18-1코스 추자도 올레는 상추자도에서 하추자도를 한 바퀴 도는 코스로 대부분 바다가 보이는 추자도의 여러 산을 넘는 산길로 되어 있다. 상추자도의 추자항에서 올레길이 시작된다. 제주항에서 오전 9시 30분에 출발한 여객선이 추자항에 10시 40분경에 도착하며 추자항에서 제주항으로 돌아갈 시간인 오후 4시 10분까지는 5시간 30분 정도 남는다.

고려 명장을 기리는 최영 장군 사당

추자항에서 부지런히 발걸음을 옮겨 최영 장군의 사당이 있는 곳으로 향한다. 초등학교 옆 언덕에 있는 최영 장군의 사당에는 '조국도통대장

추자항에서 바라본 봉글레산의 모습(오른쪽 봉우리)

최영 장군 사당(왼쪽 위)을 지나 언덕길을 걷다 보면 어느새 봉글레산 정상(오른쪽 맨위)에 다다른다.
처사각(오른쪽 가운데)에 올라 추자항을 둘러보고 느긋한 걸음으로 추자도의 숲길(아래)을 걸어본다.

최영 장군'이라고 적힌 신위가 놓여 있다. 처음 보면 최영 장군의 사당이 생각보다 작다 싶지만 추자도에는 최영 장군 사당과 처사당 등을 제외하고 전통 기와집이 없으니 물자가 부족했던 당시로서는 최대한 잘 지어 놓은 것임을 알 수 있다. 최영 장군 사당을 나와 언덕길로 접어드니 옆으로 절벽이 있고 절벽 아래로는 푸른 바다가 넘실거린다. 바다 멀리로는 추자도에 부속된 무인도들이 바다 안개에 가려 두 개인지 세 개인지 분간하기 어렵다.

추자항을 내려다보는 봉글레산

얼마 걷지 않아서 봉글레산 정상에 도착한다. 정상에서는 추자항의 전경이 한눈에 들어오고 남쪽으로는 상추자도의 등대와 하추자도의 산이 아스라이 보인다. 하추자도도 저 멀리서 모습을 드러낸다. 아래로 내려오면 천주교 추자공소로, 천주교와 관련된 황경헌의 묘가 있다.

아늑한 추자도 숲길의 시작, 처사각

마을 골목을 지나 순효각 입구에서 처사각으로 올라간다. 처사각은 추자도로 유배 온 박인택을 기리는 사당으로 처사각에서 내려다보는 추자항의 풍경이 일품이다. 처사각에서 나버론 절벽 정상까지는 추자도만의 아늑한 숲길을 걷게 된다.

추자도 앞바다를 비추는 추자 등대

비탈진 숲길을 거슬러 올라 능선에 서면 나바론 절벽이다. 깎아지른 절벽으로는 겁이 나서 한 발짝도 다가설 수 없고 바람에 절벽 밑으로 활강하는 갈매기가 부러울 따름이다. 철옹성 나바론 요새의 이름을 딴 것이 이해가 된다. 나바론 절벽에서 추자 등대까지는 그리 멀지 않다. 새로 지어진 추자 등대에서는 여러 가지의 등대 모형을 볼 수 있고 옥상에는 전망대가 있어 추자도 일대를 조망할 수 있다.

섬과 섬을 잇는 추자교

추자 등대에서 숲길로 내려가면 상추자도와 하추자도를 잇는 추자교가 나온다. 추자교 근처에는 추자도가 바다낚시의 천국임을 알려주듯 여러 사람들이 낚시를 하고 있다. 땡볕 아래 낚시를 하는 사람들이 보인다. 땀을 뻘뻘 흘리며 걸어가는 여행자와 달리 낚싯꾼의 여유로움이 부러워지는 순간이다.

조약돌을 밟는 즐거움, 모진이 몽돌 해안

추자교를 건너 추자교 삼거리에서 산으로 올라간다. 묵리 고갯마루를 지나 묵리 교차로에서 돈대산으로 바로 가지 않고 길은 묵리마을로 꺾어진

추자교를 지나 묵리 마을로 가는 길에서는 상추자도가 보인다(왼쪽).
신양항을 지나면 모진이 몽돌 해안을 만난다.

며 좀 더 걸어가면 신양2리이다. 신양2리에서 신양항으로 가려면 언덕을 넘어야 한다. 여기서부터 힘들어지기 시작한다.

신양항의 구멍가게에 들러 아이스크림을 하나 입에 물고 모진이 몽돌 해안으로 간다. 모진이 몽돌 해안에는 진짜 동글동글한 조약돌이 해안에 깔려 있다. 여름철에는 해안에서 물놀이를 하는 사람들을 볼 수 있다.

절벽 산책로의 초입, 황경헌의 묘

가파른 언덕길이 계속된다. 높이 올라가는 만큼 바다가 보이는 조망은 좋아진다. 황경헌의 묘는 바닷가 언덕 위에 있다. 어머니 정난주가 있는 제

황경헌의 묘(왼쪽)를 지나 예초리 기정길을 걸어서 예초리 포구에 다다르면 거대한 엄바위 장승(오른쪽)을 만난다.

주도를 바라보고 있는 것일까. 황경헌의 묘를 지나면 나오는 예초리 기정길은 절벽가로 걷는 길이다. 바람이 세게 부는 날이면 아래로 보이는 새파란 바닷물이 무섭다.

추자도를 대표하는 엄바위 장승

예초리는 작은 어촌마을이다. 마을에는 다행히 작은 슈퍼마켓이 있어 걷다가 간식거리를 사 먹을 수도 있다. 예초리 포구에서 보이는 거대한 바위가 바로 엄바위이고 그 아래에는 나무를 깎아 만든 억발장수가 있다. 바로 엄바위 장승이다. 엄바위 장승이 바라보는 방향이 자신이 건너려고 했던 횡간도가 있는 곳일까.

돈대산 정상에서 저 아래로 신양항과 마을 일대를 볼 수 있다.

추자도 걷기의 정점, 돈대산

엄바위 장승을 지나면 돈대산으로 오르는 길로 오르막이 가파르다. 힘들게 돈대산 정상에 이르니 남쪽으로는 신양항, 북쪽으로는 추자항이 보인다. 추자항으로 돌아가기에는 갈 길이 멀다. 돈대산 정상에서 부지런히 내려가니 좀 전에 지났던 묵리 교차로이고 그 아래에 담수장이 있다. 여기서부터는 해안도로를 따라 걷는 길로 추자교를 건너 영흥 쉼터를 지나면 18-1코스 추자도 올레의 종착지인 추자항에 다다른다.

    18-1코스 추자도 올레를 당일치기로 걷고자 한다면 처음부터 쉼 없이 부지런히 걸어야 한다. 조금이라도 지체하면 제주항으로 돌아가는 여객선을 타지 못할 수도 있다. 추자도 올레를 걷다가 시간이 부족할 것 같으면 몇 곳을 과감히 제외하고 걷는 것도 나쁘지 않다.

다섯 번째 길

+

한라산의 속살 속으로
걸어가다

01 숨이 턱까지 차오를 때 길이 보인다
어리목 코스

걷기 난이도 ●●●○○
걷기 포인트 사제비 동산에서 만세 동산을 거쳐 윗세오름까지의
다채로운 풍경 감상하기

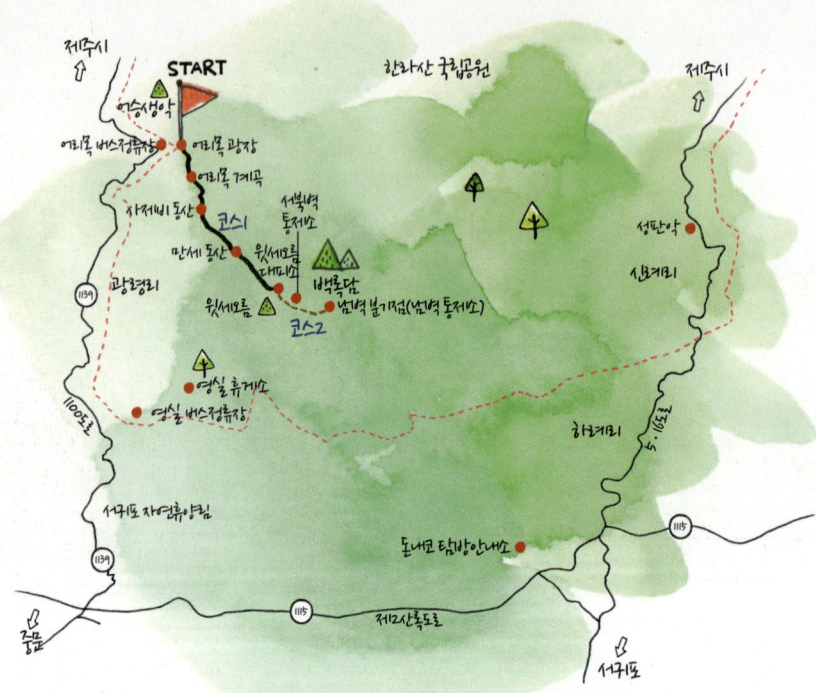

코스&시간

1. 어리목–윗세오름 코스: 4.7km, 2시간
어리목 광장 → 사제비 동산(2.4km, 1시간) → 만세 동산(3.2km, 30분) → 윗세오름(4.7km, 30분) → 서북벽 정상(백록담 6km, 1시간, 자연휴식년제 통제 구간)

2. 어리목–윗세오름–남벽 분기점 코스: 6.8km, 3시간
어리목 광장 → 사제비 동산(2.4km, 1시간) → 만세 동산(3.2km, 30분) → 윗세오름(4.7km, 30분) → 서북벽 통제소 → 남벽 분기점(6.8km, 1시간)

교통

시외버스
1100노선 이용, 제주/중문에서 승차, 어리목 하차 (약 1시간 간격)

승용차
제주시 → 1139번 1100도로 → 어리목
서귀포시 → 1132번 일주도로 → 중문 사거리 → 1139번 1100도로 → 어리목

누구나 헐떡이게 되는 고비

어리목 코스에 들어서자마자 오르막인 어리목 계곡이 나타난다. 얼마 걷지 않았는데 땀이 비 오듯 쏟아진다. 얼마 못 가 길가 평상에 앉아서 쉬어야 할 것 같다. 가야 할 길이 머니 잠시 쉬고 다시 올라간다. 어리목에 와서 느끼는 것이 산에만 헐떡이게 하는 고비가 있을까 하는 점이다. 우리 인생에서도 헐떡이게 하는 고비가 많이 있지 않을까. 요즘은 너도나도 경제가 어렵다고 하니 돈이 고비가 될 수 있고 취업하기가 하늘의 별 따기보다 힘든 세상이니 취업이 또 한 고비일 수 있다. 산에서의 고비가 힘든 것처럼 인생의 고비도 무척 힘들다.

산에서의 고비와 인생에서의 고비가 다른 점이 있다면 산에서는 그나마 쉬며 가며를 반복해서 오를 수 있는 데 비해, 인생의 고비에서는 쉬면 아주 쉬게 되기 십상이다. 인생의 고비에서는 어려움을 겪어 쉬면 자신이 다시 도전하지 못할 것 같은 느낌을 갖게 되거나 주위에서 패배자로 낙인을 찍기도 한다.

산에서의 고비를 보면 힘들 때는 아무리 가려고 해도 갈 수가 없다. 고비를 만나면 쉬어야 한다. 잠시 쉬면 다시 오를 원기가 생긴다. 인생의 고비에서도 힘들 때는 아무리 가려고 해도 갈 수 없는 것은 같지만 힘들면 쉬고 원기를 회복해 다시 도전하는 것이 바람직하다. 인생의 고비에서 어려움을 겪을 때 잠시 쉰다고 스스로 질책하지는 말자. 천하장사라도 고비가 오면 단번에 넘기 힘든 법이다. 인생의 고비를 맞은 사람에게 주위에서 실패자로 단정 짓지도 말자. 당신도 한때 고비에서 힘겨워하던 때가 있었다.

끝이 나지 않을 것 같은 한라산 숲길을 오르다 보면 아름다운 자연을 감상하는 동시에 자연스럽게 자신의 모습도 돌아보게 된다. 지금 내 앞에 보이는 고비를 넘으면 인생의 고비도 무난히 넘을 수 있는 힘이 생기지 않을까?

한라산 어리목은 봄철이면 붉은 철쭉이 아름답게 피어 여행자를 반갑게 맞는다.

한라산을 오르는 대표 입구, 어리목

한라산으로 오르는 길은 어리목, 영실, 돈내코, 성판악, 관음사 코스가 있다. 그중 어리목과 영실, 돈내코 코스는 윗세오름까지만 가는 단거리 코스이고, 성판악과 관음사 코스는 백록담까지 가는 장거리 코스이다. 가볍게 한라산을 즐기고 싶다면 어리목과 영실, 돈내코 코스를, 한라산 정상의 백록담을 정복하고 싶다면 성판악과 관음사 코스를 선택하면 된다.

　어리목 코스는 한라산을 오르는 가장 간편한 코스로 총길이 4.7km, 왕복 3~4시간이 걸린다. 제주시에서 1100노선 시외버스를 타고 어리목 버스정류장에 내리면 앞뒤로 높은 오름에 둘러싸여 벌써 산중에 들어선 느낌이 든다. 한라산 쪽으로 보이는 오름이 어승생악이고 그 반대쪽으로 보이는 오름이 붉은오름으로 남조로변에 있는 붉은오름과 이름이 같다.

계단과 돌길이 번갈아 나오는 어리목 계곡

발길을 돌려 어리목의 한라산 관리사무소가 있는 어리목 광장으로 향한다. 승용차를 타면 어리목 광장까지 들어갈 수 있으나 걸어가는 것이 한라산을 더 잘 느낄 수 있다. 어리목 광장에서는 한라산 방향인 윗세오름뿐만 아니라 관리사무소 뒤쪽의 어승생악으로도 갈 수 있다.

어리목 광장에서 사제비 동산까지의 어리목 계곡은 계단과 돌길이 있는 오르막길이므로 각자 체력에 맞게 오른다. 어리목 계곡을 오르는 길에 보이는 '송덕수'라는 상수리나무는 예전에 제주시민들이 기근으로 굶주릴 때 이곳의 도토리 열매로 끼니를 연명했다고 해서 붙여진 이름이다. 어리목 계곡만 오르면 사제비 동산에서 윗세오름까지는 거의 평지에 가까우므로 편하게 갈 수 있다.

(위) 어리목 계곡을 잇는 다리 위에 서서 시원스레 흐르는 계곡물을 보면 마음속까지 상쾌해진다.
(아래) 노루가 뛰어놀고 바람이 쉬어 가는 사제비 동산은 오르는 내내 기분 좋아지게 만드는 매력이 있다.

안개 낀 능선을 거니는 사제비 동산

사제비 동산에 오르면 작은 샘이 있어서 목을 축일 수 있고 간혹 능선에서 노루를 만나기도 한다. 사제비 동산은 안개가 자주 끼기로도 유명한데 나무데크로 잘 조성된 등산로 덕분에 길을 잃을 염려는 적다. 여기서 만세동산을 거쳐 윗세오름까지는 산중 벌판을 걷는 것이므로 큰 무리가 없다.

어리목 코스의 정점, 윗세오름

윗세오름으로 가는 벌판에서는 따가운 햇살과 시원한 바람이 여행자를 맞아 주고 멀리 산등성이에 걸린 구름은 모이고 흩어지기를 반복한다. 윗세오름에 도착하면 더 이상 앞으로 갈 수가 없다. 여기서 백록담으로 가는 서북벽 능선길은 자연휴식년제로 통행이 금지되어 있기 때문이다. 윗세오름에서 서쪽을 배경을 기념사진을 찍는 것에 만족해야 한다.

이제 윗세오름의 매점에 들러 컵라면을 사 먹거나 싸 온 도시락을 먹고 윗세오름표 커피를 마시며 한라산 풍경을 즐길 시간이다. 윗세오름의 풍경 중 빼놓을 수 없는 것이 사람을 피하지 않는 까마귀 떼이다. 먹다 남은 빵을 챙겨 가면 한라산 까마귀들과 즐거운 한때를 보낼 수 있다. 힘들게 올라가서 잠깐 있다 내려오지 말고 윗세오름의 풍경을 충분히 즐겨보자.

서북벽 정상의 아쉬운 추억

서북벽 정상 코스가 통행이 금지되기 전에 서북벽 능선길에서 로프를 잡고 올라가던 시절이 있었다. 그 길은 경사가 심해 사람들의 발길에 따라 잔돌이 구르곤 했다. 그러면 뒤에 따라오는 사람들은 부옇게 이는 먼지에 코와 입을 가리거나 머리로 잔돌이 떨어질까 봐 머리를 감싸곤 했다. 돌이 구른다고 해야 머리로 가기는 커녕 겨우 등산화를 스쳐 지나가는 것에 불과했는데 말이다.

서북벽 정상에는 성판악으로 오르는 동쪽 정상의 암석 지대와 달리 황토밭에 잔돌이 많아 사람들이 모이면 훼손되기 일쑤였다. 비가 온 뒤

(위) 만세 동산에서 윗세오름으로 가는 길은 나무데크가 깔려 있어 편안하게 걸으며 자연을 감상할 수 있다.
(아래) 장엄한 서북벽과 남벽의 풍경은 봄이면 철쭉과 어우러져 한 폭의 산수화를 연상시킨다.

나 흐린 날에는 온통 진흙 밭이 되기도 했다. 서북벽 정상 코스가 자연휴식년제로 묶인 지도 몇 해가 지났다. 이젠 훼손되었던 서북벽 정상 코스는 원형을 회복했을까. 문득 예전 서북벽 정상 코스로 오르던 때가 그리워진다.

바람을 맞으며 내려오는 하산길

앞으로는 한라산 정상, 뒤로는 서귀포 일대와 푸른 앞바다가 반긴다. 단, 남벽 분기점까지 가게 되면 돈내코로 내려가거나 남벽 분기점에서 다시 윗세오름으로 돌아와 어리목이나 영실로 방향을 잡아야 하니 하산 코스와 체력 안배를 잘 생각해야 한다.

윗세오름에서 하산할 때는 올라왔던 어리목으로 내려가거나 아니면 윗세오름 매점 뒤쪽의 영실 코스로 갈 수도 있다. 같은 길을 두 번 가는 지루함을 없애기 위해서는 영실 코스로 내려가는 것이 좋을 것이다. 윗세오름에서 남벽 분기점을 지나 돈내코로 내려가면 마땅한 대중교통이 없다는 점도 유의해야 한다.

서북벽 정상을 가지 못하는 대신 최근 서귀포 쪽에서 오르는 돈내코 코스가 자연휴식년제에서 풀려 남벽 분기점까지 갈 수 있다. 윗세오름에서 남벽 분기점까지는 2.1km 거리로 1시간 정도 소요된다. 남벽 분기점에서는 이제까지 자연휴식년제로 묶였던 한라산의 남쪽을 즐길 수 있다.

02 안개 속의 영실기암을 찾아 떠나다
영실 코스

걷기 난이도 ●●●○○
걷기 포인트 영실 계곡의 오백장군, 병풍바위와 선작지왓에서 윗세오름까지의 풍경 감상하기

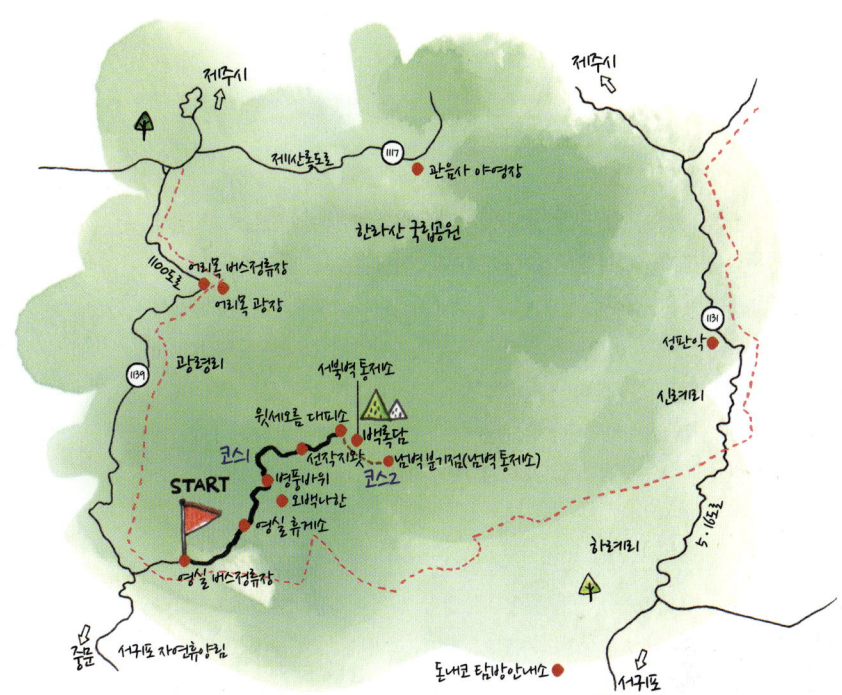

코스&시간

1. 영실-윗세오름 코스: 6.1km, 2시간 30분

영실 버스정류장(매표소) → (일반도로) → 영실 휴게소(2.4km, 50분) → 병풍바위(3.9km, 1시간) → 윗세오름(6.1km, 30분) → 남벽 정상(백록담 8.9km, 1시간 30분, 자연휴식년제 통제 구간)

2. 영실-윗세오름-남벽 분기점 코스: 8.2km, 3시간 30분

영실 버스정류장(매표소) → (일반도로) → 영실 휴게소(2.4km, 50분) → 병풍바위(3.9km, 1시간) → 윗세오름(6.1km, 30분) → 서북벽 통제소 → 남벽 분기점(8.2km, 1시간)

교통

시외버스

1100노선 이용, 제주/중문에서 승차, 영실 버스정류장 하차(약 1시간 간격)

승용차

제주시 → 1139번 1100도로 → 어리목 → 영실 버스정류장 → 영실 휴게소

서귀포시 → 1132번 일주도로 → 중문 사거리 → 1139번 1100도로 → 영실 버스정류장 → 영실 휴게소

제주도와 한라산의 옛 이름들

진시황이 말하던 봉래산(금강산), 방장산(지리산), 영주산(한라산)의 삼신산 중 《동국세기》에서는 영주산이 봉래산과 방장산 동쪽에 있다고 보아 제주도를 동영주라고 했다. 동영주 외에 《신동국여지승람》에서는 제주도를 동영주, 탐라, 탐모라, 《삼국사기》에서는 탐라, 탐모라, 탐라국이라고 하다가 탐라(국)로 일원화되었다. 한라산은 원산(圓山)이라고도 했는데 이는 한라산 모양이 전체적으로 원추형이기 때문이다.

938년 고려 태조 때 탐라국에서 고려에 복속되어 1105년 숙종 10년에 탐라군이 설치되었다. 1211년 희종 11년에 탐라라는 이름에서 제주라는 지금의 이름으로 변경되어 오늘에 이르고 있다.

한라산(漢拏山)이라는 이름은 원래 '한라자이운한가라인야(漢拏者以雲漢可拏引也)'라 하여 '한라산이 은하수를 뜻하는 운한을 끌어당길 만큼 높다.'라고 해서 붙여졌다. 한라산의 다른 이름으로는 한라산 정상인 백록담이 평평하고 머리(정상)가 없다고 하여 두무악(頭無岳)이라 하고, 백록담의 모양이 마치 솥에 물을 담아두고 뚜껑을 열어 둔 것과 같다 하여 부악(釜岳)이라고도 했다. 삼달리에 있는 김영갑 갤러리를 두모악이라고 한 것은 제주도의 옛 이름인 두무악에서 온 것이다.

한라산의 정상인 백록담(白鹿潭)은 성스러운 흰 사슴이 물을 먹었다고 해서 붙여진 이름이다. 《조선왕조실록》 중 〈세조실록〉에 의하면 '1464년(세조 10년) 2월에 제주에서 흰 사슴을 헌납하였다(濟州獻白鹿).'라는 기록이 있다. 실제 흰 사슴이 있긴 있었나 보다.

영실 버스정류장에서 내려 1시간 정도 가면 영실 휴게소에 닿는다.

영실 코스의 초입, 영실 버스정류장

영실 코스는 한라산을 오르는 가장 짧은 코스로 알려져 있으나 옛 영실 매표소 자리인 영실 버스정류장에서 영실 휴게소까지 1시간 정도 더 가야 하니 어리목이나 영실이나 비슷하다. 오히려 산을 다 내려왔다 싶은데 아스팔트 도로를 30~40분 더 걸어야 하는 영실 코스가 더 고약한 편이다.

반대로 영실 코스로 올라갈 때에는 영실 버스정류장에서 내려 도로를 따라 영실 휴게소까지 올라가야 하니 괜한 짜증이 나기도 한다. 제주 사람들은 이럴 줄 알고 영실 코스로 올라갈 일이 있으면 반드시 차를 가져와 영실 매표소까지 편안히 올라간다. 뭣 모르는 외지 사람만 영실 코스로 올라갈 때 혈압이 오른다.

산행이 시작되는 영실 휴게소

영실 휴게소부터 본격적인 산행이 시작되는데 울창한 송림 속을 걸으면 이내 가파른 오르막길이 나온다. 오르막길은 어리목 계곡을 오르는 길보다는 짧으나 경사는 더 심한 편이다. 서두르지 말고 천천히 쉬고 체력에 맞게 올라가면서 속도를 조절해야 한다. 영실 코스는 오르막길만 오르면 절반은 온 것이니 조급해하지 말자.

장엄한 자태를 뽐내는 오백장군과 병풍바위

오르막에서 능선으로 접어들면 오른쪽으로 오백장군 또는 오백나한과 병풍바위가 보이기 시작한다. 삐죽삐죽 작은 바위산을 이룬 것이 오백장군, 넓적한 바위지대가 병풍바위이다. 이곳 오르막 능선에서 충분히 쉬며 오백장군이나 병풍바위를 구경하고 나서 가도 늦지 않다. 수시로 오백장군이나 병풍바위 위로 넘어가는 구름을 보며 영실의 경치를 즐겨 보자.

영실(靈室)이라는 이름은 영실 계곡에 있던 미륵존불암을 중심으로 한 병풍바위와 오백장군의 풍경이 석가여래가 설법하던 영산(靈山)과 흡사하다 하여 붙여진 것이다. 이곳의 석실(石室)을 영실동이라고 한 것에서 영실이라는 이름이 비롯하였다. 병풍바위와 오백장군 사이의 미륵존불암은 미륵존불을 모신 삼존불암이었다고 전해진다. 영실 계곡의 오백장군을 보니 같은 바위들을 두고 불교와 설문대할망 설화가 혼재되어 있음을 알 수 있다.

병풍바위와 오백장군을 영실기암이라고도 하는데 영실기암에서 빠질 수 없는 것이 잦은 안개이다. 영실기암에 수시로 안개가 피어나고 사라지

(왼쪽) 병풍바위는 마치 자연 속에 병풍을 친 듯 쭉 뻗어 있는 모습이 인상적이다.
(오른쪽) 오백장군은 설문대할망이 솥에 빠져 죽자 그녀의 오백 명의 아들이 통곡하다가 바위가 된 것이라고 한다.

는 광경은 마치 선계에 당도한 느낌을 갖게 한다. 여기에 봄이면 붉은색의 철쭉이나 진달래까지 가세해 더욱 아름다운 광경을 연출한다. 영실기암을 넘어서면 언제 그랬냐는 듯 화창한 하늘을 볼 수 있고 멀리 한라산 남벽이 보이기 시작한다.

알프스를 연상시키는 넓은 벌판, 선작지왓

영실기암을 넘어 구상나무 숲을 지나면 윗세오름까지는 산중 벌판이다. 이 돌밭 벌판을 선작지왓이라고 하는데 제주말로 선은 '서다', 작지는 '돌', 왓은 '밭'을 뜻해 선작지왓은 '삐죽 선 돌밭' 정도가 되겠다. 선작지왓은 중산간의 곶자왈과 함께 비를 정수, 저장하는 곳일뿐더러 야생 노루가 서식하기도 한다.

이 때문일까. 선작지왓의 중간에 있는 작은 샘의 이름이 노루샘이다. 언젠가 노루샘을 지나 작은 대나무의 일종인 떼죽 숲 속에서 새끼 노루를 만난 적이 있다. 새끼 노루는 지나는 사람들이 자기를 모델로 삼아 사진을 찍는 줄도 모르고 배가 많이 고팠는지 풀을 뜯는 데 정신이 팔려 있었다. 그 모습에 절로 미소가 지어진 한때였다.

잠깐의 휴식을 즐기는 윗세오름

선작지왓에서는 장엄한 한라산 남벽이 한눈에 들어온다. 남벽을 향해 걷다 보면 어느새 윗세오름에 도착한다. 비가 내리면 영실기암 길이 미끄러워 위험하니 주의한다. 윗세오름에서 잠시 쉬며 도시락을 먹고 있으면 크기가 닭만한 까마귀들이 나도 한 입 달라며 달려든다. 음식이 남을 것 같으면 다시 싸가지 말고 까마귀들에게 나눠 주는 것도 좋다.

가고 싶은 곳으로 하산하기

돈내코 코스가 자연휴식년에서 풀리면서 윗세오름에서 한라산 남쪽의 남벽 분기점까지 갈 수 있게 되었다. 영실에서 올라 윗세오름까지 간 뒤, 뭔가 부족하다 싶은 사람은 남벽 분기점까지 가 보자. 크게 오르내림이 없는 평탄한 길이므로 걷기에는 무리가 없으나 길이가 2.1km여서 1시간 정도 걸리니 영실이나 어리목으로 내려갈 사람은 오가는 시간을 고려하자. 영실이나 어리목 대신 남벽 분기점을 지나 돈내코 코스로 하산해도 괜찮으나 돈내코 탐방 안내소에서 시내버스를 타려면 서귀포시 공설공원묘지를 지나 충혼묘지까지 내려가야 한다.

03 걷고 또 걷다가 하늘을 만나다
성판악 코스

걷기 난이도 ●●●●●
걷기 포인트 끝없는 숲 터널을 지나 한라산 동능을 통해 백록담에 오르기

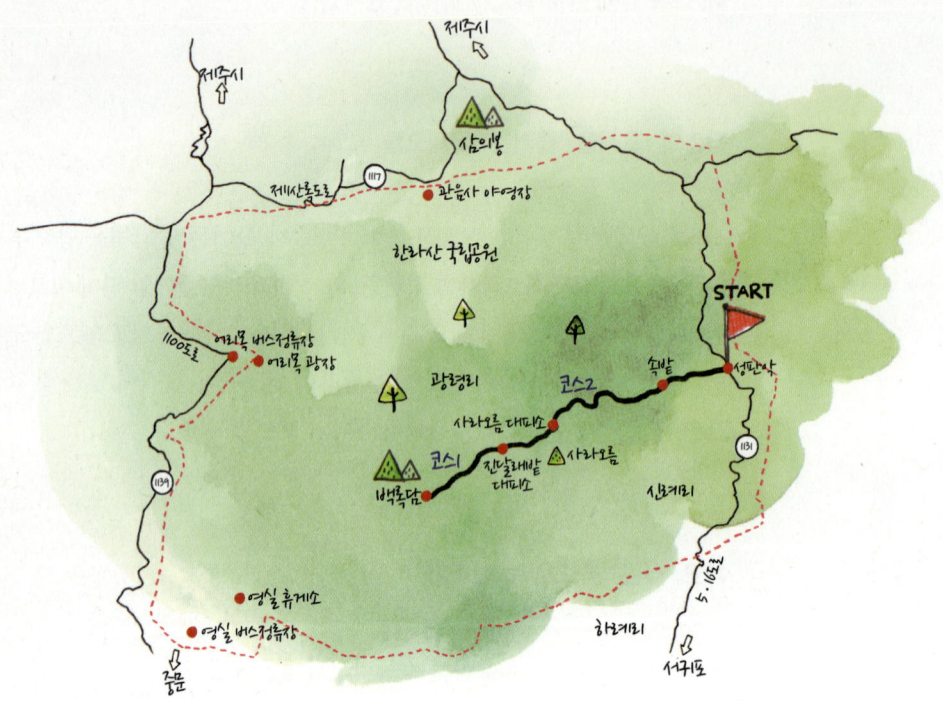

코스&시간

1. 성판악-백록담 코스: 9.6km, 4시간 30분
성판악(해발 750m) → 속밭(3.5km, 1시간 20분) → 사라오름 대피소(5.6km, 40분) → 진달래밭 대피소(해발 1,500m, 7.3km, 1시간) → 동능 정상(9.6km, 1시간 30분, 백록담)

2. 성판악-진달래밭 코스: 7.3km, 3시간
성판악(해발 750m) → 속밭(3.5km, 1시간 20분) → 사라오름 대피소(5.6km, 40분) → 진달래밭 대피소(해발 1,500m, 7.3km, 1시간)

교통

시외버스
5·16노선 이용, 제주/서귀포에서 승차, 성판악 하차(약 12분 간격)

승용차
제주시 → 1131번 5·16도로 → 제주산업정보대학교 → 성판악
서귀포시 → 1131번 5·16도로 → 서귀포산업고등학교 → 성판악

걷고 또 걷다 보면 끝이 보인다

한라산에서 제일 길다는 성판악 코스. 아무리 길어도 준비할 것만 준비하고 지킬 것만 지키면 즐거운 한라산 걷기가 될 수 있다. 성판악 휴게소에서 간단한 준비 운동을 한 뒤 진달래밭 대피소를 향해 출발한다. 땀을 뻘뻘 흘리며 한참을 걸었는데 아직 반도 못 왔다.

걷고 또 걷다 보니 끝이 없을 것 같았던 길에서 멀리 진달래밭 대피소가 보인다. 사람들이 와글와글 진달래밭 광장에서 쉬고 있다. 언제 다 올라온 것일까. 진달래밭에서 백록담이라는 더 높은 목표를 향해 갈지, 가지 않을지는 완전히 본인의 의지에 달렸다.

정상에 오르면 정상에 가 보지 않은 사람은 결코 느낄 수 없는 그 무엇을 느끼게 된다. 성취감, 만족감, 자부심 등이 밀려오고 어렵게 정상에 선 내가 자랑스러워진다. 정상에 가 보지 못한 사람은 온전히 생각만으로 정상을 이야기할 수밖에 없다. 현실성이 없으니 맥이 빠진다.

한라산 정상인 백록담에서 내려가는 길은 올라오는 길보다 길게 느껴진다. 올라갈 때와 같이 걷고 또 걸어도 끝이 보이지 않는다. 이는 올라갈 때 정상이 보이지 않는다고 투덜대던 것과는 또 다른 느낌이다. 올라갈 때는 가다가 힘들면 되돌아 내려올 수 있지만 내려갈 때는 힘들어도 되돌아갈 길이 없다. 오직 아래로 내려가는 길뿐이다.

혹자는 이런 산행의 묘미를 인생에 비유하기도 한다. 인생의 정상에 섰을 때 정상을 유지하거나 내려가는 것이 더 중요하다고 말이다. 누구나 올라갈 때는 앞뒤 가리지 않고 돌진하지만 정작 정상에 섰거나 내려가야 할 때 어떻게 해야 할지 몰라 고민되는 경우가 있다. 산행에서는 올라갈 때보다 내려갈 때 돌부리에 걸려 발목을 삐는 경우가 더 많다.

성판악 코스를 통해 한라산으로 오르는 길은 숲과 쉼터가 있어서 쉬어 가기에 좋다.

성판악 코스의 시작, 성판악 버스정류장

5·16노선 시외버스를 타고 성판악 버스정류장에서 내리면 이미 해발 750m에 다다른 것이다. 성판악 광장의 매점에서 산행에 필요한 음식이나 물품을 챙겨 산행을 시작한다. 길가에 무성하게 핀 조릿대가 여행자를 반긴다. 제주에서 자라는 조릿대는 키가 작은 대나무의 일종이다.

성판악 입구 통과 시간은 등산 시간을 고려해 오전 9시 30분까지이다. 속밭을 지나고 사라오름(사라악) 샘터에 다다르면 시원한 약수를 마시며 한숨을 돌린다. 사라오름 샘터를 지나 옛 사라오름 대피소 자리를 지나면 왼쪽 숲 속에서 사람들의 말소리가 들리는 경우가 있다. 그곳으로 들어가면 사라오름(1338m)이 있으나 표지판이나 제대로 난 길이 없어 초행자가 함부로 가기에는 어렵다.

숲 중간의 샘터나 진달래밭 대피소에서 걷기에 지친 몸을 쉬게 한다.

마른 목을 적셔 주는 사라오름 샘터

사라오름 샘터를 지나면 약간의 오르막이 있지만 어리목이나 영실의 오르막에 비하면 보잘것 없다. 단지 산행 시간이 길다는 심리적 압박감으로 인해 약간의 오르막이 힘겨워 보일 뿐이다. 오르막을 지나면 평원이 나오고 진달래 대피소가 보인다.

봄철의 풍경이 기대되는 진달래밭 대피소

봄철 이 평원에는 진달래와 철쭉이 흐드러지게 피어 장관을 이룬다. 진달래밭에서 서쪽으로는 한라산 정상이, 동쪽으로는 한라산 자락이 한눈에 들어온다. 진달래밭 사이사이에는 널찍한 쉼터도 있어 충분히 쉬며 한라산 정상인 백록담으로 향하거나 하산을 할 수도 있다. 한라산을 걷는 것으로 만족하는 사람은 무리하지 말고 산을 내려가도 좋다. 뭐든 무리해서

동능으로 향하는 길에서는 하늘과 산 사이에 구름 이불이 덮여 있는 장관을 볼 수 있다.

좋을 게 없고 진달래밭까지 온 것도 충분히 한라산을 체험한 것이라 할 수 있으니 말이다. 매점을 겸한 진달래 대피소에서 간단하게 요기를 하고 정상으로 향한다. 진달래 대피소 통과 시간은 정상 등산 시간을 고려해 하절기에는 오후 1시, 동절기에는 오후 12시까지이고 정상에서는 하산 시간을 고려해 오후 2시경까지 머무를 수 있다.

백록담 분화구를 볼 수 있는 동능 정상

진달래밭에서 구상나무 숲을 지나면 어느새 사방으로 시야가 터지고 동능의 한라산 정상이 보인다. 멀리 동능을 오르는 사람들이 작게 보이고

성판악 코스로 올라 관음사 방향으로도 하산할 수 있다.
굴곡이 있는 관음사 코스는 용진각 계곡 등 볼거리가 많다.

뒤를 돌아보면 구름과 함께 제주 동쪽 해안이 보인다. 동능에는 정상까지 나무데크로 계단이 만들어져 있어 오르는 데 큰 무리가 없다. 시원한 바람을 맞으며 쉬엄쉬엄 오르면 된다.

　돌밭으로 된 정상에 오르면 서쪽으로 백록담 분화구와 남쪽으로 서귀포 일대가 시원스레 펼쳐진다. 웬일인지 제주시 방향은 항상 구름이 끼어 있어 잘 보이지 않는다. 백록담을 배경으로 기념사진을 찍고 점심을 먹은 다음 친구에게 부러워하라고 화상전화까지 하면 벌써 내려갈 시간이다.

구름 아래로 하산하기

성판악 코스로 올라온 뒤 내려가는 길은 두 가지가 있다. 올라왔던 성판악으로 되돌아가거나 북쪽 관음사 코스로 내려가는 것이다. 평이한 길을 원하면 성판악 코스로, 오르내리는 굴곡길을 원하면 관음사 코스로 간다. 두 길의 길이는 비슷해 어느 길을 택하든 걸리는 시간은 크게 차이 나지 않는다.

　평이한 성판악 코스보다는 용진각 계곡이 있는 관음사 코스로 가는 것이 볼거리는 더 많다. 관음사 코스의 끝인 관음사 야영장에 이르면 시내버스를 이용할 수 있다. 다만 시내버스가 약 1시간에 1대 뜸하게 운행하므로 바쁜 사람은 관음사 야영장 앞에 대기하고 있는 택시를 타야 한다. 이것도 한여름에만 탈 수 있다. 어느 길로 갈지 선택은 자유이다.

04 낯선 길로 가야 신천지가 보인다
관음사 코스

걷기 난이도 ●●●●●
걷기 포인트 제주의 그랜드캐니언인 용진각 계곡, 신비로운 왕관봉과 삼각봉에 오르기

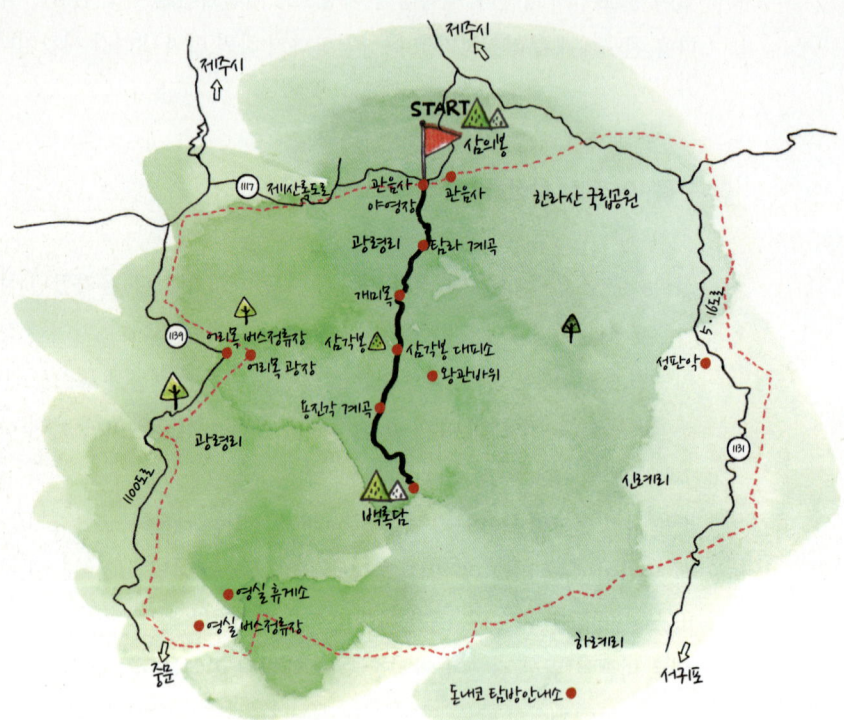

코스&시간

8.7km, 5시간

관음사 야영장 → 탐라 계곡(3.2km, 1시간) → 개미목(4.9km, 1시간 30분) → 삼각봉 대피소(6km, 50분) → 용진각 계곡 → 정상(8.7km, 1시간 40분)

교통

시내버스

1번 이용, 제주시청 앞 승차, 관음사 야영장 하차 (약 1시간 간격)

승용차

제주시 → 1131번 5·16도로 → 1117번 제1산록도로 → 관음사 야영장

서귀포 → 1131번 5·16도로 → 1117번 제1산록도로 → 관음사 야영장

제주의 그랜드캐니언과 만불사찰

제주의 그랜드캐니언인 관음사 코스의 용진각 계곡. 관음사 코스의 백록담 북능은 깎아지른 절벽으로 되어 있는데 절벽 아래에 있는 깊고 웅장한 계곡이 용진각 계곡이다. 용진각 계곡 서쪽으로는 영실의 병풍바위처럼 넓은 바위가 늘어서 있고 동쪽으로는 울창한 산림이 가득 차 있다. 용진각 계곡 바닥에는 북능에서 떨어져 나온 듯 집채만 한 바위들이 여기저기 나뒹굴고 있다. 웬만해서는 꿈쩍하지 않을 큰 바위들이 큰비가 오면 용진각 계곡으로 모여든 빗물로 인해 해마다 그 위치를 바꾸고 있으니 자연의 신비라고 할 수밖에 없다.

용진각 계곡에 있던 용진각 대피소도 어느 해 태풍을 동반한 큰비로 인해 북능 밑에서 쓸려 온 바위들에게 그 자리를 내주고 말았다. 지금은 용진각 대피소 자리에 나무데크로 만들어진 넓은 마룻바닥이 있을 뿐이다. 관음사 코스에서는 한라산에서 가장 뛰어난 계곡미를 볼 수 있으나 평탄한 성판악 코스에 비해 오르막과 내리막이 번갈아 있어 올라가기는 힘들다. 가급적 성판악 코스로 올라 관음사 코스로 내려오는 길을 택하는 것이 좋다.

관음사는 1912년 안봉려관이라는 비구 스님에 의해 재건되었는데 1948년 제주 4·3 사건에 휘말려 사찰이 전소되는 아픔을 겪기도 했다. 그도 그럴 것이 관음사를 사이에 두고 유격대와 군 토벌대가 총질을 해댔으니 절이 남아날 수 있었겠는가. 유격대나 군 토벌대나 부처님에게 총질을 한 용감한 사람들이다. 현재의 불당은 1968년에 복원된 것이다. 관음사 입구에서 사천왕문까지는 양쪽 길가에 작은 불상들이 길게 늘어서 있다. 작은 불상들은 대개 관음보살, 약사여래의 수인을 하고 있다. 양쪽 불상이 놓인 길을 걸어가다 보면 마치 부처님들이 따뜻하게 맞아주는 듯 하기도 하고 지은 죄가 있으니 다 토해 내라는 듯하기도 하다.

한라산 아래에서의 하룻밤, 관음사 야영장

관음사 야영장 앞에 도착하면 주차장 뒤로 보이는 건물이 국립공원 관리 사무소이고 그 옆에 야영장이 있다. 그 사이로 난 길이 관음사 코스가 시작되는 곳이다. 숲길로 접어들면서 보이는 구린굴은 한라산에서 분출한 용암이 흐른 용암 동굴인데 세월이 흐르면서 동굴의 천장이 무너져 하늘이 드러나 있다. 예전에는 겨울철 구린굴 안에 얼음을 보관했다가 여름에 꺼내 먹었다는 이야기가 전해진다. 구린굴이 천연 석빙고였던 셈이다.

옛 제주인의 흔적이 남은 숯가마터

구린굴을 지나면 옛 숯가마터를 볼 수 있다. 지금이야 관음사 야영장 바로 아래까지 차가 다니지만 예전에는 어림없는 일이었다. 숯가마터가 있는 것 자체가 이곳이 첩첩산중이었음을 알려 준다. 예전에 민가 인근의 산에서는 함부로 나무를 잘라 땔감으로 쓰지 못했기 때문에 대개 숯가마터는 관가의 힘이 미치지 못하는 깊은 산속에 있었다. 산중에서 숯을 만드는 것도 힘든 일이었겠으나 만들어진 숯을 팔러 제주시까지 걸어갔을 것을 생각하니 당시 이곳에 살던 사람들의 고충이 그려지는 듯하다.

여행자들의 쉼터, 삼각봉 대피소

다시 숲길을 걸으면 깊은 탐라 계곡이 나오고 계곡을 건너 오르막을 오르면 개미목이다. 화장실 겸 대피소에서 한숨을 돌린 뒤 다시 오르막을 오르면 삼각봉이 보이고 그 앞에 새로 지은 삼각봉 대피소가 있다. 하산 시간을 고려하여 관음사 야영장 통과 시간이 9시 30분, 삼각봉 대피소 통과 시간이 12시 30분을 넘지 않아야 한다.

삼각봉 대피소에서는 제주시가 희미하게 보이고 삼각봉 동쪽에는 산봉우리에 둥글게 바위가 돌출된 왕관능이 있다. 삼각봉 옆길로 가다 보면 용진각 계곡이 시작되는 곳에 멋진 현수교가 놓여 있다. 그렇다고 물이 흐르는 것은 아니고 건천에 덩그러니 현수교가 세워져 있을 뿐이다.

기암괴석으로 둘러싸인 용진각 계곡

예전에는 용진각 계곡을 걸어서 지나다녔다. 현수교를 지나면 용진각 대피소는 온데간데없고 그 자리에 나무데크가 놓여 평지가 되어 있다. 태풍으로 용진각 대피소가 산산이 무너졌기 때문이다.

용진각 대피소 자리에서 바라보는 용진각 계곡은 기암괴석이 병풍처럼 둘러진 장관을 연출하고 있다. 계곡의 남쪽 끝에는 백록담의 북벽 절벽이 수직으로 서 있다. 우리나라에서 이처럼 광대한 절벽이 또 어디에 있을까 싶다. 가히 제주의 그랜드캐니언이라고 할 만하다. 끝없이 감탄사가 이어질 따름이다.

길은 왕관능 옆으로 올라 한라산 북능으로 향한다. 북능에서 보는 용진각 계곡 역시 절경이다. 계곡의 움푹 패인 깊이에 광대한 넓이가 한라산의 내로라하는 계곡에 못지 않을 정도이다. 북능에서는 날이 좋으면 제주시 일대까지 한눈에 들어오는데 자주 끼었다가 사라지는 구름이 시샘하듯 시야를 방해한다. 북능에 서서 구름이 걷히기를 기다리는 것은 어리석은 일이다. 구름은 사람이 기다린다고 걷히는 것이 아니라 제가 걷히고 싶

으면 걷힐 뿐이다. 그러니 북능을 오르내리는 어느 순간 구름이 걷히기를 기대하는 것이 낫다.

누구나 꿈꾸는 최종 목적지, 백록담

북능의 구상나무 숲을 지나면 파란 하늘이 열리고 곧 한라산 정상 백록담에 도달한다. 백록담 분화구 중 움푹 패인 북능에서 보는 백록담은 성판악에서 올라오는 동능보다 백록담에 고인 물에 더 가깝다. 비 온 뒤 백록담에 채워진 물은 서서히 북능 쪽으로 가면서 줄어든다. 옛날 옛적 지구가 잠길 정도의 폭우가 계속 되던 때에는 백록담의 물이 넘쳐 북능을 지나 용진각 계곡으로 떨어지지 않았을까 싶다.

하늘과 산에 취해 하산하기

관음사 코스는 성판악 코스와 달리 어쩔 수 없이 계곡이나 능선을 오르내리는 길이 될 수밖에 없다. 이 때문에 관음사 코스로 오르는 길은 산행 초심자에게는 상당히 힘들 수 있다. 되도록 평탄한 성판악 코스로 올라 관음사 코스로 내려가길 바란다. 물론 성판악 코스로 올라와 관음사 코스로 내려가는 길 역시 만만치 않으나 관음사 코스를 그냥 올라가는 것보다는 수월하다. 반대로 관음사 코스로 올라와 성판악 코스로 내려가는 것은 상당

한라산에 올라 백록담을 감상하고 관음사 방향으로 내려와서 한참을 가야 관음사에 닿는다.

히 맥 빠지는 일이다. 그만큼 성판악 코스는 볼거리가 많지 않다.

백록담에서 관음사 코스로 내려오면 정작 관음사 야영장이 있을 뿐 관음사는 보이지 않는다. 관음사 야영장도 한여름이 아니면 야영하는 사람이 거의 없다. 공용 화장실과 공용 수도 뒤쪽 공터가 야영장이다. 넓은 잔디 운동장에서만 소풍이나 야유회를 나온 사람들을 볼 수 있을 뿐이다.

관음사는 관음사 야영장에서 콘크리트길을 따라 동쪽으로 10여 분 걸어가야 나온다. 이미 한라산 백록담을 갔다 왔으니 10시간 가깝게 산길을 걸은 터라 관음사로 가는 10분이 100분처럼 느껴질지도 모른다.

05 잃어버린 기억을 찾아 떠나다
돈내코 코스

걷기 난이도 ●●●●●
걷기 포인트 돈내코 입구에서 평궤 대피소까지의 밀림과
원시의 풍경을 간직한 남벽 오르기

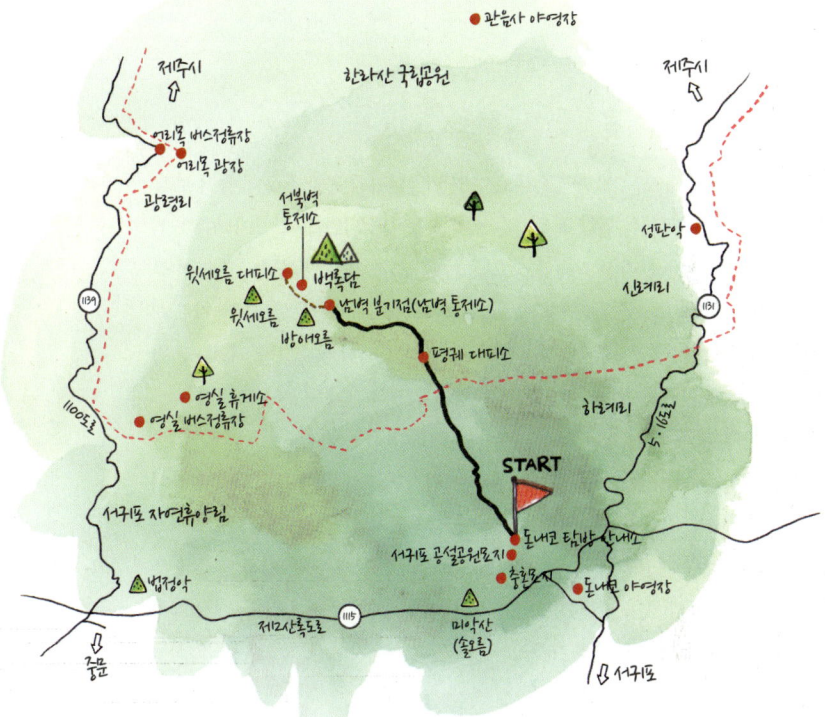

코스&시간

9.1km, 5시간

돈내코 탐방 안내소(서귀포시 공설공원묘지) → 평궤 대피소(5.3km, 2시간 50분) → 남벽 분기점(7km, 40분) → 윗세오름 (9.1km, 1시간 30분)

교통

시내버스

3번 이용, 서귀포 중앙로터리 동쪽 정류장 승차, 충혼묘지(서귀포시 공설공원묘지 아래) 하차. 돈내코 탐방 안내소까지는 도보 15분

시외버스

5·16노선 이용, 제주/서귀포에서 승차, 서귀포 산업고등학교 하차. 서귀포시 공설공원묘지까지 택시 이용. 공원묘지에서 돈내코 탐방 안내소까지 도보 5분

승용차

제주시 → 1131번 5·16도로→ 돈내코 입구 삼거리 → 1115번 제2산록도로 → 돈내코 → 서귀포시 공설공원묘지

서귀포시 → 1131번 5·16도로 → 돈내코 입구 삼거리 → 1115번 제2산록도로 → 돈내코 → 서귀포시 공설공원묘지

멧돼지가 출몰하는 돈내코

돈내코 코스로 한라산에 오르기 전에 돈내코 야영장 건너편의 원앙 폭포에 들러 보라. 한여름 계곡 아래에서 시원한 원앙 폭포의 물소리를 들으면 더위가 싹 달아나는 느낌이다. 돈내코라는 지명은 한라산 기슭인 상효동에 멧돼지가 자주 출몰한다고 하여 붙여졌다. 제주어로 멧돼지를 '돗', 들판을 '드르'라고 하여 '돗드르'라 불렀고, 멧돼지가 시내에 내려와 목을 축였다고 하여 '내', 하천 입구를 '코'라고 해서 돈내코가 되었다고 한다. 하지만 1920년대 인근 목장에서 멧돼지가 목격된 후 멧돼지의 행방이 묘연하다.

"그 많던 멧돼지야. 다 어디 간 거니?"

서귀포산업고등학교에서 서쪽으로 방향을 돌려 올라가면 오른쪽에 돈내코 야영장이 있고 왼쪽에 원앙 폭포 입구라는 푯말이 보인다. 원앙 폭포 푯말을 따라 숲으로 들어가면 이내 울창한 난대림 숲을 이루고 있는 돈내코 계곡과 만나게 된다. 계곡 양쪽에 우거진 산림은 한낮의 태양 빛을 가릴 정도이고 스산한 기분까지 들게 한다. 돈내코 계곡은 제주 특산인 한란과 겨울 딸기의 자생지라는데 낯선 여행자에겐 그 식물이 그 식물처럼 보일 뿐이다.

계곡을 따라 만들어진 나무데크를 따라 걷다 보면 낙숫물 소리가 들리고 계곡으로 내려가니 두 줄기로 물이 떨어지는 5m 높이의 원앙 폭포가 보인다. 선녀가 목욕을 했다는 원앙 폭포는 세찬 물줄기를 폭포 아래 연못으로 내뿜고 있다. 아무리 수영 잘하는 선녀라도 탈이 나기 딱 좋은 곳이다. 이를 뒷받침하듯 도처에 '다이빙 금지'라고 쓴 플래카드가 붙어 있고 인명구조 도구도 보인다. 부디 원앙 폭포에서는 무모한 도전을 하지 말라.

다시금 돌아온 돈내코 코스 입구

제주 남쪽 서귀포에서 한라산으로 오르는 길이 돈내코 코스이다. 1994년부터 자연휴식년제로 등산이 금지되어 오다가 2009년 12월 돈내코-남벽 분기점 구간, 남벽 분기점-윗세오름 구간이 2010년에 개방되었다. 돈내코 코스의 정상인 남벽은 훼손이 심해 개방에서 제외되었고 그 대신 남벽 분기점에서 윗세오름까지 갈 수 있게 되었다. 돈내코 탐방 안내소에서 남벽 분기점을 지나 윗세오름까지는 9.1km로 5시간 정도 소요된다.

자동차를 이용하면 돈내코 유원지를 지나고 북쪽으로 상법호촌을 지나 충혼묘지와 서귀포시 공설공원묘지를 거치면 돈내코 탐방 안내소가 보인다. 돈내코 탐방 안내소는 서귀포시 공설공원묘지 바로 위에 있다. 시내버스를 이용해서는 서귀포 중앙로터리에서 3번 버스를 타고 서귀포시 공설공원묘지 아래에 있는 충혼묘지에서 하차 후 공설공원묘지를 지나 돈내코 탐방 안내소까지 걸어 올라가면 된다.

흔적만 남은 평궤 대피소

서귀포시 공설공원묘지를 지나 한라산 쪽으로 오르면 돈내코 탐방 안내소가 보인다. 등산로는 돈내코 탐방 안내소부터 시작되는데 처음에는 수풀이 우

거진 길이 조금 나오다가 이내 하늘을 가리는 울창한 원시림 지역이 해발 1,300m 지점까지 계속된다. 길은 가파르지 않지만 계속 오르막길이어서 조금 지루하다는 생각이 든다.

  길을 따라 계속 걷다 보면 해발 1,450m 지점에 있는 평궤(또는 평지궤) 대피소에 도착한다. 평궤 대피소는 성판악 코스의 진달래밭 대피소처럼 대피소 겸 매점인데 관리하는 사람은 없고 옛 대피소 흔적만 남아 있다. 조만간 진달래밭 대피소처럼 대피소 겸 매점으로 꾸며지지 않을까 기대해 본다.

한라산 남벽의 웅장함을 볼 수 있는 남벽 분기점

평궤 대피소에서 한숨을 돌리고 남벽 분기점(1,600m)에 다다르면 한라산 남벽의 웅장한 모습이 한눈에 들어온다. 암벽 등산을 좋아한다면 백록담에서 분출한 화산암이 굳어져 만들어진 남벽을 타고 백록담까지 오르고 싶은 마음이 들지도 모른다. 한라산 남벽은 한국의 아이거 북벽(North Face of Eiger)이라고 해도 손색이 없으리라. 남벽 분기점에는 작은 초소에 관리인이 있어 하절기에는 오후 3시, 동절기에는 오후 2시로 탐방 제한 시간을 체크하고 있으니 참고하자.

산 위를 느긋하게 걷는 윗세오름

남벽 분기점에서 서쪽으로 발길을 돌려 방애오름(1,620m) 능선을 따라가다 보면 방애오름 샘을 만나 마른 목을 축일 수 있다. 지나는 사람이 없

(위) 윗세오름으로 향하는 길에서는 수풀과 하늘이 여행자의 걸음을 가볍게 만든다. (아래) 평궤 대피소를 지나 남벽 분기점에 닿으면 한라산 남벽이 웅장한 모습을 드러낸다.

온산에 핀 철쭉은 봄의 한라산을 더욱 화려하게 수놓는다.

으면 노루나 까마귀들이 찾지 않을까 싶다. 방애오름 길을 따라 계속 발길을 옮기면 어리목과 영실 코스의 목적지인 윗세오름이 나온다. 돈내코 코스 역시 남벽을 지나 백록담으로 오르지 못하니 최종 목적지는 윗세오름이 된다.

철쭉향에 취해 하산하기

윗세오름에 도착한 뒤에는 다시 돈내코 코스로 가기보다는 어리목이나 영실 코스로 가는 것이 일반적이다. 돈내코 입구에 차량을 준비해 두지 않았다면 왔던 길보다는 새로운 길로 가는 것이 피곤함과 지루함을 더는 방법이다. 어리목과 영실 입구에는 1100노선 시외버스가 있으므로 제주시나 서귀포시로 나가기 쉽다.

　돈내코는 오랜 자연휴식년에서 풀려 우리 곁으로 왔다. 어리목이나 영실, 성판악에 비해 지나는 사람이 적어 한가롭게 산행을 즐길 수 있으나 보는 사람이 적어 함부로 숲에 길을 내거나 무심히 나무나 식물을 상하게 할 수도 있다. 이렇듯 알게 모르게 돈내코 코스가 또 훼손되면 다시 자연휴식년으로 묶여 통행이 금지될지도 모른다. 그럼 돈내코 코스는 잃어버린 기억 속에만 남아 있는 전설의 코스가 되고 말 것이다. 모처럼 개방된 만큼 조심스럽게 돈내코 코스를 이용하는 것이 바람직하다. 돈내코 코스는 사람만의 것이 아닌 그곳에 살고 있는 동식물의 것도 되기 때문이다.